Gezginler

Mark Mann

Güney Amerika'da kara mizahla dolu bir yolculuk hikâyesi

net kitap

Gezginler

Mark Mann

NET KİTAP/ANI /R009

Genel Yayın Yönetmeni: Ömer Canbir
Editörler: Ayça Atçı, Rıza Oylum
Kitabın Orijinal Adı: Gringo Trail
Çeviri: Aslı Dağlı
Düzelti: Merve Ayyıldız
ISBN: 978-605-124-275-0
Yayıncı Sertifikası: 11257
Baskı: 1. Baskı Şubat 2015
Matbaa: Ertem Basım Ltd. Şti./Ankara
Matbaa Sertifika No: 26886

Net Kitap
19 Mayıs Mh. 19 Mayıs Cd. No:13 Kat: 7 Şişli İstanbul
Tel: (0212) 985 09 99
www.netkitap.com.tr

Net Kitap, Net Turistik Yayınlar San. Tic.A.Ş.'nin tescilli markasıdır.
pazarlama@netyayin.com.tr
www.netyayin.com.tr

Kitabın Türkçe yayın hakları Kalem Ajans aracılığıyla alınmıştır.

Gezginler

Mark Mann

Hiç bitmeyen destekleri ve sevgileri için aileme ve D'ye

1. Bölüm
ANDLAR

"Amerika kıtasının müthiş keşfinin ardından yaşanan her şey o kadar olağan dışıydı ki, olanları birebir yaşamamış kişilerin bu hikâyeye inanması hâlâ imkânsız görünmektedir."

Kızılderililer Nasıl Yok Edildi?
Bartolome de las Casas (1552)

Bölüm I
Ekvator: Mama Negra

Uçuş Eğlencesi

Mark, kalan son yetmiş mantarını Londra'dan Quito'ya uçarken yanına aldı.

Onun Ekvator'a girmesine nasıl izin verdikleri hâlâ gizemini koruyor. Asfalt pist boyunca koşar adımlarla -zaten her yere koşarak giderdi- ilerledi. Gelen yolcu salonu olarak kullanılan büyük kulübeye girdi; üzerinde mor renkli bir takım elbise vardı ve boyu, çevresindeki tüm Ekvatorlulardan ve turistlerin çoğundan daha uzundu. Saçları darmadağındı. Göz bebekleri genişlemişti. Kollarındaki ve boynundaki damarlar şişmişti. Melissa ve ben dışarıda beklerken Mark'ın önce gümrük görevlilerine ve ardından göçmen bürosu görevlilerine manyakça sırıtışını izledik. Kendisini pembenin parlak bir tonuna boyasa ve kafasına, üzerinde "kafam bir milyon" yazan bir tabela assa daha fazla şüphe çekemezdi.

Yine de Mark'ın geçmesine izin verdiler. Anlaşılan Ekvatorlu gümrük görevlileri, Güney Amerika'ya halüsinojenik uyuşturucular sokmaya çalışan adamların peşinde değildi. Her neyse, Mark uçaktan dışarı adım attığı sırada yanında hiç uyuşturucu yoktu çünkü hepsini uçuş sırasında tüketmişti. Vahşi gözleri ve aptalca sırıtışı, oksijen yetersizliğinden kaynaklanıyor olabilirdi. Sonuçta, uçağa İngiltere'de adım atmış ve dünyanın en yüksek ikinci başkentinde uçaktan inmişti.

Bu kötüye işaretti.

Charles de Gaulle Havaalanı

İngiltere'den ayrılmadan önce Mark'tan ve Melissa'dan her ne şart altında olursa olsun uluslararası sınırlardan uyuşturucu geçirmeye çalışmayacaklarına dair söz vermelerini istedim. Verdikleri sözü ancak bir saat kadar tutabildiler. Melissa'yla birlikte Charles de Gaulle Havaalanı'nda uçak değiştirdiğimiz sırada Melissa, cebinden hazır sarılmış birkaç cigaralık çıkardı. Onlardan kurtulmanın en hızlı yolunun onları içmek olduğu konusunda ısrarcıydı.

"Onları atabiliriz." diyerek karşı çıktım.

Melissa, uzun kahverengi saçlarını gözlerinin önünden çekti ve hüzün dolu gözlerle bana baktı. "Hayır, asla bir cigaralığı atamazsın!" El arabalarının arkasında yere oturmuş esrar çekerken aniden bir aydınlanma yaşadım; söylediğim hiçbir şey, asla hiç kimsenin umurunda olmayacaktı.

Öyle sorumluluk duygusu ağır basan bir adam olduğumdan falan değil, sadece bu yolculuğa çıkabilmemiz için elimden gelen her şeyi yapmıştım.

Mark, "Biletleri, sigortayı, gideceğimiz yerleri, yanımıza alacaklarımızı ve bunun gibi şeylerin tümünü planladıysan ben ne halt edeceğim?" diye sormuştu.

Bir öneride bulunarak, "Uyuşturucuyu alabilirsin." demiştim.

Ne mi oldu? Mark uçağı kaçırdı ve uçuşunu üç hafta kadar erteledi. Bu süre içinde ise evinin bir odasında kurumakta olan iki bin sihirli mantarla uğraştı. İşte tam bu nedenle Melissa ve ben çoktan Quito'ya gelmiştik ve Mark'ı bekliyorduk. Mark, Güney Amerika'ya geldiğinde hayatın sıkıcı olmaktan çıkacağını biliyordum. Diğer yandan, adam tam bir baş belası olacaktı.

Her iki konuda da haklıydım.

Aylak Adam

Mark, muhtemelen tanıdığım en zeki adamdı. Kesinlikle böyle olduğunu düşünüyordum.

Birkaç yıl önce, Glastonbury Festivali'nde takılırken Mark'ın gece boyunca Sinüs'ün ve Kosinüs'ün evrenin işleyişi açısından neden hayati önem taşıdığını açıkladığını hatırlıyordum. Söylediği her şey anlamlıydı. O konuştukça Sinüs ve Kosinüs hayat kazanıyor, arazilerde dans ediyor ve havada birlikte şarkı söylüyordu. Onları önemsiyordum. Aniden bildiğim tüm kelimeleri unutmuştum. (Yani, uçuyordum.) Yaklaşık üç saniyeden daha uzun bir süre boyunca matematik, kimya ve benzeri konular hakkında konuşan insanların çoğu, mantar enfeksiyonundan biraz daha düşük bir sosyal statü kazanıyordu. Ancak Mark, gerçekten tehlikeli olduğunu düşündüğüm adamların önünde bile aklına eseni yapabiliyordu. Hem de bardan eve gitmek için araba çalan adamların önünde. Tabii ki bunun altında yatan en önemli nedenlerden biri, uyuşturucu yarışmalarında ayakta kalanının daima o olmasıydı. Bu sayede, Kosinüs hakkında konuşmaya hak kazanıyordu.

Aslında Mark'la üniversitede tanışmıştım. O antropoloji okuyordu, bense politika okuyordum. Diğer yandan son iki yıldır mutlu bir işsizdi. O arada, bir Amerikan bilgisayar şirketinin "Kuzey Avrupa Satış Müdürü" oldu. Dolgun maaşı ve "İngiliz aksanı duydukları zaman deliye dönen kızlarla" dolu Güney Kaliforniya'ya seyahatleri dışında işinin en çok sevdiği yanı, "Kuzey Avrupa ofisinin" bir kişiden oluşması ve uyuşturucularını sakladığı bir odasının bulunmasıydı.

Sonraları şirket el değiştirdi. Artık Mark'a ihtiyaç duymuyorlardı. Yiyecek almasına gerek kalmaması için uyuşturucu alımını arttırıp faturalarını ödemeyi bırakarak gelirindeki büyük düşüşü dengelemeye çalıştı. Banka kredisini, telefon, elektrik, doğal gaz, su ve televizyon faturalarını ödemeyi kesti.

Hiçbir şey olmadı. Kocaman kırmızı harfler, kendisine karşı adli işlem başlatılacağı konusunda Mark'ı tehdit edip duruyordu ama kimse evine el koymadı. Telefonu kesilmedi. Elektriği, suyu ve doğal gazı doğru musluklardan ve prizlerden akmaya devam etti. Şu ana kadar sahip olduğu en değerli şey olan üç litrelik yakıt enjeksiyonlu Toyota Supra spor arabasını bile kaybetmedi.

İşini kaybetmeden önce televizyonlardan, ses sistemlerinden, videolardan, amfilerden, gitarlardan ve hoparlörlerden oluşan gerçek bir duvar inşa etmişti. Bunların tümü, oturma odasının ortasında bulunan tek bir sandalyeye son teknoloji ses ve görüntü sunacak şekilde ayarlanmıştı. Bu, Mark'ın sandalyesiydi ve yerine oturmaya kalkanlara karşı uzun ve psikolojik bir savaş ilan ediyordu. Odasının her santimetre karesinden farklı yığınlar yükseliyordu: CD'ler, teypler, eski sigara paketleri, boş bira kutuları, yarısı kullanılmış Rızla paketleri, içinde kurumuş yemek artıkları olan tabaklar, dibi küflenmiş kirli kupalar, kokan ayakkabılar, kirli kıyafetler, tam olarak şişirilmemiş futbol topları, golf sopaları, kitaplar, karikatürler, bir satranç tablası ve *Fantasy For Lovers* isimli bir oyun…

Asit Hikâyeleri: Erekte Olmuş Penis Renkli Supra

Mark'ın hobilerinden biri, asit aldıktan sonra hepimiz korku içinde bir yerlere tutunurken erekte olmuş penis renkli Supra'sını kentteki evinin çevresindeki yollarda hızla sürmekti. Uyuşturucunun etkisi altındayken yolcu olmak zaten yeterince korkutucudur, araba sürmek ise küçük bir mucize gibidir. Aslında, arabayı emniyetli bir şekilde kullanıp kullanmadığından emin değildik ama en azından hâlâ yaşıyoruz. Gecenin ikisinde uçmuş ve sarhoş bir şekilde 110 yaparken iki defadan fazla yakalanmasına ve vergilerini ya da sigortasını ödememiş olmasına rağmen tutuklanmayı bırakın, herhangi bir ikaz bile almaması adamın küçük mucizelerinden bir diğeriydi.

Mark, "Sadece şanslı doğmuşum." derdi.

Şansını çok zorluyordu. Bir defasında, dar bir yolda, yolun tam da bir tepenin etrafında dönmeye başladığı bir noktada spin atmıştı. Araba, saatte 80 mil hızla çakıllara savrulmuş ve aşağıdaki eğimli bölgeye çarpıp bir çalının üzerinden sıçramadan ve iki küçük ağacı kökünden sökerek buğday tarlasında kaybolmadan önce uzaya doğru harekete geçmişti.

Oradan geçmekte olan motorcular toplanmaya başlamıştı. Bedeninin üst kısmı tavan penceresinden dışarı çıkacak şekilde yolcu koltuğunda ayakta durmakta olan arkadaşı Tris, aracın tavanında yatıyordu; ya ölmüştü ya da bilincini kaybetmişti. İyi görünmüyordu. Mark radyoyu açtı. Radyo çalışıyordu. Tris'ten bir homurdanma sesi geldi. Ölmemişti. Yolcu kapısının camında oturmakta olan diğer yolcu Si de kıpırdanıyordu. Mark kontağı çalıştırmayı denedi. Aracı bir kerede çalıştırmayı başardı. Buğday tarlası boyunca ilerledi ve tarlanın diğer ucundaki kapıdan çıkıp gitti. Polis geldiği zaman o, çoktan ortadan kaybolmuştu.

Benzini kullanmak yerine adeta benzini içen Supra'nın giderlerini daha fazla karşılayamayacak duruma gelince arabasını, Supra'dan iki kat daha hızlı ve tehlikeli olan Honda 650 motosiklet ile değiştirdi. Her yolculuk bir TT yarışına dönüşüyordu. "Ve buna ek olarak" dedi. "Bara, mor renkli kaskına hafifçe vurarak girdiğinde kızlar deliye dönüyor."

Asit Hikâyeleri: Pişmiş Kelle

Mark'ın sol elinin derisinin altında bir dal parçası bulunurdu. Bu dal parçasını, yetişkinlerin ormanda koşuşturup birbirlerini renkli boya kapsülleriyle vurmaya çalıştıkları bir oyun olan Paintball sayesinde edinmişti. Kimyacılarla karşılaşmak üzere bir ekip kurması istenmişti. Mark da motosikletçilerden, önemsiz suçlulardan, uyuşturucu müptelalarından, aylaklardan oluşan ve içinde benim de bulunduğum biraz olsun korkutucu bir ekip kurmuştu. Öğle yemeğinde, Mark'ın her turu utandırıcı bir kolaylıkla kazanan takımının tüm üyeleri asit atmıştı. Bu bizim kazanmamıza mani olamadı ancak o günün öğleden sonrasına biraz olsun bilinmezlik kattı. Mesela, yaklaşık yarım saat boyunca küçük bir bitkiye saldırdıktan sonra herkesin çay molasında olduğunu fark etmiştim.

Bir sonraki oyun sırasında Mark kaydı. Düşüşünü yavaşlatmak için ellerini kullanmaya çalıştı ve çamurun içinden çıkan bir ağaç dalı avucunun içini deldi. Dal, elinin bir tarafından girip diğer tarafından çıkmıştı. Ayağa kalktı. Dal parçası, elinin her iki tarafından da on beş santim kadar dışarı taşıyordu.

Mark elini kaldırıp inceledi. O görüntü bile başımı döndürmeye yetmişti.

Biri onu hastaneye götürdü. Kalabalık acil servisin steril parlaklığından içeri girdiğinde hâlâ uyuşturucunun etkisindeydi ve göz bebekleri kocamandı. Bir hemşire, canının yanıp yanmadığını sordu. Kadın konuşurken bir kaza daha oldu. Kadın, Mark'ın yanıtını beklemeden azot oksit maskesini Mark'ın suratına yerleştirdi ve hızla uzaklaştı. Herkes Mark'ı unutmuştu. Sonunda akıllarına geldiğinde ise doktor, azot oksit maskesini Mark'ın yüzünden güç bela çıkardı.

Doktor, "Üzgünüm ama canınız acıyacak." dedikten sonra dal parçasının büyük bir bölümünü Mark'ın elinden çekip çıkardı. Dal elinden çıkarken Mark, pişmiş kelle gibi sırıtıyordu.

Planlama

Mark, sadece uyuşturucu kullanımına izin verilen bir diyet için çok iyi bir reklam olabilirdi. Uzun, ince ve kaslıydı; sağlığı mükemmeldi. Amfetamin, damarlarını ve kaslarını dövüşe hazır bir boksörünkiler gibi şişiriyordu. Yine de aylak yaşam tarzına kendini daha fazla kaptırmadan önce bir değişiklik yapması gerektiğini her ikimiz de biliyorduk. Ve her nasılsa, eninde sonunda borçlarını ödemesi gerekeceğinin farkındaydı.

Ona: "İhtiyacın olan şey, seyahat etmek." dedim.

Aslında seyahat etmeyi isteyen bendim ve Mark da iyi bir yol arkadaşı gibi görünüyordu. Mükemmel değildi; bencil ve gergindi. Ama Mark'ı olduğu gibi kabul etmek zorundaydınız. Yaşam sevinciyle, enerjisiyle doluydu. Mark, kendisinin yok edilemez ve alt edilemez bir Süpermen olduğunu düşünüyordu ve her nasılsa, onun yanındayken sizin de aynı şekilde hissetmenizi sağlıyordu. Hayat bir oyundu. Garip şeyler olurdu (tıpkı, birinin dobermanına LSD verdiği ve köpeğin, partinin ortasında halının her yerine işediği gün olanlar gibi)

Daha sonraları tutuklandığımızda, arka sokaktaki karanlık Third World'den çıkabilmek için kavga etmek zorunda kaldığımızda ya da işler yolunda gitmediğinde onun yanımda bulunmasından memnun olduğumu fark ettim. Her ne kadar sorunu çıkaran genellikle kendisi olsa da Mark bu tür boklardan anlardı.

Bir Asya seyahati planladım. Aylarca araştırma yaptım. Evimi tıka basa dolduran kâğıt parçalarına onlarca tablo çizdim; Malezya'daki deri sırtlı deniz kaplumbağalarını ve Endonezya'daki Komodo ejderlerini ne zaman görmem gerektiğini, Tayland'a serin sezonda ulaşırken Hindistan'da musonlardan paçayı nasıl sıyıracağımı araştırdım.

Derken Mark, Güney Afrika'daki halüsinojenik bitkiler konusunda bir belgesel izledi.

"Neden oraya gitmiyoruz?" diye sordu.

Gerçekten. Neden olmasın? Kendimi, gezi kitaplarından oluşan dağın altına bir kez daha gömdüm. Seyahat acentelerine telefon ettim. Gerekli ekipmanların listesini hazırladım. Haritaları didik didik ettim ve takip edeceğimiz rotaları planladım.

Bu arada Mark da bir tarlaya gidip iki bin sihirli mantar topladı.

Seyahate çıkmamıza bir aydan daha kısa bir süre kalmıştı ve Mark'ın hâlâ çok fazla borcu vardı. Ona Amsterdam'a gitmesini ve sahte bir seyahat sigortası talebinde bulunmasını önerdim ama kıçını kaldıramayacak kadar tembeldi. Motorunu satmasını söyledim ancak bir türlü motorundan ayrılamadı. Ardından, iflasını beyan ederse neler olabileceğine yoğunlaştık. Sadece bir form dolduracaktı ve bütün borçları silinecekti. Peki, bunun dezavantajı neydi? Hiçbir sorun yok gibi görünüyordu. Söylediklerine göre tek bir imzayla özgürlüğüne kavuşacaktı. Yapı kooperatifi, hâlâ evden çıkmasını istememişti. Kamu Gelirleri İdaresi ise Mark'ın borcunda vergi indirimi yapmıştı.

Ve sonunda seyahat için gerekli paranın geri kalanını ona borç olarak verdim ki böyle olacağı aslında en başından beri belliydi.

Bavul

Bir sonraki kötüye işaretimiz Mark'ın bavuluydu.

Melissa ve ben uçaktan adım attığımızda sırt çantalarımız son teknoloji, yüksek kaliteli, ultra hafif kamp malzemeleriyle doluydu. Fenerlere, pusulalara, seyahat kitaplarına, termal giysilere, muflonlara, Gore-tex pantolonlara ve her ne kadar lanet olasıca şeyi bir türlü yakamamış olsam da dünyanın en hafif kamp ocağına sahiptik. Sinekliklerimiz, pillerimiz, sivrisinek savarlarımız, sıtmadan koruyucu ilaçlarımız, altı tip antibiyotiğimiz, mantar kremlerimiz, alerji kremlerimiz, sekiz tip bandaj, sargı bezi ve gazlı bezimiz, steril şırıngalarımız ve tropikal medikal kitlerimiz vardı. Dağda hayatta kalabilmek için glikoz tabletlerinden ve yoğun enerji veren atıştırmalıklardan almıştık. Seyahat sırasında kullanıma uygun kulaklıklarımız, bir mendil boyutundaki havlularımız ve ağırlığı azaltmak için uçları kesilmiş diş fırçalarımız vardı. İsveç çakılarımız ve İsveç çakılarımızı kaybetme ihtimalimize karşın yedek İsveç çakılarımız vardı.

Mark, Quito'ya vardığında ise elinde yarısı boş, ikinci el bir çanta vardı. Çantanın içine baktım. Çantada bir porno dergisi, Stephen Hawkings'in Chatham Kütüphanesi'nden alınmış "Zamanın Kısa Tarihi" isimli kitabı, iki yedek kıyafet ve yirmi paket kadar büyük boy sigara kâğıdı vardı.

"Burada Rızla satıp satmadıklarını bilmiyordum." diye açıkladı.

Melissa, "Çadır nerede?" diye sordu. Mark'ın, bir arkadaşından oldukça iyi ve pahalı bir çadırı ödünç alması için gerekli ayarlamaları yapmıştı.

"Havaalanına giderken John'un arabası bozuldu. Beyinsiz piçin sinirleri tepesindeydi ve geç kaldı. Dolayısıyla, çadırı alacak kadar zamanımız yoktu ama bak, ne getirdim?" Mark, çantasından ince, ipek bir ceket çıkardı. "İpeğin insanlar tarafından bilinen, en sıcak tutan materyal olduğunu biliyor muydun? Bir de bunu getirdim."

Folyolardan yapılmış gibi görünen küçük bir torbayı havada salladı.

"Bunu astronotlar kullanıyor. Isıyı içeri doğru yansıtıyor."

Mark, farklı ısı kayıpları konusunda uzun ve bilimsel içerikli bir açıklamaya girişti. Mark'la tartışmanın bir yararı yoktu. Ya verdiği bilimsel bilgiler yüzünden afallardınız ya da o kadar uzun bir süre boyunca konuşurdu ki ne hakkında tartıştığınızı bile unuturdunuz.

Melissa, bana sessizce: "Bahse girerim şu gümüş renkli folyo bir boka yaramıyordur." diye fısıldadı.

Gran Gringo

Her yerde "Gran Gringo" olarak bilinen, seyyahların ünlü konaklama noktalarından biri olan El Gran Casino'da kalıyorduk. Üçüncü Dünya şehirlerinin çoğunda böyle bir yer olurdu. Hem orijinaldi hem de ucuzdu. Nemli, boyaları dökülen duvarlar; penceresiz odalar; eğri büğrü, top top olmuş yataklar, pireler, hamamböcekleri, sıçanlar, mekânın sahibinin oğlunun bir polis olduğu ve mekânda uyuşturucu kullanırsanız hapse gireceğinize dair söylentiler, hippiler ve uyuşturucu müptelaları...

Gran Casino'nun iyi yanları da vardı: pek de muntazam olmayan bir kafesi, gölgede kalan, parke döşemeli bir avlusu ve belki de en garibi, bir saunası vardı. Zirvesinde, Meryem Ana'nın çarpıcı bir heykelinin bulunduğu El Panecillo'ya (Küçük Ekmek) uzanan çok sayıda basamağın en altında yer alıyordu. Bu basamaklarda yaşanan hırsızlık olayları, turistlerin bu bölgeden uzak durmasına yol açıyordu. Aynı sokakta, barında kova içinde tavuk satılan ve bir bilardo masası bulunan "Gran Casino 2" bulunuyordu. Burası, daha sonraları Quito'daki buluşma yerimiz oldu.

Gran Casino 2, düzenli aralıklarla uyuşturucu satıcılarına ev sahipliği yapan eğimli bir meydanın köşesinde yer alıyordu. Ahşap tezgâhlar, hurda metalin ağırlığı altında çatlamıştı; su ısıtıcıları arızalıydı, çiviler paslıydı, eski radyoların içleri görünüyordu, ayakkabılar ve giysiler eskiydi. Sanki mekân, onarılamayacak ölçüde aşınmıştı.

Quito

Quito, Alexander Von Humbolt'un "Yanardağlar Caddesi" olarak adlandırdığı Andların ortasındaki vadi boyunca bir parmak gibi uzanır. Yaklaşık on iki kilometre uzunluğunda, ender olarak 2 km'yi aşan genişlikte bir alanı kaplar. Şehirde kaybolmak mümkün değildir; sadece ne kadar kuzeyde ya da güneyde olduğunuzu kestirmeniz gerekir. Her iki tarafında Cordillera Occidental ve Cordillera Oriental Dağları paralel olarak uzanır. Dağların yeşille kaplı eteklerine, (Ekvator'daki kar çizgisi 5.000 metrededir.) Humboldt'un muazzam, tepeleri karlı yanardağları serpiştirilmiştir: Cotopaxi, Cayambe ve Chimborazo. Bulutsuz günlerde yanardağlar kolaylıkla görülebilir. Böyle günlerde 4.800 metre yüksekliğindeki Rucu Pichincha'nın yeşil bayırları sanki tam da şehrin merkezinden yükseliyor gibi görünür.

Gran Casino, kolonyal döneme ait sokakları, kiliseleri ve meydanlarıyla sıkışık ve dar bir dokuya sahip Quito'nun kalbinde yer alan Antik Şehir'de bulunur. Örneğin, inşaatı 1534 yılında başlayan San Francisco Kilisesi, Güney Amerika'da kurulan ilk İspanyol kilisesidir. Sokak sanatçıları sayesinde her akşamüstü açık hava tiyatrosuna dönüşen dev meydanı tepeden görmektedir. Diğer yandan, Plaza De La Independencia, (Bağımsızlık Meydanı) daha ziyade Güney İspanya'da bulunan küçük bir köy meydanı gibidir. Her ne kadar Katedral ve Hükümet Sarayı ile çevrili olsa da meydandaki palmiyeler, genç çiftlere ve yaşlı adamlara ev sahipliği yapar.

Kiliseler, İspanyol ve Kızılderili tasvirlerinin barok tarzda bir araya getirilmesiyle oluşan "Quito School" ile dekore edilmiştir. Sunakların tümü baştan aşağı altınla kaplıdır. Şahsen, altın kaplama sunakların ruhani hiçbir şeyi temsil etmediğini, aksine burada hüküm süren imparatorların parlak metal takıntısını gösterdiğini düşünüyorum. Fazla aydınlatılmamış yan şapellerde ise Kızılderililer, onları köleleştiren insanlara benzer şekilde resmedilmiş ifadesiz, mavi gözlü İsa, Meryem ve Azizlerin figürlerinin önünde sükûnet içinde diz çöker.

Antik Şehir, Keçuva yüzleriyle doluydu. Keçe şapkalar ve pamuklu pançolar içindeki kısa boylu Kızılderili erkekleri, taşımakta oldukları iri çuvalların ağırlığı altında iki büklüm olarak bayırı tırmanmaya çalışıyorlardı. Dolgun pamuklu eteklerinin ve fötr şapkalarının içindeki Kızılderili kadınları ise yol kenarında kurulmuş küçük tezgâhlarla ilgileniyordu.

Her yer bayat çiş ve nem kokuyordu. Bir zamanlar Kansas ya da Idaho'da öğrencileri okullarından alıp evlerine bırakmak için kullanılan, 1950'lerden kalma otobüsler, artık dar ve dik sokaklarda homurdanıyor, püskürttüğü siyah egzoz gazıyla yayaları sarmalıyor ve tarihî, beyaz boyalı cepheleri grinin kirli bir tonuna boyuyordu. Biz oraya vardıktan sonraki gün, bir Çin restoranında kızarmış pirinç yerken (Ekvator da, Güney Amerika'daki diğer ülkeler gibi Çin restoranlarıyla dolu) restoranın yanından geçen bir otobüsün dizel dumanı açık kapıdan içeri doldu. Birkaç saniye boyunca yoğun siyah bir bulutun içinde kaldık.

Antik Şehir işte böyleydi. Parque El Ejiro'nın birkaç kilometre kuzeyinde bulunan Yeni Şehir ise Antik Şehir'den tamamen farklıydı. Daha modern, temiz, sessiz ve sakindi. Daha zekice kurgulanmış restoranlar, barlar, kulüpler, sinemalar, dağ tırmanışları ve orman içinde turlar satan tur acenteleri, bankalar, takı dükkânları ve marketlerin üst katında kurulmuş oteller, turistlerin ve yabancıların tüm ihtiyaçlarını karşılamaya hazırdı.

Çoğu Keçuva olan bir milyonun üzerinde insana ev sahipliği yapan Quito, sessiz ve muhafazakâr bir kasaba gibidir; bir başkent için ise oldukça küçüktür. Ekvator'un en büyük şehri bile değildir; Guayaquil'in işlek limanı, ulusun ekonomi merkezi hâline gelmiştir. Sokak satıcıları, pazarlar, trafik gibi etmenlerden ötürü Quito'da devamlı bir itiş kakış hüküm sürer. Ancak Üçüncü Dünya ülkelerinin başkentlerinin çoğunda böyle kontrolsüz bir karmaşa yaşanmaktadır. Bana uyar. Zaten şehirleri oldum olası sevmemişimdir.

Mama Negra

Mark çantasını odasında bıraktı. Gran Casino'nun kafesinde bir kahve içmek için alt kata indik. Quito'nun yaklaşık elli mil güneyinde Latacunga kasabasında, o gün akşama doğru "Mama Negra" olarak adlandırılan bir festivalin düzenleneceğinden bahsettim. Mark'ın aklı yerindeydi, yediği mantarların etkisi uçuş sersemliğini alt etmişti. Şimdi festival zamanıydı.

Otobüs, en güzel kıyafetlerini giymiş, gülüşüp şakalaşan gençlerle doluydu. Mark, kısa kesimli elbiselerinin içinde zorla nefes alıyor gibi görünen, saçları kırmızı kurdelelerle süslenmiş, ateş kırmızısı bir ruj sürmüş, yeni alındığı belli olan kırmızı topuklu ayakkabılar giyen iki güzel kızın yanına oturdu. Onlara elindeki şekerden uzattı. Kızlar kıkırdadılar.

Melissa; "Bak, şansın yaver gitmeye başladı bile." dedi.

Latacunga'ya ulaştık. Kasabadaki binalar, Ekvator Andlarının tipik özelliklerinden biri olan düz, betonarme kutulara benziyordu. Çelik destekler, yeni eklenecek olan katın hayaliyle düz çatılardan dışarı fırlıyordu. Hangara benzer dev bir pazar binası, ana caddenin bir ucunu kaplarken Cotopaxi'nin simetrik zirvesi, kasabanın üzerinde uğursuz bir karaltı gibi yükseliyordu. 5.897 metre yüksekliğindeki Cotopaxi'nin, dünyanın en yüksek aktif yanardağı olduğu iddia edilmektedir; patlamaları nedeniyle 1742, 1768 ve 1877 tarihlerinde şehir lavlar altında kalmış ve her defasında, köylüler tarafından sabırla (belki de "aptalca") yeniden kurulmuştur.

Sokaklar, beysbol şapkalı adamlarla ve katman katman etekler ve kırmızı şallar içindeki iri yarı kadınlarla doluydu. Simsiyah saçları ortadan ayrılmış ve iki yandan örülmüştü. Bu belikler, en yaşlı kadına bile kızlara özgü bir hava katıyordu.[1] Olup biteni rahatlıkla görebileceğimiz bir nokta bulduk ki bu

1 Bu giysiler ve saç şekilleri, on sekizinci yüzyılda hüküm süren İspanya Kralı III. Charles tarafından zamanın İspanyol köylülerinin göçü sırasında empoze edilmiştir.

Mark ve benim için pek de zor sayılmazdı zira kalabalığın çoğundan daha uzunduk.

Hemen önümüzde, sesler ve renkler gri renkli sokağı aydınlatıyordu. Kornalara basarak bir yandan yürüyen gruplar ve dansçılar, sarhoş gibi sallanarak ilerliyor ve köşeyi dönüp kayboluyorlardı. Erkekler, rengârenk şeritlerle süslü bluzlar ve pançolar giyiyorlar, eteklerini yanlarından tutup bir yandan diğerine savuran kadınların karşısında tek sıra halinde dans ediyorlardı. Saatlerce kesintisiz bir şekilde dans ettiklerinden herkes yorgun görünüyordu.

Grupların her birine garip birkaç adam eşlik ediyordu. Adamlar, tören alayının önüne çıkanlara doğru tehditkâr bir tavırla koşuyor ve onları öpüyordu. Diğer kostümlüler ise dansçılarla karışıyordu; şeytanlar, köleler, Napolyon'un askerleri ve *huacos* adı verilen garip maskeli kişiler. Baştan başa beyazlar içindeki adamlar bana olimpik eskrimcileri hatırlatıyordu fakat epe yerine küçük cam parçalarıyla, kibrit kutularıyla, madalyalarla, düğmelerle ve benzeri ıvır zıvırla süslenmiş kalkanlarını sallıyorlardı.

Mama Negra'nın kelime anlamı "siyah annedir"dir. Kutlamalar, siyahî bir Meryem heykelinin çevresinde düzenlenen geçit töreninin odaklıdır. Siyahî bir Meryem'in tamamen Keçuvaların yaşadığı bir kasabada saygı gösterilen bir simge hâline nasıl geldiğini bir türlü anlayamıyorum. Bir açıklamaya göre heykel, Arapların 1492 yılında İspanya'dan sınır dışı edilmelerini temsil ediyormuş. Latacunga'da yaşayan insanların bu olayı neden kutlamaya değer buldukları konusunda ise hiçbir fikrim yok.

Neresinden bakarsanız bakın, bu geçit töreni Hristiyanlara özgü kasvetli bir yürüyüş değildi; daha ziyade tuhaf maneviyatlardan ve inançlardan oluşan karmaşık, mecazî bir dünyanın içki âlemleriyle pagan ritüellerine uygun bir şekilde kutlanmasıydı. İspanyollar, Andlarda buldukları dinin kökünü kazımaya çalışmış olabilirler ancak sadece dinin dönüştürülmesinde başarılı olmuşlar zira Kızılderililer, Hristiyan sembollerini alıp onlara kendi anlamlarını yüklemişler.[2]

Böylece Andların eski dininden parçalar hayatta kalmaya devam ediyor. Bizim de o anda, tam olarak şahit olduğumuz buydu.

Her grubun ortasında sırtına bağlı bir direkle yalpalayarak yürüyen bir adam vardı; adam iki büklümdü ve her an düşmeye hazır görünüyordu. Ve hiç şüphesiz, direğin ucuna pişirilmeye hazır, kör gözleriyle yukarıya doğru bakan bir domuz oturtulmuştu. Ölü bedenden pişirilmemiş tavuklar, hintdomuzları, sigara paketleri ve *Aguardiente* ya da rom şişeleri sarkıyordu.

Diğer şişeler, yürüyüşe katılanlar arasında elden ele geziyordu. Çalan gruplar, her yıl hiç prova almadan sahneye çıkıyor gibiydiler; sanki bir önceki yıl neler çaldıklarını hatırlamaya çalışıyorlardı. Daha sonra fikrimin neredeyse doğru olduğunu öğrendim. Gün boyunca aynı şarkıyı çalarak durumu kendilerince kolaylaştırıyorlardı. Ekvator'da yürüyüşe katılan grupların, durmadan tekrarlanan birkaç notadan oluşan tek bir şarkıyı çaldıklarını söyleyebilirim. Herkesin ne kadar sarhoş göründüğü düşünülürse bu bile büyük bir başarıydı.

Katılımcılar sarhoşluktan ayılıp bayılmaya başladıklarında izleyicilerden çoğu zaten kendinden geçmiş oluyordu. Küçük gruplar, rom şişelerine ve birbirlerine vurarak yanımızdan gelip geçiyorlardı. Mark ve ben, oldukça iyi görünen bir markaya iki dolar ödedik. Romlarımızı yudumlayıp sarhoşlardan akıllıca hamlelerle kaçıp kurtularak ve kaldırımda uyumakta olan insanların üzerinden atlayarak kalabalığın içinde dolaştık. Üç

2 Örneğin İsa, İnka Güneş Tanrısı'yla özdeşleştirilirken Meryem Ana, Ay ya da And Medeniyeti'nin toprak tanrıçası olan Pachamama ile ilişkilendirilir. İnka Şimşek Tanrısı, barutlu silah kullanan İspanyol askerlerinin azizi Santiagolu Aziz James ile ilişkilendirilmiştir. Ayamarca olarak adlandırılan İnka Ölüler Ayı, 1 Kasım tarihindeki Ölüler Günü'nde insanlar, aile mezarlarını ziyaret ettiklerinde başlar.

genç yolumuzu kesti, sanki Gringo olduğumuzu unutmuşuz da kendimizi Ekvatorlu sanıyormuşuz gibi durmadan sırtımıza vurarak, "Siz Gringosunuz, Gringosunuz." diye bağırıyorlardı. Ortadaki çocuk, iki arkadaşının arasında gevşekçe asılı duruyordu; hiçbir yere odaklanamayan bakışları kaldırımda geziniyordu. Diğer ikisi ise romlarının bir miktarını bizimle paylaşmak konusunda ısrarcı davranıyorlardı. Kabalık etmemek için biz de romumuzun birazını onlarla paylaşmak istedik. Sürekli romlarından biraz daha içmemiz için ısrar ediyorlardı.

Kısa zaman içinde her iki şişe de boşaldı.

Mark'ın artık düz bir çizgi üzerinde yürüyemediğini fark ettim. Ona bir daha baktığımda 1.80 boylarında, Shirley Temple peruğu takmış, pembe bir gecelik ve kocaman Adidas spor ayakkabılar giyen bir travestiyle dans ediyordu. Kalabalık onları alkışlıyordu. Travesti, Mark'ı öptü.

Melissa, "Yine golü atmışsın gibi görünüyor." diyerek Mark'a takıldı.

Mark'ın dizleri sonunda isyan etti. Kaldırımdaki yığınlardan birinin üzerine ters bir şekilde düştü. Melissa'ya: "Ben de Mark'ın sarhoş olmayacağını sanıyordum." dedim. Melissa bana yukarıdan bakıyordu. O anda benim de kaldırımda yatıyor olmam gerektiğini düşündüm. Melissa aklımdan geçenleri anlayarak bir anda kahkahalara boğuldu.

Artık herkesin neden böyle bir durumda olduğunu anlıyordum. Bu rakımda alkol etkisini aniden gösteriyordu. Bir an iyiydiniz, biraz sonra ise... Bilincinizin yerinde yeller esebiliyordu. Arada çakır keyif olmuyor, sarhoş olmaya başladığınızı hissetmiyor, kendinizi dalga konusu yapmaya yetecek zamanı bile bulamıyordunuz. Bir anda küüüüüt! Kendinizi yerde buluyordunuz.

İhtiyatlı bir şekilde oturdum. Mark'ın ayağa kalkmaya çalıştığını ve hemen arkamda dengesiz daireler çizerek kusmaya başladığını zorlukla fark ettim. Ardından geldi ve yanıma oturdu.

"Kustuktan sonra hep kendimi daha iyi hissederim." diyerek sırıttı.

Melissa, "Bir otel bulsak iyi olacak." dedi. Zorlukla ayağa kalktık ve Melissa'nın iki yanına geçip ona tutunarak yürümeye başladık. 1.60'lık bir kadın iki tane 1.80'lik adamı dengede tutmaya çalışıyordu. Önce, benim ağırlığım sağa doğru savrulmamıza neden oldu. Ardından bizi dengelemeye çalışan Mark'ın ağırlığıyla sola doğru yalpaladık. Çevremizde benzer şekilde hareket eden başka üç kişilik gruplar da vardı. Melissa kalabalığın içinde birini gördü.

"Hey, Mark! Otobüste muhabbet ettiğin kızlar burada."

Mark içgüdüsel olarak başını çevirdi. Ne yazık ki, midesinin başa çıkabileceğinden biraz daha hızlı hareket etti. Püskürterek kusmaya başladı ve kusmukları, kızlardan birinin yeni, kırmızı renkli topuklu ayakkabılarını rezil etti. Kız olduğu yerde kala kaldı, yüzündeki gülümseme yaşadığı şok nedeniyle dondu. Sonra gözyaşlarına boğuldu. Melissa bizi kalabalığın içine doğru aceleyle çekmeye çalışırken özür dileyen bakışlarla kızı izliyorduk.

Ondan sonra olanlar bulanık. Birkaç tane yıkık dökük otele girip boş odaları olup olmadığını sorduğumuzu hatırlıyorum. Otobüs durağındaki curcuna... Ekvatorluların yarattığı izdihamı geçerek bizi otobüse bindirmeye çalışan Melissa, sürücünün yanındaki boş yere yığılıp kalmam, adamın, hâlâ sert, çıtır çıtır ve yepyeni bir deri ceket giydiğini hatırlıyorum. Otobüs hareket etti, buraya gelirken doğru düzgün fark etmediğim mazgalların üzerinden geçti. Krater gibi görünüyorlardı. Kusacaktım.

Ama nereye? Açık olan tek pencere sürücününkiydi. Pencereye ulaşmak demek, başımı adamın omzuna yatırmak demekti. Tam zamanında harekete geçtim. Çoğu pencereden dışarı gitti ancak birkaç damlası, sürücünün yeni ceketinin sırtına damladı. Adam pek mutlu görünmüyordu. Sonra, başım adamın omzunda uyuyakaldım.

Küçük Bir Eylem

Otel odamızın yatağında uyandım. Başım zonkluyordu. Mark yerde uyuyordu. Melissa ise cigaralık sarıyordu. Mark kendine geldi ve ipek ceketini kaybettiğini fark etti. Bu iyi bir başlangıçtı. Kafede kahvaltı etmek için dışarı çıktık; bulabildiklerimiz yalnızca sahanda yumurta, ekmek ve kahveydi.

Otele geri dönerken küçük bir eylemin yanından geçtik. Birkaç yüz öğretmen grevdeydi, gönülsüzce slogan atıyor ve ellerindeki pankartları sallıyorlardı. Altı aydır ücretsiz grevdeydiler. Bir grup asker, ellerinde makineli tüfeklerle bekliyordu. Sokağın bir ucunda iki panzer park edilmiş vaziyetteydi.

Meleklerin Testisleri

Bütün günü, akşamdan kalmış bir hâlde otelde geçirdik. Mark, zamanını geçirmek için Melissa'ya dinler konusunda nutuk çekmeye karar vermişti.

"Buradaki insanlar animist." dedi. "Evet, artık teknik olarak Hristiyanlar ancak özlerinde hâlâ animistler."

Melissa, "Bu biraz ırkçı bir söylem olmadı mı?" diye sordu.

"Ne?"

"Yani, onlara hayvan diyorsun."

"Hayvan demiyorum, Melissa. Animist diyorum. Bak, animistler, her şeyin bir ruhunun olduğuna inanan kişilerdir. İnsanlar, hayvanlar, bitkiler, kayalar, aklına her ne gelirse... İnançlarının, Hristiyanlıktan ayrıldığı en önemli nokta budur.

Hristiyanlık, temelinde insanoğlunun diğer tüm yaratıklardan üstün, özel bir varlık olduğuna inanır. Bir Hristiyan'ın, bir insanın hayatının bir ağacın ya da hayvanın hayatıyla aynı önemi taşıdığını savunacağına inanmıyorum. Animistlere göre ise doğadaki her şey eşittir.

İspanyollar, Cennetin Krallığı'na kabul edecekleri kimseler hakkında çok daha seçiciydi. Kayaları ve hayvanları bir yana bırak, on altıncı yüzyılda yaşayan Avrupalılar, tüm insanların bile bir ruha sahip olduğuna inanmıyorlardı. Örneğin, siyahî insanların ruhlarının olmadığına dair yaygın bir inanış vardı ve kendilerine "teolog" diyen adamlar, varlıklarından yeni haberdar oldukları Kızılderililerin de ruhlarının olup olmadığı konusunda uzun tartışmalara girdi."

Yarı Çinli olan Melissa, "Ya Çinli olsaydın?" diye sordu.

"O durumda yarı Avrupalı olacaktın. Bu durumda sanırım yarım bir ruhun olacaktı."

"Belki de sadece belden yukarını cennete alırlardı." diye öneride bulundum. "Belki de bacakların bulutlardan aşağıya sarkardı, ne dersin?"

"Ortadan ikiye bölünmeden de oldukça kısayım. Sadece belden yukarım cennete alınsaydı sonsuzluğa kadar meleklerin testislerinden yukarısını göremezdim."

Mark, "Meleklerin testisleri olduğunu sanmıyorum." dedi.

Otavalo

Ekvator'daki tüm turistler gibi biz de Otavalo'ya gittik. Yarı yolda uykumdan uyandığımda otobüsümüzün bir yanı boylu boyunca uçurum olan kör bir virajda, iki kamyonu sollayan bir arabayı sollamaya çalıştığını gördüm. Bir kamyon doğrudan üzerimize geliyordu, uzunları yakmış durmadan kornaya basıyordu. Oturduğum yerde donup kaldım. Birbirini sollamakta olan üç araba, tam zamanında bizim tarafımızdaki yola girdi ve üzerimize doğru gelmekte olan kamyon bir fırtına gibi yanımızdan geçip gitti.

Bu Ekvatorluların araba kullanma tarzıydı. Senden daha yavaş bir aracın arkasına denk gelirsen sollardın. Yolun boş olup olmadığını ya da karşıdan araba gelip gelmediğini kontrol etmek gibi lüzumsuz şeylerle uğraşmıyorlardı. Sonuçta hepimiz bir gün ölecektik. Değil mi?

Quito'nun iki saat kuzeyinde bulunan Otavalo, etekleri yeşil tarlalarla yamanmış yanardağlar ve göllerle kaplı, tarıma elverişli bir bölgede yer alır. Nüfusu oldukça yoğundur. Kasabanın pazarı ünlüdür. Tüccarlar, Güney Amerika'nın çeşitli bölgelerinden gelir, turistlerin ilgisini çekebilecek zümrüt yeşili maskelerden yağlı boyalara, bonglardan hippi takılarına, aklınıza gelebilecek her şeyi satarlar.

Öteki yandan pazarda satılan en ünlü şey, Otavalo Kızılderililerinin alpaka yününden ördükleri kilimler, aksesuarlar, atkılar ve pançolardır. El işleri, Otavalo Kızılderililerini Güney Afrika'nın en zengin yerli halkı hâline getirmiştir. Kısa boylu ve tıknaz kızlar, kırmızı ve siyah etekler, şık beyaz dantelli bluzlar giyer; altın takılar takar. Özgüveni yüksek genç erkekler, size dik ve doğrudan bakışlar atar. Saçları katran kadar siyahtır ve vahşi batı filmlerindeki cesur Kızılderililer gibi arkadan bağlıdır.

Mama Rosita'nın Yeri

Girdiğimiz tek göz odadan oluşan kafe, yani Mama Rosita'nın Yeri, tipik bir Ekvator lokantasıydı. Sadece dört masadan, eski posterle süslenmiş kirli duvarlardan ve "Mama Rosita'nın dünyaca ünlü krepleri"ni tanıtan İngilizce bir tabeladan oluşuyordu. Mutfak, odanın arka kısmında yer alan, yağ içindeki bir bankodan ibaretti.

Dükkâna adını veren mülk sahibesine, ömrümde gördüğüm en kısa kadınlardan ikisi yardım ediyordu ya da sıklıkla engel oluyordu. Otavalo'da bulunduğumuz için gerçekten çok kısa boylu kimselerle karşılaşmıştık (Aslında, Ekvatorluların çoğu oldukça kısaydı.) Belki de genetik bir bozukluğun mahsulüydüler çünkü çoğu geri zekâlı gibi görünüyordu. Yerel hiyerarşinin en altında yer alıyorlardı ve genellikle eşeklerin yerine -hem de kesinlikle çok daha ucuza- çalıştırılıyorlardı. 1.60'dan çok daha kısa erkekler, alınlarına bir kayışla bağlanmış ve fetih öncesi döneme ait alın kemeri olarak adlandırılan bir taşıma aracıyla arkadan desteklenen çift kişilik yatakların ya da gardıropların altında yalpalayarak yürüyorlardı.

Oturduğumuzda bile Mama Rosita'nın iki yardımcısının başlarının üzerini görebiliyorduk. İki kadın, çevrelerindeki her şeye çarpıp ortalığı karıştırarak odanın içinde koşuşturup duruyordu. Ortalığı alt üst eden kadınlara daha fazla dayanamayan Rosita, kadınlara hiddetle bağırdı. Kadınlardan birini, yandaki dükkândan biraz tuz almak gibi bir ayak işi için gönderdi ama kadın elinde bambaşka bir şeyle geri döndü. Rosita kadını yeniden azarladı; bu sırada diğer kadın ise Rosita'nın arkasından tuhaf surat ifadeleri takınıyordu ama Rosita ne zaman ona dönse, gözlerini masum masum odanın içinde gezdiriyordu. Her iki kadın da ellilerindeydi.

Rosita'nın kendisi dost canlısı, anaç bir kadındı; yediğimiz şey konusunda bizi aydınlatmaya pek hevesliydi. Aslında bu konuda cahil kalmayı tercih edebilirdik çünkü kadının yemekleri, ineklerin haşlanmış derilerine ya da bağırsaklarına benziyordu. Neyse ki pek cazip olmayan bu nefis (!) yiyeceklerin yanında çorba, pirinç, patates, kızartılmış muz, avokado ve bir bardak seyreltilmiş meyve suyu servis edilmişti. Bu, Güney Amerika'nın her yerinde yaşayan insanlar için klasik bir mönüydü ve *almuerzo* (öğle yemeği), *cena* (akşam yemeği) ya da sadece *comida* (yemek) olarak adlandırılırdı. Sadece et parçalarının geldiği yer ve kalitesi değişiklik gösteriyordu; kimi zaman tavuğun ya da balığın garip bir yerini dahi yiyebilirdiniz. Dünyaca ünlü kreplere dair ise hiçbir iz yoktu.

Hayvan Pazarı

Otavalo pazarı cumartesi günleri kuruluyordu. Aslında, Otavalo'da üç farklı pazar vardı. Turistler Alpaka kilimlerini ve pançolarını meydanda kurulan pazardan satın alırken kasabada yaşayan yerel halk; yiyecek, kot pantolon ve Metallica tişörtlerini satın almak için kasabanın diğer ucundaki pazarı kullanıyordu. Bir de hayvan pazarı vardı. Kasabanın sınırındaki otluk bir alanda cin bakışlı çiftçiler ve ifadesiz suratlı eşleri; ineklerden, domuzlardan, atlardan ve eşeklerden oluşan bir grubu dikkatli gözlerle inceliyordu. Hayvanlar birer birer satılıyor ve sessizce alandan götürülüyordu. Yalnız, domuzların canı biraz sıkkın gibi görünüyordu. Yeni sahipleri -eşleri ve çocuklarıyla birlikte- pek de isteksiz olan domuzları, boyunlarının etrafına bağlanmış halatlarla tozlu yol boyunca çekiştiriyordu; homurdanarak ayaklarıyla toprağı kazmakta olan ve çığlıklar atan domuzlarla insanların arasında küçük bir savaş yaşanıyor gibiydi. İri bir hayvanı, kulaklarından ve kuyruğundan tutup kaldırarak kamyonun arkasına yerleştirmek için yarım düzineden fazla insana ihtiyaç duyuluyordu. Kamyona yerleştirilen hayvan, korku içinde çığlıklar atmaya devam ediyordu. Domuzların, ehlileştirilebilen en zeki hayvanlar olduğu söylenir.

Campesinolar, Mestizolar ve Latinolar

And ırkı, temel olarak Kızılderililerin (çoğunlukla Keçuvaların) ve İspanyolların karışımından oluşur. Ekvator, Peru ve Bolivya'daki kabaca her on kişiden beşi, safkan Kızılderili'dir ve dağlık arazilerde *Campesino* (kelimenin tam anlamıyla köylü) olarak adlandırılır. Üç ya da dört kişi *Mestizo*'dur ki bu da karışık ırk anlamına gelir. Geriye kalan bir kişi ise ya Latino ya da Blanco'dur. Ataları İspanyol/Avrupalı olan beyaz kimseleri bu isimle çağırırlar.[3]

Aslında her şey bu kadar basit değildir. Ronald Wright'ın "*Cut Stones and Crossroads*" isimli kitabında da ifade ettiği gibi *Mestizolar,* genellikle bir kasabaya taşınıp Keçuva dili yerine İspanyolca öğrenen ve Batılı giyim tarzını benimseyen safkan Kızılderililerdir. Bunun dışında Peru'daki elit Latino ailelerinin çoğunun ataları, istilacılarla asil İnka kadınlarının ilişkilerinden doğan kimselerdir. Böylelikle, Latinolar da etnik olarak *Mestizo* sayılabilir.

Her ne kadar ırklar arasındaki sınırlar belirsiz olsa da ataları Avrupa'dan gelen elit Latinoların çoğunlukla Kızılderililerden oluşan nüfusu yönetmekte olduğu açıktır. Politikacılar, mülk sahipleri, iş adamları, hâkimler, avukatlar, doktorlar, gazeteciler ve yazarların neredeyse tümü Latino'dur. Bir kimse ne kadar Kızılderili ise beş parasız olma ihtimali de o kadar yüksektir. Latino ise zengindir. (Bu kural Bolivya, Ekvator ve Peru'nun yoksulluk ölçeğinin en altında, Arjantin'in ise tepesinde bulunduğu Güney Amerika ülkelerinin hepsinde geçerli gibi görünüyor.)

Kısaca, And Dağları'nda yaşayan topluluklar, İspanyol azınlıklar tarafından yönetilmekte olan Kızılderili topluluklarıdır. 500 yıl önceki fetihten beri çok az değişen ancak kendini pek belli etmeyen bir sosyal sınıflandırma, ırkçılık ve ayrımcılık sistemidir.

3 Campesina, mestiza ve blanca, kelimelerin dişil formlarıdır (İspanyolcada -a ile biten kelimeler dişildir.) Pasifik kıyısı boyunca yerleşmiş birkaç siyahî topluluk ve Çinlilerden, Japonlardan ve Lübnanlılardan oluşan küçük dağınık gruplar da bulunmaktadır. Amerika kıtasının yerlilerine yönelik kullanılan genel terimlerin tümü, kolonyal dönemden kalma olduğundan İspanyolların gelişinden önce kapsayıcı herhangi bir açıklamaya ihtiyaç duyulmamıştır. Neden olabileceği tüm yanlış anlaşılmalara rağmen ben, en akılda kalıcısını seçecek ve Kızılderili diyeceğim.

Paramo'da Bir Yürüyüş

Mark'ı İsrailli bir kızla muhabbet etmeye çalışır vaziyette otelde bırakıp Melissa'yla birlikte, Ekvator'un yeşilliklerle kaplı yüksek, çalılık arazilerinde yürüyüşe çıktık. Yerli halk, burayı Paramo olarak adlandırıyordu. Lagunas Mojanda adı verilen göller bölgesine gitmek için bir taksiye bindik. Ekvator'un elli kilometre kuzeyinde bulunan göller yöresi, bana İskoçya'nın dağlık arazilerini anımsattı. Başına buyruk bir şekilde büyümüş otlar ve süpürge otuna benzer yosunlar, sarp tepeleri ve sulak bataklıkları kaplıyordu. Sabahın erken saatlerine özgü sis, göllerin üzerinde süzülüyordu.

Melissa, "Ben de Ekvator'un tropik bir yer olduğunu sanırdım." diyerek şaka yaptı.

Kolombiyalılardan önceki döneme ait, Cochasqui adı verilen bir yıkıntıya kadar üç saatlik bir yürüyüş yapıp dönüşte otobüs kullanmaya karar vermiştik fakat 4.000 metre yükseklikte on dakikalık tırmanışlar, bir saatlik azaplara dönüştü. Her adımımızda nefes almak için duruyorduk. Çalılar göğüs seviyesine ulaşmıştı ve inanılmaz derecede acı verici dikenlere sahipti. Dört saatin sonunda kaybolduğumuzu itiraf etmek zorunda kaldım. Geniş ve çalılık vadiden çok sayıda belli belirsiz patika geçiyordu. Birini seçtik ve bir yere ulaşacağını ümit ederek patikayı takip etmeye başladık. Sonunda bir derenin yanına inşa edilmiş ağaçlar içinde yalnız bir eve ulaştık. Yaşlı bir adam kapıya dayanmış, bizi temkinli gözlerle izliyordu.

"Bu yol Cochasqui'ye çıkan yol mu?" diye sordum.

Yaşlı adam belli belirsiz bir şekilde başını sallayarak: "Evet." dedi. En azından doğru yoldaydık.

"Cochasqui buradan ne kadar uzaklıkta?"

"Evet."

"Saat kaç?"

"Evet."

"Lütfen bana saatin kaç olduğunu söyler misiniz?"

"Evet."

"Bu yol Otavalo'ya çıkıyor mu?"

Yaşlı adam duraksadı, sorum hakkında biraz düşündü ve yeniden başını salladı. En nihayetinde vazgeçtim.

Yola devam ettik. Bir süre sonra patikadan bize doğru yürümekte olan, muhtemelen tarladan dönen üç erkek ve küçük bir oğlan çocuğuyla karşılaştık. Hepsi ellerinde pala taşıyordu. Elinde pala kadar büyük, keskin ve öldürücü şeyler taşıyan insanlarla tanışmaya alışık değildim. Tahmin edersiniz ki Londra'da pek sık başıma gelen bir durum değil.

Melissa'nın da buna alışkın olduğunu söylemek mümkün değildi. "Çabuk, çakını bana ver!" dedi.

"Elinde pala taşıyan üç adama karşı çakıyla ne yapmayı planlıyorsun?" diye sordum.

Melissa, "Senin açından bir sorun yok. Biliyorsun, kadınlara tecavüz ediyorlar." dedi. "Sadece ver şunu bana."

"Gerçekten çakının ne işe yarayacağını hâlâ anlamış değilim." diyerek ısrar ettim.

"Senden daha fazla işe yarayacağı kesin."

Melissa henüz birkaç gün önce Kolombiya ya da Venezuela'da bazı madencilerin karıştığı korkunç bir olay hakkında çeşitli haberler okumuştu. Ormanın bir köşesinde kısılıp kalmış sekse aç adamlar, kamplarına gelmesi için bir hayat kadını ile anlaşmış ve kadına tecavüz etmişlerdi. Kadının polise gitmesine engel olmak için ise kafasını kesmişlerdi.

"Beni öldürebilirler ama bana tecavüz etmelerine izin vermeyeceğim." diyerek ant içti.

Adamlar bizi gördüklerine şaşırmış gibiydiler, nereye gitmekte olduğumuzu sordular. Kötü İspanyolcamla elimden geldiğince açıklamaya çalıştım. Melissa, ceketinin altındaki çakıyı sımsıkı tutuyordu ama adamlar, küçük bir köye kadar bize yol gösterdiler ve bize tecavüz etme ya da kafamızı kesme zahmetine girmeden el sallayıp uzaklaştılar.

Ana meydandaki küçük binanın üzerinde "Otobüs Durağı" yazılı bir levha bulunuyordu; içeri girdik.

"Otobüs Otavalo'ya ne zaman dönecek?" diye sordum.

Masanın arkasındaki kadın suratıma bile bakmadan, "Salı." dedi. Bugün pazardı. Beklemek yerine köydeki tek arabanın sahibiyle bizi otelimize bırakması için oldukça yüksek bir fiyata anlaştık. Ana patikadan 33 kilometre kadar uzaklaşmıştık. Üç saatlik bir yürüyüş için hiç de fena değil, ne dersiniz?

Kuduz Aşısı

Quito'ya döndüğümüz zaman bir anlığına seyyah paranoyasına kapılıp kuduz aşısı olmaya karar verdik. Bu aşı, ısırılmanızın ardından hastaneye gitmeniz gereken süreyi, özellikle uzak yerlerde yürüyüşlere katılan insanlar için, bir günden bir haftaya kadar uzatabilmektedir. Bir Amerikan hastanesine gittik. Ekvator sağlık sistemi gereğince önce ilacımızı aldık -on dozluk tek bir şişe içindeydi- ardından doktoru beklemeye başladık. Amerikalı çalışanlardan biri ısrarla Doktor Ringenber'i çağırıyordu. Ekvatorlu bir doktor yanımızdan geçti.

On kişiye yetecek kadar ilaç içeren şişeyi elimden alıp: "İsterseniz iğnenizi ben yapabilirim." diyerek öneride bulundu. "Kim istiyor?"

Şişeyi göstererek, "Ama o on kişilik." dedim.

Doktor: "Ama burada sadece bir şişe var." dedi. Aklı karışmıştı.

Doktor Ringenberg'i beklemeye karar verdik.

Bölüm 2
Peru: Otobüsler, Bimbolar ve Banditolar

"1531 yılında, bir cani daha yanında bir grup adamla Peru'ya geldi. Bölgeye girmek için yoluna çıkan herkesi katletti, her yeri yağmaladı, kasabaları ve şehirleri yerle bir etti; orada yaşayan insanlara aklınızın alabileceği en barbarca işkenceleri yaptı, bir katliama imza attı."

Kızılderililer Nasıl Yok Edildi?
Bartolome de las Casas (1552)

Savaşçı Kadın

İngiltere'den ayrılmama üç hafta kala hâlâ Mark'ın benimle gelip gelmeyeceğini bilmiyordum. Kuzey Londra'da gri ve kapalı bir sonbahar günü yaşanıyordu ve birkaç adam, havalı matkaplarla evimin hemen dışındaki kaldırımı kazıyorlardı. Kapım çaldı; Melissa gözyaşları içinde kapımın girişinde duruyordu.

"Seninle gelmek istiyorum." dedi.

"Ama Ekvator'un nerede olduğunu bile bilmiyorsun." dedim.

"O zaman oraya gitmek daha iyi olacak."

Melissa'nın Londra'dan ayrılmak için kendince nedenleri vardı ve bana karşı duyduğu sevgi bunlardan sadece biriydi.

Melissa, otuz üç yaşındaydı -benden üç yaş büyüktü- ve güzeldi. Onun geçmişine sahip herhangi birinin olması gerekenden çok daha güzel ve sağlıklıydı. Olduğundan on yaş büyük göstermesi gerekirken on yaş genç gösteriyordu. Zayıf ve atletikti, yanık tenliydi, uzun kahverengi saçları ve baştan çıkarıcı badem rengi gözleri vardı. Yarı Çinli, yarı İskoç Avrasyalı görünümü, ona karanlık ve şehvetli bir yan katıyordu.

Bir keresinde bana: "İki farklı ırktan gelen kadınlar her zaman en güzel kadınlardır." demişti.

Açıktı, arkadaş canlısıydı, kolaylıkla güler ve içten gülümsemesiyle çevresindekileri büyülerdi. Bu parlaklık, iç hesaplaşma dönemlerinde kesintiye uğrardı ve geçmişindeki travmalarla baş etmek amacıyla on gün boyunca hiç konuşmadan meditasyon yapardı.

Melissa'yı anlamak kolay değildi. Hayat hikâyesini baştan sona dinlemek bile yeterince akıl karıştırıcıydı. Öteki yandan Melissa, başına gelenleri ancak hikâyesini zaten biliyorsanız anlayabileceğiniz bir şekilde anlatarak durumu daha da zorlaştırırdı. Onunla ilk tanıştığımda uzun bir ilişkiden henüz çıkmıştı. Dövüş sanatları grubundan da ayrılmıştı:

"Aslında, mesele tam olarak dövüş sanatları değildi."

"Oh! O zaman neydi?"

"Peynir."

"Peynir mi?"

"Evet, peynir. Bedeninin çevresinde bir peynir akımı yaratmakla ilgiliydi."

"Oldukça akışkan bir peynir olsa gerek".

"Hayır, peynir değil. C-H-I. Çince'de enerji anlamına gelir. Bedenimdeki enerji kanallarını açmalıydım. Dövüş sanatları sayesinde bunu hareket yoluyla yaptım. Chi, Çin tıbbının temelidir."

Melissa, eski erkek arkadaşının tüm kız arkadaşlarıyla yattığını anlatmıştı. Dahası, korkunç kavgalar eden annesi ve onun sevgilisiyle aynı evde yaşıyordu. Bu arada, zeki ve etkileyici bir eğitmenle dövüş sanatları üzerinde çalışıyordu. Adam, karanlık aralık sabahlarında, saat 5 sularında Melissa'yı parka götürüyor ve saatlerce bir sopayı havada sallamasını istiyordu.

Sonunda jeton düşmüştü.

"Yani, bunların hepsi aynı adam mıydı?" diye sordum.

Melissa, "Kimler aynı adam mıydı?" diyerek soruma soruyla karşılık verdi.

"İlk olarak annenle birlikte yaşayan adam... Adı Peter mı?"

"Evet."

"Ve eski erkek arkadaşın. Adı Peter mı?"

"Evet."

"Ve şu eğitmenin? O da mı Peter?"

"Evet."

"O zaman bunların hepsi aynı kişi, değil mi?"

Melissa önerim hakkında bir dakika kadar düşündü.

"Yani... Sanırım öyle."

Melissa, bunu sanki ilk defa keşfediyormuşçasına şaşkınlıkla etrafa baktı.

Melissa, aptalca davranarak Peter'ı ve annesini Chiswick'te bir ev almak konusunda ikna etmişti ve şimdi, üçü de aynı evin içinde kısılıp kalmıştı. Ev, balık yakalama takımlarıyla ve annesinin Çin'e özgü ilaçlarıyla doluydu. Dondurucu, ağzına kadar kurtçuklarla ve ona benzer yemlerle doldurulmuştu. Buzdolabını açtığınız zaman salamuraya yatırılmış yarasa bağırsaklarıyla veya kurbağa derileriyle karşılaşıyordunuz. Melissa'nın annesi ve eski erkek arkadaşı durmadan tartışıyor, birbirlerini deli ediyorlardı; onların birbirlerini deli etmeleri ise Melissa'yı deli ediyordu.

Peter'ın ardı arkası kesilmeyen disiplinleri ve ona eşlik eden Yeni Çağ guruları, ruhani eğitmenler, Budist rahipler ve Hintli yoga eğitmenleri evin içinde dolaşıp duruyordu. Güneş doğmadan önce sıçmak için her sabah dörtte kalkıp onun dışında başka hiçbir iş yapmıyor gibi görünen Hintli yoginin dışında, evi dolduran ruhani eğitmenlerin çoğu sadece orada burada takılıyordu. Melissa bana Yeni Çağ'ı açıkladı.

"Müzisyenler ve hayranları gibi düşün. Bu adamlar; çevrelerine karizma, enerji ve dinamizm saçıyor. Genellikle, bunun gerçekten ilham verici olduğunu söylüyorlar. Etkileyiciler; enerjileri insanları etkiliyor. Zaten bu şekilde lider ya da guru olabiliyorlar. Ayakları yere basmayan genç kadınlar, onlara kilitleniyor ve büyük, sıkı, genç ve taze kıçlarını adamların yüzüne dayıyorlar. Ne olmasını bekliyorsun?" Melissa arsızca A-beden memelerini olabildiğince açtı. Melissa memelerini severdi; onlar hakkında konuşmayı, onlara bakmayı, onlara dokunmayı severdi. Tek sorun, çok küçük olmalarıydı. Küçük ama kusursuz şekilli; işte bu tam olarak Melissa'ydı.

"Evet, kusursuz bir şekle sahipler." diyerek dudaklarını büktü: "En azından asla sarkmayacaklar."

Melissa'nın ailesi, o henüz on dört yaşındayken boşanmıştı. Babası orduda çalıştığından Melissa, dünyanın farklı yerlerindeki askerî üslerde büyümüştü. Çok sayıda yatılı okulda okumuş, sanat fakültesini bırakmış ve alışkanlığını küçük hırsızlıklarla finanse eden bir eroinman haline gelmişti.

"Bir yıl boyunca hiçbir şey satın almadan yaşadım. Tek bir şey bile. Sadece bir dükkâna giriyor, elime bir şey alıyor ve oradan ayrılıyordum. Her şeyi çalabileceğim noktaya gelmiştim. Bir defasında bir dükkânın vitrinindeki deri ceketi çalmıştım. Yaptığım tek şey vitrine doğru ilerlemek oldu. Ceketi mankenin üzerinden çıkardım ve çıkıp gittim."

Şaşırtıcı bir şekilde Brighton'daki sanat fakültesinde okurken üzerinde: "Brighton'a Hoş Geldiniz." yazan bir stanttan çiçek çaldığı için sadece bir defa tutuklanmıştı. Çiçeği almak için eğildiğinde sirenler çalmaya başlamış ve mavi ışıkları yanıp sönen iki polis arabası çevresini kuşatmıştı. Arabaların birinden iki polis inmiş, kızı araçlardan birinin arka koltuğuna atmış, Melissa'yı polis karakoluna götürmüş ve gece boyunca orada tutmuşlardı. Sonunda "kamu malını çalmaktan" 50£ ceza ödemek zorunda kalmıştı. Bir sonraki gün, yeniden çiçek standına gitmiş ve tam zamanında çiçeklerin arasına bıraktığı eroin poşetini almıştı.

Eroinmanların ve eroinin ana vatanı Hong Kong'da yaşamaya gitmişti. Durması için yalvarana kadar Yeni Zelanda'daki bir arkadaşına, gümrüksüz sigara paketlerinin içine gizlenmiş eroin göndermişti. Erkek arkadaşıyla bir pansiyon açmış ve Triadlar mobilyalara el koymaya gelene kadar oldukça başarılı olmuştu. Hong Kong'un en büyük gece kulübünde DJ olarak çalışmış ve daima çekici Avrupalı kızların arayışında olan ucuz Hong Kong dövüş sanatları filmlerinden bir düzinesinde rol almıştı.

"Ünlü Kung-Fu yıldızlarından birinin kız arkadaşını canlandırmıştım. Adamın adını tam hatırlamıyorum. Film boyunca sadece tek bir repliğim vardı ama filmin posterinde de yer alıyordum. Hong Kong'da babamla trafikte sıkıştığımız bir an olmuştu. Önümüzdeki otobüsün üzerinde kocaman bir fotoğrafım vardı, çıplaktım. Babam fotoğrafımı fark etmesin diye çevredeki ilginç şeyleri gösterip durmak zorunda kalmıştım."

Pansiyonu kapandıktan sonra Triadlara ait bir kumarhanede çalışmaya başlamış ancak Kanton Çincesiyle, patronun annesinin pek de iyi bir kadın olmadığını söylediği için işten atılmıştı. "Du-le-la-mo-chow-hi"[4] dediği için iki adam, ellerinde kasap bıçaklarıyla onu sokak boyunca kovalamışlardı. Triad patronları, garsonlarının kendilerine bu şekilde hitap etmesine pek alışkın değildir. Maaşını alması için ise bir arkadaşını göndermişti.

Koh Samui'ye gidip eroinin eksikliğini hissetmemek için içebildiği kadar çok esrar içmişti. Adada bir yıl kadar kaldıktan sonra Avustralyalı bir turistin öldürülmesine şahit olmuştu. Avustralyalı adam bir barda sarhoş olmuş ve genç bir çocuk dışarı koşup bir kaya kapıp geri dönerken yerli halka küfür etmeye başlamış. Aniden ışıklar sönmüş. Işıklar yeniden açıldığında Avusturalyalı adam, yerde kan içinde yatıyormuş. Bir sonraki gün barın işletmecisi Melissa'nın kulübesine gelip bir önceki gece sıra dışı bir şey görüp görmediğini sormuştu. Melissa böylece oradan ayrılması gerektiğini anlamıştı.

Londra'ya döndüğünde Melissa'ya rahim ağzı kanseri teşhisi koyulmuştu. Doktor, kemoterapiye ve olası bir ameliyata girmesi gerektiğini söylemişti. Melissa, bunların yerine eroini tamamen bırakmış ve bitkisel ilaçlardan, diyetten, alternatif terapilerden ve meditasyondan oluşan sıkı bir programa başlamıştı. Altı ay sonra doktorunu görmeye gittiğinde adam şaşkınlıktan küçük dilini yutmuştu çünkü kanserin yerinde yeller esiyordu.

Dövüş sanatları eğitmeni olan Peter ile tanışıp ona, okulunu kurması konusunda yardımcı olmuştu. Cazibesini ve hayat dolu karakterini iyi bir amaç için kullanmış, okulun reklamını yapmış, yeni gelenleri karşılamış ve durmadan gelen telefonları yanıtlamıştı. Bunun karşılığında ise Peter tarafından bir çarpma testi kuklası olarak kullanıldı. Adam, öğrencilerine çeşitli hareketleri göstermek için Melissa'yı topluluk merkezlerinin ahşap zeminine çarpıp duruyordu. Peter, Melissa'yı yaz aylarında dağlara ve buzullara, kış aylarında ise İskoçya'da kaya tırmanışına götürüyordu. Eroinman kız artık çok gerilerde kalmış, yerine ise savaşçı kadın gelmişti. Her gün altı saat boyunca çalıştığı altı senenin sonunda, hareketleri güçlü ve zarif bir hal almıştı. Öğrencilere tek başına ders vermeye başlamıştı.

Peter, hayranlarından küçük bir grup oluşturmuştu. Birlikte çalışmış, birlikte yaşamış, birlikte dışarı çıkmışlardı. Peter ve Melissa'nın organizasyonuyla Galler'in merkezindeki bir yerde tatillerini birlikte geçirmişlerdi. Bu, küçük bir kırsal tarikattı ve bu grup, Hong Kong'dan döndüğünden beri Melissa'nın hayatı haline gelmişti. Buradan başka hiçbir yer bilmiyor, hiç kimseyi tanımıyordu.

"İşte tam o anda, Peter'ın arkadaşlarımla yattığını fark ettim."

Ancak Peter, kendisine has, özel bir tarz yaratmıştı. Onun kadar ilham verici, dinamik bir eğitmen daha yoktu. Peter'ı terk ederse bir anda her şeyi arkasında bırakmış olacaktı: eğitimini, arkadaşlarını, evini.

Bu oldukça zor bir karardı.

Ve bir de benim garip biri olduğumu düşünüyordu.

"En azından ben hayatım için bir şey yapıyorum." demişti. "Senin tek yaptığın kitap okumak."

Melissa, ne kadar uyumsuz olduğumuzu söylemekten asla vazgeçmedi.

"Ben bir aslan burcuyum ve sen bir başak burcusun. Tam bir tavşan gibisin ki bu çok sevimli ancak sen bir hava burcusun; bu da düşüncelere ve kelimelere çok fazla takılırken duyguları önemsemediğin anlamına geliyor. Çin tıbbında, tıpkı küçük bir su damlası gibi kararsız ve soğurgan olduğunu gösteren dalak enerjisini temsil ediyorsun. Ayrıca ayın on dokuzunda doğmuşsun. Dokuzla biri topladığında bu senin bir numara olduğunu gösterir."

Küçük bir su damlası olarak tanımlanmaktan pek de memnun olmayarak: "Hayatım iki numaralarla dolu." demiştim. Melissa burçlara, Çin astrolojisine, numerolojiye, tarota, I-Ching'e ve Feng Shui'ye inanırdı.

"Ama" demişti: "Yeni Çağ akımının 'içindeki iyilik tanrıçası' safsatalarına dayanamıyorum. Bir keresinde Güney Downs'ta bir yerlerde bir cadılar meclisine katılmıştım. Bu kadınlar, doğa ve gezegen hakkında konuşup duruyordu. Ben de ormana gitmeyi önerdim. Korku içinde bana baktılar. Aralarından biri: 'Ama dışarı çıkamayız, çok karanlık.' dedi. Tek istedikleri şey kafayı bulmak ve birbirlerinin memelerini avuçlamaktı. Aslında çok güzel memeleri vardı. Neyse, o kadar doğaya tapınmak bana yetti. Diğer yandan, tanrıça karakterimin, şehveti simgeleyen Afrodit olduğunu da bilmelisin."

İngiltere'den ayrılmadan önce "Aslında çok komik." demişti. "On sekiz ay kadar önce Peter'dan ayrılıp seninle tanışmadan falıma baktırmıştım. Falıma bakan kadın seyahate çıkacağımı söylemişti. O zamanlar bir yerlere gitmeyi planlamıyordum ama hali hazırda İsrail'e, Mısır'a, Fransa'ya ve İspanya'ya gitmiştim ve şimdi Güney Amerika ülkelerine gidiyoruz."

Melissa'yı doğru düzgün dinlemeden "Oldukça ilginç!" dedim. Kızlarla muhabbet kurma yöntemi olması dışında fala inanmıyordum. "Başka bir şey dedi mi?"

"O seyahatte bana yakın birinin öleceğini söyledi." diyerek yanıt verdi.

İki Şişman Kadın

Melissa; yanık teni ve uzun, koyu renkli saçlarıyla tam bir Güney Amerikalı olabilirdi. Güney Amerika'da ne zaman birilerine yön sorsak insanlar ona bakıyor ve hemen İspanyolca konuşmaya başlıyordu. Melissa'dan aldıkları tek yanıt ise boş bakışlar oluyordu. Melissa yabancı diller konusunda pek iyi sayılmazdı.

Benim İspanyolcam çok daha iyiydi. Mark Quito'ya gelene kadar otobüs, akşam yemeği veya oteller konusunda kendimi ifade etmeyi öğrenmiştim. Kimi zaman aldığım yanıtları bile anlıyordum.

Quito'dan ayrılmaya ve Peru'ya geçmeye karar verdik. Kuduz aşısı yüzünden hasta olmuştum ancak otobüste iyileşebileceğimi düşündük. Otobüs durağına iki büklüm vaziyette girdim.

Quito'nun yeni otobüs terminalinin adı Terminal Terrestre'ydi. Terminal Terrestre, Gezegen İstasyonu anlamına geliyor ve bu da ileri teknoloji uzay otobüslerine yönelik fütürist iniş pistlerini hayal etmenizi sağlıyordu. Ne yazık ki, uçurumların kenarında araba kullanmayı uzay seyahati olarak görmediğiniz sürece terminalin ya da Ekvator otobüslerinin uzayla ilgili hiçbir yanı yoktu. Terminal, açılmasının ardından iki gün sonra harabeye dönen modernimsi betonarme bir binaydı. Üç katlı binanın ikinci ve üçüncü katlarında fast-food büfeleri ve bisküvi, kek ve ucuz plastik hediyeler satan stantlar vardı. Birinci katta ise bir yılan gibi dizilen otobüs şirketleri daha fazla yolcu kapmak için birbiriyle yarışıyordu. Çığırtkanlar, otobüsün gideceği yeri bağırıyor ve bizi pencereye doğru itiyorlardı.

Peru sınırında bulunan Aguas Verdes'e gidecek gece otobüsüne üç bilet aldım. Diyaloğun tümünü, kusursuz şekilde konuştuğumu düşündüğüm İspanyolcamla yaptığım için kendimle gurur duyuyordum. Otobüsümüz, üzerine pirinç çuvalları ve her ebattan ve şekilden kutu bağlanmış otobüslerden biriydi. Otobüse bindim ve kendimi koltuğuma attım. 1.80 boyunda bir Gringonun bacaklarını uzatabileceği tek yer olan ilk sıradan bilet aldığım için kendimi bir kez daha tebrik ettim.

Mark ve Melissa, cigaralık içmek için tenha bir yer bulmak üzere ortadan kayboldular. Ben ise sadece oturmak ve hastalığımın geçmesini beklemek istiyordum. Mark ve Melissa ortadan kaybolur kaybolmaz zar zor otobüse binen eşofmanları ve sweatshirtleri terle kaplanmış iki şişman kadın, oturduğum koltuğun onlara ait olduğunu söyledi.

Koltukların bana ait olduğunu geveledim ama biletler, Mark ve Melissa'yla birlikte gitmişti. Başım zonkluyordu. Kendimi hasta hissediyordum. İhtiyacım olan son şey bir tartışmaydı. Başka bir yere oturacaklarını umarak kadınları göz ardı etmeye çalıştım. Ancak histeri düzeyinde, tiz ve makineli tüfek gibi bir İspanyolca, kadınların hiçbir yere gitmeyeceklerini ifade ediyordu. İstifimi bozmadan oturdum ve bizimkilerin gelmesini bekledim.

Mark ve Melissa, yirmi dakika kadar sonra geri geldi. Melissa, Mark'a karate hareketleri gösteriyordu. Geldiklerinde otobüs kargaşa içindeydi. Şişman kadınlar bana, şoföre ve çevredeki herkese bağırıyordu. Otobüs şirketiyle alakası olan ya da olmayan bir düzine kadar kişi ise kendi fikirlerini beyan ediyordu. "Reservada, reservada." (ya da buna benzer bir şeyler) geveliyor ve kusmamaya çalışıyordum.

"Tanrıya şükür, gelebildiniz." dedim. "Şu iki domuza biletlerimizi gösterin."

Melissa biletlerimizi gösterdi. Şoför, kadınlar ve bizi izleyen kalabalık sırayla biletlerimizi inceledi. Biletlerimiz elden ele dolaştırılıyordu ve kalabalık, bilmiş bir tavırla konuşuyordu. Şoför sonunda biletlerimizi bana geri verdi. Tarihi gösterdi. Tarih, ertesi günün tarihiydi.

Aşağılanmıştım. Koltuktan kabaca bir tavırla kalktım. Kadınlar koltuklara yerleşti ve önemli bir kriz geçiriyormuşçasına iki devasa cips paketini açıp paketlerin içine gömüldüler. İspanyolcamı göreve çağırdım ve haksızlığa uğramış bir adam edasıyla şoföre doğru döndüm.

"Gişedeki adamlar bana yanlış tarihli biletleri satmış. Biletleri, açık bir şekilde yarın için değil, bugün için istediğimi söylemiştim." Tabii ki, hiçbir şeyi açık bir şekilde isteyemeyeceğim açık bir şekilde ortadaydı.

"Üzgünüm. Yeniden ödeme yapmalısınız ya da otobüse ancak yarın binebilirsiniz."

Biraz daha tartıştıktan sonra "ek ücret" karşılığında biletleri değiştirmeleri konusunda mutabık kaldık. Kırık kapılı tuvaletin hemen yanında, otobüsün arka tarafındaki yeni koltuklarımıza geçtik. İspanyolcam o noktada bitmişti.

Biz otururken Mark, "*Ocho, ocho.*" dedi.

"Ne?"

"*Ocho, Ocho*. Seksen sekiz. İki şişman kadın. İspanyolca."

"Yardımın için teşekkür ederim." diye homurdandım. Sanki biri başıma sürekli çiviler sokuyordu.

Sınıra giden gece otobüsünü yakalamayı ve ardından, hiç durmadan Peru kıyı şeridi boyunca aşağıya doğru inip Cuzco'ya gitmeyi planlamıştık. Bu, külüstür otobüslerimizle üç bin iki yüz kilometre yol kat etmek anlamına geliyordu. Yolculuğumuz tam beş gün, beş gece sürecekti. Uçmayı tercih etseydik sadece 200 $ ödeyecektik. Otobüs yolculuğuna çıkmak, özellikle başlangıçta hasta olduğum düşünülürse delice bir fikirdi.

Mark, "200 $ mı? Beni öldürseniz o parayı ödetemezsiniz." deyince karar verilmişti.

Quito'dan ayrıldık. Ekvator'da gece aniden bastırırdı. O gün de yüksek rakımın verdiği parlaklık, sadece birkaç dakika içinde zifiri karanlığa dönüşmüştü. Terminalden ayrıldıktan on dakika sonra etraf tamamen karardı. Batı yolu boyunca uzanan dağ yamacındaki basık tüneli geçtikten sonra yol, kıyı şeridine doğru yılankavi bir şekilde kıvrılmaya başladı. Yol, sadece birkaç dakikalığına ya da yarım saatliğine değil, gece boyunca kıvrıldı ve alçaldı. Otobüs, daima birinci ya da ikinci vitesteydi çünkü şoför, sonsuz gibi görünen keskin virajlarda yavaşladıkça yavaşlıyordu. Her tümsekte, pencerenin pervazından çıkan paslı metal çubuğa kafamı vurup şakaklarımı delmemek için kafamı yaslayabileceğim bir pozisyon arıyordum.

Sabahın erken saatlerinde büyük bir açık hava restoranında durduk. Quito'nun ılıman serinliği gitmiş, yerine saat gecenin bir yarısı olsa bile sıcak, nemli ve tropikal bir hava gelmişti. Solumuzda, tozlu park yerinde olay çıkartan, zekice giyinmiş dansçılara *criollo* pop ve salsa müzikleri çalan dev bir hoparlör bulunuyordu. Şoförümüz yemeğini yerken dansçıları izledim.

Ertesi gün muz ağaçlarının arasında, nemli bir sabaha uyandık. Sonuçta Ekvator, Güney Amerika'nın orijinal muz cumhuriyetiydi. Kıyı şeridinde yer alan tarlaların büyük bir kısmı, ihraç edilmek üzere muz ekimine tahsis edilmişti. 1973 yılında piyasalar petrol tarafından ele geçirilene kadar ülkenin esas döviz kaynağı muzdu. Bir insan boyutundaki yaprakları, henüz olgunlaşmamış yeşil meyve öbekleri ve dramatik mor tomurcuklarıyla muz ağaçları, dar yolu her iki tarafından sıkıştırıyor ve ağaçların yaprakları otobüsün camlarına sürtünüyordu.

Kaşık

Sabahın ilerleyen saatlerinde küçük sınır kasabası Aguas Verdes'e ulaştık. Ara sokaklardan birine itilip orada unutulmuş Ekvator göçmen bürosunu bulduk ve pasaportlarımızı damgalattık.

"Atın artık şu otu!" dedim.

Mark ve Melissa, bana acıyarak baktılar.

"Tamam, o zaman için ama acele edin. Sınır öğle saatlerinde kapanıyor."

Bir ara sokak bulduk ve bizimkileri, tümü bitene kadar cigaralıkları birbiri ardına içmeye zorladım. Ben içmedim. Anlayabileceğiniz gibi uyuşturucular ve sınırlar konusunda bazı endişelerim var.

Sınır, hareketli ve gürültülü bir pazarın tam ortasındaydı. Kıyı şeridindeki erkekler tişört ve kot giyerken kadınlar, efil efil yazlık elbiseler giyiyordu. Erkek çocukları, rüzgârlıklarla ve ceketlerle dolu ahşap el arabalarını itiyordu. Kadınlar, plastik oyuncaklarla ve kasetçalarlarla dolu tezgâhların arkasında dikiliyordu. Bu keşmekeşin hemen üzerinde ise büyük bir afiş asılıydı: *Bienvenidos a Peru*. Peru'ya Hoş Geldiniz. Kalabalığı yararak ilerlemeye başladık.

Sınırı geçtiğimiz an, bizi Peru'nun ilk şehri olan Tumbes'a uygun bir fiyat karşılığında götürmek isteyen erkekler ve erkek çocuklarından oluşan bir grup tarafından çevremiz sarıldı. Küçük bir çocuk, üçümüzü ve çantalarımızı elli kilometre boyunca bisikletiyle taşımayı bile teklif etti. Ciddi görünüyordu. Melissa ve Mark, kargaşayı izleyerek sırıtıyordu.

Arabalar canavarlara benziyordu. Kuyruk kanatları ve devasa kaputları olan, ellilerden ve altmışlardan kalma Amerikan arabalarını kullanıyorlardı. Uzun yıllar boyunca Peru'da ithal arabaların kullanılması yasaktı. Yasaktan önce ülkeye sokulmuş olanlar ise kelimenin tam anlamıyla parçalarına ayrılana kadar kullanılmıştı. Arabalar parçalarına ayrıldığında, sahipleri bu defa parçaları kullanmaya başlıyorlardı. Bu dinozorların yarım düzinesi yanımızda yavaş yavaş ilerlerken şoförleri bizi uyarıp duruyordu. *"Tumbes, muy lejos."* (Tumbes, çok uzak.) diyerek ısrar ediyorlardı. Arabaların pencerelerinin ve kapılarının yerinde yeller esiyordu, ön camları paramparçaydı, yan aynaları kırılmıştı, farları bozuktu. Hareket halindeki bir hurdadan hiçbir farkı yoktu ancak yine de bizi bisikletiyle Tumbes'e götürmek isteyen çocukla kıyaslandığında gideceğimiz yere ulaşma ihtimalimiz daha yüksekti. Yardım istemek için Mark'a ve Melissa'ya baktım ancak gözlerindeki donuk bakışları görünce bu fikirden vazgeçmek zorunda kaldım. Kişi başı iki soleden anlaşıp külüstür taksilerden birine bindik. Penceresiz aracın zemininde, yoldaki çukurları görebildiğimiz büyük delikler vardı. En azından otobüsten daha hızlıydı.

Mark gülerek "Dukes of Hazzard'daki arabaya benziyor." dedi.

Pasaportlarımızı yeniden damgalatmak için Peru göçmen bürosunda durduk. Her nedense göçmen bürosu sınırdan 2 km içerideydi. Peru'daki taksicilerin bavulunuzla birlikte kaçıp gittiğine dair hikâyeler duyduğumdan. Mark ve Melissa dışarı çıkana kadar arabada bekledim. Sürücüye ve İngiltere'den ayrıldığımızdan beri gördüğüm en iri adam olduğunu fark ettiğim arkadaşına baktım. Adam, tehditkâr bir tavırla aynaya bakıyordu. Sürücü ise elindeki kaşığı sıkıca kavramıştı.

Formaliteler yerine getirildikten sonra sürücü, iki solenin bizi sadece göçmen bürosuna getirmek için yeterli olduğunu söyledi. Tumbes'e ücret kişi başı on beş soleydi. Mark ve Melissa, esrarın etkisiyle ifadesiz bir şekilde oturuyordu. Sürücü bir süre daha aracı sürmeye devam etti, ardından durdu. Yol ıssızdı. Dönüp bize baktı.

Sözlerinin etkisini artırmak için kaşığı havada sallayarak: "On beş sole." dedi; "...kişi başı."

Quito'dayken Venezuela'da soyulan İngiliz turist hakkındaki hikâyeleri duymuştuk. Soyguncular kaçacak zaman bulabilmek için soygun sırasında adamın kıçına bir çatal saplamıştı. Mark ve Melissa, kaşığa bakarak oturuyorlardı. Tanrı'ya şükür, kaşık keskin değildi; lafın gelişi, adam kaşığı bir yerimize saplamaya çalışırsa en azından çataldan daha konforlu olacaktı.

Arabadan inersek uzun bir yürüyüş bizi bekliyordu ve başlangıçta ödediğimiz iki soleden de olacaktık. (Evet, biliyorum, ödemeyi asla baştan yapmamalıydım.) Her ne kadar kişi başı iki sole yaklaşık bir pounda denk gelse de bizim de prensiplerimiz vardı. Adamın ilk başta verdiği fiyat konusunda ısrarcı davrandım. Sürücü, tehditkâr bir tavırla kaşığını salladı. Mark ve Melissa, hipnotize olmuş gibi kaşığın hareketini takip ediyordu. Sürücü ve ben, sonunda üçümüz için on beş solede anlaştık ve araç yeniden harekete geçti. İlk fark ettiğimiz şey, Peru'daki en yavaş arabaya bindiğimizdi. Biz zar zor ilerlerken yarım düzine otobüs yanımızdan hızla gelip geçti. Zemindeki deliklerden yoldaki tümsekleri izliyordum. Bisikletli çocuk bile bizden çok daha hızlı olabilirdi.

Tumbes'e vardığımız zaman adamın kaşığı ne için kullandığını keşfettik. Kaşığın amacı, ayakkabılarını giyip çıkarırken bir çekecek gibi kullanılmaktı.

Tumbes

Tumbes; denizden birkaç kilometre uzakta, sıcak, alelade bir kasabadır. Palmiye ağaçlarının gölgesi, ana meydana düşer. Bir kilisesi ve sokak köşelerinde yağlı atıştırmalıklar satan stantları vardır. Ne modern ne de özellikle eski görünen yerlerden bir tanesidir. Peru ve Ekvator, ara sıra sınırlarının esas yeri konusunda küçük savaşlara girer ancak bu savaşlar, dünyanın geri kalanının ilgisini çekecek kadar büyük değildir.[5] Diğer yandan Tumbes, İspanyolların gördüğü ilk İnka kasabası olduğundan Güney Amerika tarihinde özel bir yere sahiptir. Peru'yu konu alan tüm seyahat kitapları fetih dönemine dair bilgiler içerdiğinden şu an size bu konuda bildiklerimi anlatmak açısından oldukça uygun görünüyor.[6]

1513 yılında Panama Ormanı'nı geçip Pasifik Okyanusu'nu gören ilk Avrupalılardan biri ve eski bir asker olan Francisco Pizarro, 1524 yılında Kolombiya ve Ekvator kıyısı boyunca yelken açtı ve meyve yüklü, küçük bir İnka ticaret gemisiyle karşılaştı.

Geminin o çevreden bir yerlerden gelmiş olabileceğini düşünen Pizarro, bir sonraki yıl aynı yere geri döndü ve Tumbes'e ulaştı. Adamlarından ikisini, Pedro de Candia ve Alonso de Molina'yı kıyıya gönderdi. Adamlar iyi bir şekilde karşılandıklarını, altın ve gümüş kaplama muazzam tapınaklara ev sahipliği yapan görkemli ve düzenli bir şehirle karşılaştıklarını söyledi. Yağmalanan bir diğer zengin uygarlık olan Azteklerin fethinden beri, İspanyolların aradığı şey tam olarak buydu. 1530 yılında Pizarro, bu defa 130 piyade asker ve kırk

5 İki ülke arasındaki anlaşmazlıklar Peru'nun, Ekvator Amazon'un yarısını topraklarına kattığı 1941 yılına dayanır. Söylentilere göre, Ekvator hükümeti, bölgedeki zengin petrol rezervlerini kullanma hakkını bazı ABD petrol şirketlerine vermeyince söz konusu şirketler iki ülke arasındaki anlaşmazlıkları tetiklemiş. Ekvator asla bu kaybı kabullenememiş.

6 Söz konusu ilgi çekici olaylar konusunda ayrıntılı bilgi için John Hemming'in yazdığı *The Conquest of the Incas* isimli kitabı incelemenizi öneriyorum.

atlı askerden oluşan küçük ancak donanımlı bir savaş gücüyle birlikte üçüncü bir keşif için yola çıktı. Tumbes'e 1532 yılının başlarında ulaştı ve kasabanın yerle bir olduğunu gördü.

Son seyahatinden bu yana İnka Uygarlığı, Inca Huayna Capac'ın 1527 yılında ölmesinin ardından yaşanan beş yıllık iç savaş nedeniyle paramparça olmuştu. Inca, topraklarını istila eden gizemli bir salgın hastalık nedeniyle ölmüştü. Bu hastalık, Karayip'e İspanyollar tarafından getirilen ve Kolombiyalılar aracılığıyla yayılan suçiçeğiydi. Inca'yı öldüren yüksek ateş, varisi Ninan Cuyuchi'yi[7] de ele geçirmişti. Bunun üzerine tahta geçmek isteyen diğer iki oğlu arasında bir savaş başladı; büyük oğlu Huascar, başkent Cuzco'yu elinde tutarken Atahualpa, Quito'daki esas orduyu yönetiyordu.

İç savaşın sonucunu tayin eden savaş, 1532'de Cotabamba'da meydana geldi. Savaşı kazanan Atahualpa, şans eseri Tumbes'ten pek de uzak olmayan Cajamarca'daki kaplıcalarda emekliye ayrıldı. Ulakları bu sırada sahilde garip giyimli, sakallı, dev adamlardan oluşan küçük bir grubun bulunduğunu söyledi. Böylesine küçük bir gruptan korkması için hiçbir neden olmadığına inanan Atahualpa (Sonuçta kendi ordusunun yaklaşık 80.000 kişilik olduğu varsayılıyordu.) adamları Cajamarca'ya davet etmek için elçilerinden birini gönderdi.

İstilacılar,Cajamarka'nın merkezinde gururla yürüdüler ve aldatıcı ancak zekice bir pusuyla Atahualpa'yı rehin alıp tek bir İspanyol askeri dahi ölmeden 6.000 Kızılderili'yi öldürdüler. Pizarro, Atahualpa'yı serbest bırakmak için o ünlü fidyesini istedi; altınla ve altının en az iki katı gümüşle dolu bir oda. Bu aşamada bile İnka, söz konusu durumun geçici bir rahatsızlık olduğunu düşündü ve kardeşine karşı açtığı savaşta emirler yağdırmaya devam etti.

7 Huayna Capac'ın muhtemelen farklı kadınlardan 500'ün üzerinde oğlu olduğu söylenmektedir ancak sadece hem kraliçesi hem de kız kardeşi olan Coya'nın çocukları varis olarak görülmüştür.

Ancak fidye teslim edildikten sonra Pizarro, Atahualpa'yı öldürdü. 1533 yılının sonuna kadar İspanyollar güneye doğru ilerlemiş, Güney Kolombiya'dan Kuzey Şili'ye kadar uzanan ve 300.000 kişilik ordulara yer ve aş sağlayan İnka Uygarlığı'nın başkenti Cuzco'yu ele geçirmişti.

Soykırım

170 adam kocaman bir uygarlığı nasıl olur da ele geçirebilirdi? Özellikle, geldiklerinde ülkede iç savaş hüküm sürmekte olduğundan şansın da üzerine düşeni yaptığı söylenebilir. (Örneğin, Pizarro, Atahualpa'yı öldürdüğü için Atahualpa'nın erkek kardeşi Huascar'a sadık olan Cuzco'da bir kahraman olarak karşılanmıştı.) Daha da önemlisi, eski dünyanın askerî teknolojisi -çelik, silahlar, köpekler ve atlar- İnkaların sopalarından ve mızraklarından daha üstündü. Bunlar arasında en az önem taşıyan silahlardı. Gerçekten de köpekler çok daha etkiliydi.[8] Ancak sonucu belirleyen, Asya bozkırlarından Avrupa istilasına kadar her alanda olduğu gibi atlar olmuştu. Her ne kadar And medeniyetleri nispeten daha izole bir ortamda gelişmiş olsa da İspanyollar, eski dünyanın teknolojik meyvelerini beraberlerinde getirmişti. Barut, köpekler, atlar ve süvari taktiklerinin tümü Asya'da ortaya çıkmıştı.

Yine de İspanyollara karşı yürütülen direnişi gerçekten yerle bir eden şey, salgın hastalıktı. Liderleri hastalıktan ölmedikçe hiçbir Amerikan Kızılderili eyaleti fethedilemedi. Avrupalılar, Amerika kıtasında bilinmeyen hastalıkları da bera-

8 Ateşli silahlar, çok sonraları otomatik tüfeklerin icadına kadar önemli bir etmen olmamıştır. Köpeklere gelince: Kızılderililerin beslenme amacıyla yetiştirdiği küçük, evcil köpekleri vardı. Bartolome de las Casas'a göre ise "İspanyolların özellikle insanları öldürmek ve parçalarına ayırmak üzere eğittikleri vahşi ve acımasız köpekleri vardı. Bu köpekleri beslemek için, her nereye giderlerse gitsinler, ayaklarından asılmış butlar gibi zincirlenmiş, yeterli sayıda yerlinin ellerinde bulunmasını sağlıyorlardı. İhtiyaç doğduğunda bunları öldürüp parçalarına ayırıyorlardı."

ve kolonyal döneme ait gibi görünen şehirlerin yanı sıra kurumuş balık gibi kokan kirli ve endüstriyel kasabalar da ırmaklara yakın bölgelere kurulmuştu.

Antik Ereksiyonlar

Bir otobüsten başka bir otobüse geçmeden önce hızla birkaç yeri ziyaret edebildik. Bunlardan biri, muazzam Bruning Müzesini görmek için durduğumuz Chiclayo'ydu. Müze, Sipan ve Tucume gibi yakınlardaki kazı alanlarından toplanmış muzır, canlı ve renkli Moche çömlekleriyle doluydu. Kil, sanatkârların elinde hayat dolu hayvanlara ve mutlu, her gün karşılaştığımız insanlara dönüşmüştü. Çiftçiler, askerler, rahipler, kötürümler ve müzisyenler yüzyıllardır bizimle dalga geçiyordu. Bazı çömlekler, erotik bir tavırla sarılan çiftleri betimlerken bazıları, ereksiyonları baş hizalarını geçmiş, sırıtkan erkekleri temsil ediyordu. Gülümsemelerinin nedeni konusunda hiç şüphe yoktu. Melissa'yı eşi benzeri olmayan ereksiyonlardan uzaklaştırmak için sürüklemek zorunda kaldım.

Trujillo'da oldukça isteksiz davranan Mark ve Melissa'yı antik Chan Chan şehrinin harabelerinde dolaşmaya zorladım. Yerle bir olmuş gri kerpiç höyüklerden oluşan boş arazi boyunca rüzgar ıslık çalıyordu. Korunmuş kesimlerden sadece biri, şehrin geçmişte ne kadar muazzam bir yer olduğuna işaret ediyordu.

Rehberimiz, "Chan Chan, Romalıların ve Anglosaksonların çağdaşları olan Moche tarafından kurulmuş ve sınırları, Chimu'ya kadar genişletilmiştir. 1470 yılında Chimu, İnkaların eline geçtiğinde şehrin en iyi kuyumcuları, sanatçıları, doktorları ve öğretmenleri Cuzso'ya gönderildi çünkü İnkaların onlardan öğrenecek çok şeyi vardı." dedi. Tarihi, İnkalardan çok daha eskiye, 4.000 yıl öncesine uzanan Peru, altı eski dünya uygarlığından birine ev sahipliği yapmıştı.[10]

Nazca Çizgileri

Kıyı şeridinden aşağı doğru inmeye devam ettik. Dünyanın en büyük solağını (Öyle dev bir homoseksüel olduğu düşünülmesin, sörfle ilgili bir şeydi.) ve tozlu tek bir sokaktan oluşan Cabo Blanco adındaki kasabayı geçtik. Seyahat kitabımda, şu an kadar kamışla yakalanmış en büyük balığın, 1953 yılında burada yakalanan 710 kilo ağırlığındaki mavi kılıçbalığı olduğu söyleniyordu. Antik dünyaya ait, beyaz sakalları matlaşmış, uzun beyaz saçları ise birbirine dolanmış Amerikalı bir denizci, otobüsten indi. Elindeki zıpkınla tıpkı Neptün'e benziyordu. Bronzlaşmış sörfçüler, köhne barlarda oturuyorlardı.

Bir zamanlar dünyanın en zengin şehirlerinden biri olan Lima'da iki saat geçirdik. Sanki şehrin üzerinde ölümcül bir solgunluk asılı kalmıştı ve bu solgunluk, şehirde yaşayanların ciltlerine çökmüş gibi görünüyordu. Trafik, sokakları tıkamıştı. Solmuş cepheler, kir ve ihmal katmanları arkasında saklanıyordu. Gecekondu mahalleleri, şehrin arkasındaki çıplak kahverengi tepeler boyunca tırmanıyordu. İki saat, Lima için yeterliydi.

İki saat, öğle yemeği yemek ve gazlı bir şeyler içmek için yeterliydi. Peru'da üretilen iki çeşit gazlı içecek vardı. Bunlardan biri, tadı sıvı sakıza benzeyen, zengin geçmişi ve günümüzde ABD'nin ticari egemenliği altında bulunuyor olması göz önünde bulundurulduğunda ülkenin tüm tarihini iki kelimeyle özetleyen İnka Kola'ydı.[11] Diğeri, "Bimbo" olarak adlandırılan bir portakal suyuydu. Elinde bir Bimbo'yla fotoğrafını çekene kadar Melissa'ya rahat vermedim.

---

10 Çin, Hindistan, Orta Doğu, Mısır ve Meksika'yla birlikte...

11 Bu iki kelime ülkeyi öylesine iyi özetliyordu ki Matthew Parris, Peru hakkında yazdığı eğlenceli bir kitaba da bu ismi verdi.

Burnundan soluyarak: "Sen ne demeye çalışıyorsun?" dedi.

Lima'dan kalkan bir sonraki otobüsü yakaladık ve Arequipa'ya doğru yirmi dört saat sürecek bir diğer yolculuğa çıktık. Yolculuk oldukça dolambaçlıydı. Cuzco'ya giden, dağlık kesimden geçen en kısa yol, İspanyolca "Aydınlık Yol" anlamına Sendero Luminoso örgütünün adıyla anılan kaleden geçiyordu. Maoist bir hareket olan Aydınlık Yol, şehirlerin çevresini kuşatıp şehirleri teslim olmaya zorlamak için kırsal kesimdeki köyler boyunca uzanacak bir üs inşa etmeyi amaçlamıştı. Gönüllülerin desteği ve biraz da zorlamayla merkezdeki dağlık kesimleri, Lima'nın iç kesimlerinden kontrol edebilmişlerdi.

Birkaç ay önce hükümet, sonunda Sendero lideri Abimael Guzman'ı yakaladı. Eski bir Kant felsefesi profesörü olan Guzman; terör, Maoist dogmalar ve İnka paternalizminin arkasındaki ilham kaynağıydı. Gerillaların yok olup olmayacağını ya da işlerinin henüz bitmediğini göstermek için bir güç gösterisine kalkışıp kalkışmayacağını kimse bilmiyordu. Şayet bir güç gösterisine girişirlerse o sırada burada olmayı istemiyorduk.

Bu nedenle ya Arequipa'dan Cuzso'ya giden otobüslerden birine binecektik -ki yolculuk yaklaşık elli saat sürecekti- ya da uçağı tercih edecektik. Uçuş sadece bir saat sürecek ve 60$'a mal olacaktı. Otobüs ise 25$'dı.

Mark, "Altmış dolar mı?" dedi. "Beni öldürseniz bana o parayı ödetemezsiniz."

Sonuç olarak elli saat sürecek olan otobüs yolculuğunda karar kıldık.

Güney sahil kesimi, büyük ölçüde Kuzey kıyı şeridine benziyordu: Boş, kasvetli ve monotondu. Uykuya daldık, uyandık ve kalitesiz bir salsa parçasının hızlandırılmış hâline benzeyen *criollo* pop eşliğinde yeniden uykuya daldık. Bir gece gözlerimi açtığımda sahil boyunca kumsalda hızla ilerlediğimizi fark ettim. Etrafta yola dair hiçbir iz yoktu. Burası Pan-Amerikan otoyoluydu. Haritada, Amerika kıtasını Alaska'dan Paraguay'a kadar kat eden ve ancak Panama'daki Darien Gap bataklıklarıyla kesilen büyük bir otoyol gibi görünüyordu. Gerçekte ise, bir kumsal boyunca devam eden ve ancak aynı anda tek bir aracın geçebileceği genişlikte dar bir patikaydı.

Nazca Çizgileri boyunca ilerledik. Bu gizemli, dev çizimler 200 metre uzunluğunda ve çölün 500 kilometre karesini kaplayan çizimlerdi. Maymunları, kuşları, örümcekleri ve diğer yaratıkları betimliyorlardı. Sadece gökyüzünden görülebildiklerinden neden ve nasıl çizildiklerine dair spekülasyonlar vardı. Bunlar sadece göz alabildiğince uzanan haritalar mıydı? Astrolojik takvimler miydi? Ayinler sırasında yapılan yarışmalarda kullanılan koşu parkurları mıydı? Sadece Tanrı'nın görmesi için çizilmiş dinî semboller miydi? Uzaylı ziyaretçilerimiz tarafından çizilmiş olabilirler miydi? Nazca insanları sıcak hava balonlarıyla mı yolculuk ediyordu? (Nazca çömleklerinde bulunan bazı figürler, sıcak hava balonlarına benzemektedir.)

Küçük bir uçakla Nazca Çizgileri üzerinde uçmak 50$'a mal oluyordu.

Mark, "Elli dolar mı?" dedi. "Beni öldürseniz bana o parayı ödetemezsiniz."

Böylece, çizgiler boyunca otobüsle seyahat ettik. Otobüsten hiçbir halt anlaşılmıyordu.

Şişman Sihirbaz

Yolculuğun sıkıcılığı, durmadan yiyecek satan insanlar sayesinde bölünüyordu. Her durakta bir düzine kadar kadın bize doğru koşuyordu. Kimi zaman, rakiplerinden daha hızlı davranabilmek adına pencereden tırmanıyor ve başına geleceklerden habersiz bir yolcunun kucağına düşüyorlardı. Kadınlar her durakta farklı şeyler satıyordu: portakal ya da muz yapraklarına sarılmış tavuk ve pirinç veya *empana* ya da *tamale* adı verilen mısır unuyla yapılan kekler. Diğer yandan her durakta satılan şeylerle yolculara ulaşmak için yaşanan arbede tamamen bir öncekinin aynıydı.

Peru'daki otobüsler sanki küçük tiyatrolar ya da konuşmacı köşeleri gibiydi. Satıcılar sırayla ön kısımda ayağa kalkıyor, fal bakıyor ya da sağlıklı yaşamanın sırlarını anlatan el kitaplarını veya garantili iksir şişelerini satıyorlardı. Satışları, ürünlerin erdemlerini yere göğe sığdıramayan uzun ve şaşırtıcı bir şekilde başarılı konuşmalar takip ediyordu. Satıcılar, yirmi dakika boyunca otobüsle seyahat ediyor, rehin aldığı izleyicilere ürününün iyi yönleri hakkında bilgi veriyor ve ardından olası alıcılara ulaşmak için koridor boyunca yürüyordu. Daha sonra otobüsten inen satıcı, bir sonraki otobüsü bekliyordu. Peru'nun bir yerlerinde kesinlikle otobüs satıcılarına yönelik bir okul ya da "Pedro Sulizman'ın Otobüste Satış Teknikleri'yle günde elli sole kazanabilirsiniz. Başarı garantili. Sadece iki yüz sole. Şimdi arayın." gibi bir gazete reklamıyla zenginliğine zenginlik katan şişman bir milyoner bulunuyor olmalıydı. Hayatını kazanmak uğruna böyle bir yolu tercih edecek kadar umutsuz, fakir ya da işsiz Peruluların sayısı asla azalmayacaktı. Her defasında aynı resmî ses tonuyla, "*Senors y senoras.*" Bayanlar ve Baylar! diyorlardı. "Seyahatinizi böldüğüm için beni affedin. Elimde tuttuğum inanılmaz (boşlukları doldurun) hakkında bilgi edindiğinizde zamanınızı bu şekilde harcadığım için mutlu olacaksınız." Başka seçeneğimiz var mıydı?

İkinci teknik, her ne kadar hayır kurumu olarak adlandırılan şey satıcının kendi mülkü olsa da hayır kurumlarına yönelik bağışlar için kullanılan şeker sistemiydi. Satıcı, yolcuların her birine bir şeker veriyordu. Ardından "sınırda yaşayan zavallı yetimler" konusunda uzun ve derin duygularla dolu bir konuşma yapıyor ve daha sonra, koridor boyunca ileri geri yürürken anlattıklarını tekrarlıyordu. Ya bağışta bulunuyor ya da şekeri iade ediyordunuz. En sevdiğimiz şeker satıcısı, Arequipa'dan Cuzco'ya seyahatimiz sırasında tanıştığımız on dokuz ya da yirmi yaşındaki genç çocuktu. Çocuk ya sağırdı ya da korkunç bir konuşma bozukluğundan mustaripti.

Konuşmasına, "Ba-ba-ba-ba-ba-ba-yan-la-la-la-la-r v-v-ve Ba-ba-ba-ba-y-la-la-la-la-r" diyerek başlamıştı. Her kelimenin sonunu büyük bir iradeyle telaffuz ederken gözleri yerlerinden uynuyordu. "Na-na-murra-gnnaa" diyerek devam etti. "Sı-sı-sın-ır-da-da-da-kİ ç-ç-ç-ço-cu-cu-cuk-lar. Na-na-murra-gnnaa..." Biz bile, çocuğun konuşmasının çoğunun anlaşılmaz olduğunu anlayabiliyorduk. Diğer yolcular çocuğu esrik bir ilgiyle dinledi. Çocuk konuşmasını bitirdiğinde kısa bir sessizlik oldu çünkü herkes, çocuğun konuşmasını gerçekten bitirip bitirmediğini anlamaya çalışıyordu. Her ne kadar şekerlerinin tümünü satmış olsa da yolcuların hangi amaç uğruna bağışta bulunduklarına dair en küçük bir fikirleri bile olduğunu sanmıyorum. Çocuk, otobüs şoförünün ve arkadaşlarının yanına mutlu bir tavırla oturdu. Adamlar, çocuk bir sonraki köyde inene kadar çocukla dalga geçti, saçlarını karıştırdı ve hiçbir kötü niyet gözetmeksizin konuşmasını taklit etti.

Bir de şişman bir sihirbaz vardı. Obez ve ter içindeki adam, Lima'nın güneyinde bir yerlerde kendini otobüse zar zor attı. Devasa göbeği, pantolonundan aşağı sarkıyor ve gömleğinin ortasındaki eksik düğme nedeniyle açılan boşluktan bize el sallıyordu. Pantolonunun fermuarı bozuk ve açıktı.

Otobüsün ön kısmında ayağa kalktı, kollarından eşarplar ve ağzından pinpon topları çıkardı ve umursamaz yolculardan hiçbir tepki almasını sağlamayan bir dizi şaka yaparken elindeki kartları yok etti. Ter sanki üzerinden akıyordu. Hali hazırda en az iki beden küçük olan gömleği terle ıslanıp şeffaflaşmış ve dağ gibi göbeğine yapışmıştı. Gösterisinin sonuna yaklaşırken kısa kesimli bir elbise içinde, ön koltukta tek başına oturmakta olan genç ve güzel kızı fark etti. Şansını denemek isteyen adam, kızın dekoltesinden bir düzine pinpon topu çıkarmaya çalıştı ancak dolma gibi, yağlı parmakları her defasında olması gerekenden bir saniye kadar geç hareket ediyordu. Kız, adamın bodur parmaklarının kendisine doğru uzandığı her an korku içinde geri çekiliyordu ama kaçış yoktu. Adam gösterisini süslü bir konuşmayla ve reveransla bitirdi. Her ne kadar kimseden tek bir sole bile koparamamış olsa da herkese onu izledikleri için teşekkür etti ve bir sonraki otobüse binmek için otobüsten yuvarlanırcasına indi. Peru'da seyahat eden bir sihirbaz olmak hiç de kolay değildi. Hele ki kötü bir sihirbazsanız.

Andlara Dönüş

Arequipa'da ancak otobüs değiştirmeye, Bimbo almaya ve rahibe manastırını ziyaret etmeye yetecek kadar kaldık. Peru'nun ikinci şehri, yerel volkanik kayalardan inşa edilmiş göz alıcı kiliseleri ve beyaz evleriyle mutluluk verici bir sürprizdi. Öteki yandan Arequipa'nın en güzel yeri, muhtemelen kıtanın en etkileyici Katolik anıtı olan, mükemmel bir şekilde korunmuş Santa Catalina manastırıydı.

Mark, kuşkucu gözlerle bakarak "Ziyaret etmek istediğin şey... Bir manastır mı?" diye sordu. "Kendinde olduğundan emin misin?"

Melissa da ona katıldı. Bütün akşamüstünü, misafir evinde uyuyarak geçirdiler. Bense dışarı çıktım.

Andların iç kesimlerine doğru tırmanarak ulaşacağımız Cuzco'ya yolculuğumuz yirmi saat kadar sürdü. Kıyıdan uzaklaştıkça sıcaklık düştü. Diğer yolcular, nerelerinde sakladıklarını anlamadığım battaniyelerini ortaya çıkardılar. Biz ise giyecek başka hiçbir şeyimiz kalmayana kadar eşofman üstlerimizi ve yedek eşofman üstlerimizi giydik. Onlar da yetmeyince, uyku tulumlarımıza sarındık ancak yine de üşüyorduk. Hoparlörlerden gelen kulak tırmalayıcı kahkahalardan anladığımız kadarıyla şoför, kasetçalara bir komedi kaseti takmıştı. Otobüsteki kimse gülmese de elindeki tek kaset olduğundan yine de kaseti çaldı. Uyumak mümkün değildi.

Gece yarısı civarında yol kenarındaki bir lokantada durduk. Peru'daki tüm yol kenarı lokantaları aynı şekilde çalışır. Otobüs, o ana kadar boş olan bir odaya tüm yolcuları boşaltır ve herkes umutsuzca tezgâha doğru ilerler. Ödemeyi yaptığınızda elinize, üzerinde sayı bulunan bir kâğıt parçası tutuştururlar. Ardından oturur ve garson kızın yemeğinizle birlikte çıkagelmesini beklersiniz. Siparişinizi yeterince hızlı getirmezlerse yemeğinizin, şoför oradan ayrılmaya karar verene kadar gelip gelmeyeceğini düşünerek endişe içinde beklemeye devam edersiniz. (Tabii ki ilk gelen, şoförün yemeğidir.) Şoför hazır olduğunda hızlı adımlarla otobüse doğru ilerler ve motoru çalıştırır. Bu genellikle, yemeğimin tam olarak mutfaktan çıktığı ana denk geldiğinden siparişimi her defasında iki lokmada yutmaya çalıştım.

Bu defasında otobüs henüz durmadan aşağı atladım ve sıranın önüne geçmek için koşar adımlarla ilerledim. Muhtemelen uzun yol otobüslerine çoğu Peruludan çok daha fazla binmiştik. Otobüslerde daima bir heyecan, akıl karışıklığı ve beklenti havası hüküm sürerdi. Bu seyahatin, çoğu yolcunun çıktığı en uzun yolculuk olduğundan eminim. Aileler, sahip oldukları her şeyi kutulara ve çuvallara yerleştirmiş, büyük ihtimalle iş bulmak için taşınıyorlardı.

Kızarmış tavuklarla dolu devasa tabağım çok lezzetliydi. Yemekten sonra dışarıda dolaşmak için yeterli zamanı bile buldum. Ay ışığında, tepelerin kayalık kesimlerini görebiliyordum. Erkekler otobüse karşı işerken kadınlar geniş eteklerinin altına gizlenerek yolun diğer tarafındaki çukura çömeliyordu.

Bir saat kadar sonra yolun, düşen kayalar nedeniyle kapalı olduğunu gördük. Çıkan karışıklıkta, dağlardan aşağı kadar inebilmiş bir otobüsün yolcularıyla yer değiştirmemiz söylendi. Genç çocuklar tavana bağlanmış bagajları indirip diğer otobüsün tavanına bağladılar.

Gün doğumundan önce sıcaklık daha da düştü ve uyumaya dair tüm umutlarımızı yıktı. Bir geçide ulaştık ve otobüs tırmanmayı kesip inişe başladı. Kuvvetli sabah güneşi, hiç yoktan yakıyordu. Önümüzdeki tepeler, geniş ve ağaçsız bir düzlüğe dönüşüyordu. Bu bir *altiplano*[12] idi. Dünya üzerindeki en yüksek ve yaşaması en zor yerlerden biriydi.

Sazdan çatılarıyla kızılımsı kahverengi kerpiç evler, boş ve kahverengi düzlükte noktalar gibi görünüyordu. Başta kadınlar olmak üzere insanlar, çoktan taşınabilir sabanlarla ince toprak parçalarında çalışmaya ya da yol boyunca sığırlarını otlatmaya başlamıştı. Bir kere daha dağlık kesimlere özgü *campesina* kıyafetlerini giyiyorlardı: ağır etekler, içlik katmanları, yünlü eşofman üstleri, şallar ve şapkalar. Ekvator'dakilerden farklı olan tek şey şapkalardı. Buradaki kadınlar, keçeden üretilmiş fötr Ekvator şapkaları yerine Rembrandt tablolarındakilere benzer silindir şapkalar kullanıyordu. Hatta bazıları, birini diğerinin üzerine koyup iki şapkayı aynı anda takıyordu. Kadınlar bodur ve dayanıklı idi, keskin rüzgâr ve güçlü güneş ışığı, kızılımsı kahverengi yüzlerine işlemiş gibiydi.

Cuzco'ya sabahın ilerleyen saatlerinde ulaştık.

Cuzco

Cuzco, üç tarafı kahverengi tepelerle çevrili, verimli bir vadinin tepesinde, denizden 3300 metre yükseklikte bulunur. Peru'nun Gringo yolu üzerinde yer alan en popüler durağıdır.

12 Plato

Akıllı olanları Lima'dan uçakla gelen turistler, kasabayı çevreleyen Machu Picchu'yu ve diğer İnka harabelerini görebilmek için muhakkak Cuzco'yu ziyaret eder.

Kolonyal döneme ait binalarının duvarlarındaki bazı İnka taş işlerine rağmen Cuzco, mimari anlamda iyi korunmuş kolonyal İspanyol şehirlerinden biridir ve eski kiliselere ve kapalı bir ana meydana ev sahipliği yapar. Kültürel anlamda ise tam bir Keçuva kasabasıdır. Mağaraya benzer salonun bitişikteki sokaklara taştığı hareketli bir pazara sahip canlı bir And toplumudur. Peru'nun Gringo yolu üzerinde bulunan ve gece hayatı olan sayılı kasabalarından bir tanesidir. Kasabada, sırt çantalı gezginlerle dolu barlar, lezzetli pastalar satan pastaneler ve kiş sunan vejetaryen kafeleri bulunur. Cuzquena Malta adı verilen siyahi birası ise, Peru'nun en iyi birasıdır.

Radyolardan, Ace of Bass isimli İsveçli bir pop grubunun albümü duyuluyordu; Ace of Bass'in çalmadığı anlarda ise "Mr Vain" isimli Avrupa'daki diskolara özgü yine bir o kadar berbat bir şarkı çalıyordu. Avrupa'nın en kötü iki albümünü dinlemek için dünyanın yarısını dolaşmış gibiydik. Radyo Cuzco'nun parası sanki sadece bu iki albümü almaya yetmişti, bu nedenle en yakınımızdaki radyoyu alıp duvara fırlatma isteği duymamıza neden olana kadar gün boyunca ardı ardına bu şarkıları çalıyordu. Batı kültürünü benimseyeceklerse illa bu kadar kötü olmak zorunda mıydılar? Şarkıcı gerzekçe bir tavırla "Kızın tüm istediği yeni bir bebekti." diye mırıldanıyordu. Nereye baksak kadınların biri sırtlarına bağlanmış, diğeri ise memelerinden birine yarı kalıcı şekilde yapışmış iki bebekle çalışmaya uğraştıklarını görüyorduk. İhtiyaçları olan son şey yeni bir bebekti.

Dünyanın Merkezi

Pizarro Cuzco'ya ilk girdiğinde adamlarından biri şöyle dedi: "Çok güzel bir şehir ve öyle göz alıcı binaları var ki İspanya'da bile güzelliğinden hiçbir şey kaybetmezdi."[13]

Dünyanın merkezi, günümüzdeki ana meydanın iki katı boyutlarındaki Hacaypata'ydı. (Eğlence Meydanı) Meydanın hemen yanında, şu anda Santo Domingo Kilisesi'nin bulunduğu yerde güneşe, aya, yıldızlara, şimşeklere ve gökkuşağına adanmış mabetleriyle Koricancha Güneş Tapınağı bulunuyordu. İspanyollar tapınağa girdiklerinde duvarların tümüyle altınla kaplı olduğunu görmüştü. O da yetmezmiş gibi tapınak, Ilamas'ın, kuzuların, kuşların, kelebeklerin, meyvelerin, ağaçların ve bitkilerin altın ve gümüş heykelleriyle doluydu. Bu hazine de, tıpkı Atahualpa'nın serbest bırakılması için istenen fidye gibi kısa zamanda eriyip bitti. İstilacılar, sanattan ziyade ağırlıkla ilgileniyordu.

İnkalar, Cuzco'ya "dünyanın merkezi" diyorlardı. İmparatorluğun jaguar formunda, iki kanalla bölünen sembolik bir temsiliydi. Şehrin dört bölümü, imparatorluğun dört çeyreğini, Tawantinsuyu'nu temsil ediyordu. İmparatorluk, güncy Kolombiya'dan Kuzey Şili'ye 5000 kilometrelik bir alan boyunca uzanıyordu. Duvarlar, tüneller, geçitler, köprüler ve drenaj kanallarıyla tamamlanmış 40.000 kilometrenin üzerindeki döşeli yollar, kayalık dağların üzerindeki yara izleri gibi görünüyordu. Zamanında, dünyanın muhtemelen en büyük imparatorluğuydu; sınırları, en görkemli dönemlerinde Roma İmparatorluğu'nun sınırları kadar genişti. Ancak bu şanlı imparatorluk çok büyük olduğundan kısa ömürlüydü. İnkalar her ne kadar M.Ö. 1200 yılında Cuzco'yu kuran Manco Capac Hanedanı'nın izinden gitmiş olsalar da 250 yıl boyunca küçük bir kabile olarak kaldılar. "İmparatorluk"

---

13 Jaujalı Cabildo, Hemming tarafından alıntılanmıştır. Sayfa 120.

sadece üç hükümdar tarafından sürdürüldü ve bir yüzyıldan daha kısa ömürlü oldu.

Bu hükümdarlardan ilki Büyük İskender'in Peru şubesi olan Pachacuti idi. Pachacuti, Cuzco'nun rakip Chanca kabilesi tarafından istilasını püskürttükten sonra 1438 yılında tahta geçti. Tahta oturmasından otuz üç sene sonra, 1471 yılındaki ölümüne kadar, günümüz Peru'sunun çoğunu fethetti, Cuzco'yu muazzam bir imparatorluk şehri haline getirdi, göz alıcı saraylar ve tapınaklar inşa etti; yollardan, tarımsal teraslardan, sulama sistemlerinden ve tahıl ambarlarından oluşan devasa bir ağ kurdu, hukuk ve yönetim sistemini oluşturdu. Oğlu ve torunu, Topac Xupanqui ve Huayna Capac, İnkaların son Perulu düşmanlarını, Chimu'yu bozguna uğrattı ve imparatorluğu; Ekvator'u, Şili'yi ve Kolombiya'yı kapsayacak şekilde genişletti. Her şey buraya kadardı. Huayna Capac'ın 1527 yılında ölümünün ardından İspanyollar geldiğinde bitmek üzere olan imparatorluk kanlı bir iç savaşa girdi.

İmece

İnkaların başarıları oldukça etkileyiciydi: tarihin en büyük imparatorluklarından birini kurmak, topraklarında yaşayanları beslemek, muazzam tapınaklar ve devasa bir yol ağı inşa etmek...[14] İnkalar da İspanyollar gibi amansız emperyalistlerdi, teslim olan düşman birliklerini katleder ve ele geçirilen şehirlerdeki insanları kılıçtan geçirirlerdi. Kimi zaman ise tutsakları öldürmez, derilerini yüzer, herkesin görebileceği bir yere asar ya da midelerinden savaş davulları yaparlardı.

Bir davula dönüştürülmediğiniz sürece imparatorluğun sunduklarından faydalanabilirdiniz. İnkalar, fethettikleri topraklarda yaşayan insanları kendi imparatorluklarına entegre

14 Başarıları aynı zamanda İspanyollara da yardımcı oldu. İnkalar, Andlardaki diğer askeri güçleri yok etti ve bir egemenlik yapısı kurdu. Dolayısıyla İspanyollara kalan tek şey, gelip mevcut imparatorluğu devralmaktı.

etmeye çalışırdı. Bozguna uğratılan liderler, Cuzco'da rehin olarak tutulurdu ancak halkları imparatorluğa sadık kalırsa lüks içinde yaşamalarına izin verilirdi. Tanrıları, İnka inancına asimile ediliyordu. İnşa edilen muazzam yapılar, sadece saraylardan ya da tapınaklardan ibaret değildi; sulama sistemleri, tarımsal teraslar (dik And yamaçlarındaki erozyonu önlemek amacıyla) ve tahıl ambarları da (iyi bir hasat geçirilmemesi ihtimaline karşı) inşa ediliyordu.

İnka İmparatorluğu, kişilerin herhangi bir mal varlığı olmaksızın komün olarak düzenlenmiş, totaliter, paternalist bir diktatörlüktü. Yönetim sistemi, Sovyetler Birliği'nin eşitlik konusundaki ifadelerini çıkarırsak Sovyetlerin devlet komünizmine benziyordu. İnka asilleriyle köylüler arasında devasa bir eşitsizlik vardı ancak İnka İmparatorluğu en azından yiyecek ve güvenlik gibi temel ihtiyaçları karşılıyordu. Ne yazık ki, ikisi de kısa bir zaman içinde ellerinden alınacaktı.

Machu Picchu

Cuzco'dan Machu Picchu'ya gitmek için tercih edilebilecek üç yol vardı. Turist treni, yerel tren ve dört günlük İnka Yolu.

Kendisine saygısı olan hiçbir "seyyah", yerel trenin on katı fiyatına olmasa bile turist trenine binmeyi hayal bile etmezdi. Herkes karşınızda durup yerel tren diye bir şeyin olmadığını, turistlerin turist trenine binmek zorunda olduğunu, yerel trenin istasyondan "az önce" ayrıldığını ya da Gringoların yerel trene binmesini yasadışı olduğunu söylemeseydi, gerçekten yanlış giden bazı şeyler olabilirdi. Söylenenler, yerel treni "seyyahlar" için sadece daha cazip hale getiriyordu.

Biz dağ yürüyüşünü tercih etmiştik. İnka Yolu, Güney Amerika'daki en ünlü yürüyüş rotasıdır. Trenle gelenlerin mahrum kaldıkları, nefes kesici bir Machu Picchu manzarasıyla son bulur ve yol boyunca olağanüstü dağ manzaraları görebilirsiniz. Başka ne isteyebilirsiniz ki?

88. kilometre adı verilen, kuş uçmaz kervan geçmez bir yere doğru uzanan yolun yarısına kadar giden (yerel) trene bindik. Aslında 88. kilometre tam olarak bir istasyon değildi. Tren, koka yaprakları satan dört ya da beş kulübenin yanında duruyor ve birkaç doğa yürüyüşçüsü, doğrudan rayların üzerine iniyordu.

Trenden indik. Mark, yürüyüş boyunca tüketmek için büyük bir torba koka yaprağı satın aldı. Koka, hem mucizevi bir bitkidir hem de yürüyüşler için idealdir. Perulular, oldukça acı bir tadı olan koka yapraklarını çiğner, yaprakları saatler boyunca ağızlarında tutar ya da yapraklardan, *mate de coca* isimli bir çay yaparlar. Açlığı ve rakımdan kaynaklanan baş dönmelerini bastırır, mide ağrılarına iyi gelir, her ne kadar hiçbirimizin birkaç gün içinde doğurması beklenmese de doğumu kolaylaştırır ve enerji verir. Koka çiğneyen İnka ulaklarının günde 240 kilometre koşabildiği söylenir. Tek kötü yanı ise, bir ton işlenmemiş yaprağı çiğnemediğiniz sürece kafa yapmamasıdır.

Yol çok güzeldi. Dağları delen boğazlardan, meralardan ve bulut ormanlarının arasından geçtik. İnkalar tarafından inşa edilmiş taş patikalar, tüneller ve merdivenler boyunca yürüdük. Yalnızlık içindeki kaleleri ve basamaklara benzer terasları selamladık. Her biri, bir öncekinden daha etkileyiciydi. Sanki Machu Picchu'yu inşa etmek için tasarlanmış gibi görünüyorlardı.

Puslu yamaçlardaki harabeye dönmüş kalelerin yanında tek başımıza kamp yaptık. Mark yüzünden, The Rocky Horror Show'un tekrarlanan temsillerine ve "My Way"in yüz kadar farklı yorumuna maruz kaldık. İkinci gün sekiz saat boyunca aralıksız yağan yağmur bile hevesimizi kıramadı.

Tek değişiklik, Mark'ın "Singin' in the Rain"i söylemeye başlamasıydı. Ne Mark ne de Melissa sırt çantalarını düzgün bir şekilde yerleştirdiğinden her şeyimiz nemlenmişti. Yedek kıyafetlerim üçümüz arasında el değiştiriyordu.

Çadırımızın tepesine düşen yağmur damlalarını dinlerken Melissa: "Bu yolun sonunda ne görecektik?" diye sordu. Melissa, muhtemelen Peru'da bulunup Machu Picchu'nun adını bile duymamış tek kişiydi.

"Anlatmazsam, oraya vardığımızda sürprizin tadını daha çok çıkarabilirsin."

Melissa'nın nereye gitmekte olduğumuzu öğrenmek konusunda süregelen başarısızlığın arkasında bir yöntem vardı. Melissa insanlara güvenirdi. Peter'dan bir türlü ayrılamamasının nedeni bir eğitmen olarak adamın sahip olduğu erdemlere saygı duymasıydı. Benim rehberliğime güvenilir. Lonely Planet'i önüne ne sıklıkla koyarsam koyayım okunmadan kalırdı.

"Güzel olduğunu söylüyorsan eminim güzeldir." derdi.

"Ama bana güvenemezsin." diyerek karşı çıkardım. 1932 yılından beri yayınlanan tüm seyahat kitaplarıyla karşılaştırmadan birinin sözüne körü körüne inanmak, beni dehşete düşürüyordu.

Diğer yandan, Melissa için ise düş kırıklığı denilen bir şey yoktu çünkü hiçbir beklentisi yoktu. Bu, seyahat etmek için mükemmel bir yöntemdi. Onu biraz olsun kıskanıyordum. Her yeni keşfe dair heyecanı o kadar içten ve bulaşıcıydı ki benim için her şeyi çok daha özel kılıyordu. Melissa ve ben, birlikteyken birbirimizi tamamlıyor, tek bir insan oluyorduk. Ben bizi bir yerlere ulaştırırken Melissa, hayat dolu kişiliği ve sıcaklığıyla oteldeki tüm diğer sırt çantalı gezginlerle arkadaşlık kuruyordu. Tüm Perulularla arkadaşlık kurmasına engel olan tek şey, İspanyolcaya dair temel kelimeleri bile anlayamıyor oluşuydu.

Son gün, Machu Picchu'nun dar boynunu koruyan Güneş Geçidi'ne ulaştık. Çatısız bir kemerin duvarlarından ve muhtemelen bir kışlanın kalıntılarından oluşan küçük bir harabeydi. Hava sisli ve yağmurluydu. Kapı muhafızlarının odası ve bayır boyunca basamaklar halinde aşağıya doğru inen dar ve yeşil teraslar dışında hiçbir şey göremiyorduk. En aşağıdaki düz terasta kamp kurduk. Çadırlarımız, şaşırtıcı bir biçimde terastan büyüktü ve kenarlardan birkaç santimetre dışarı taşıyordu. Çadıra girdim ve Mark'ın boşluğa doğru işemesini dinledim. (Zen sorusu: Boşluğa doğru işeyen bir adam nasıl bir ses çıkarır?)

Sis sabah saatlerinde yok oldu. O anda iki şeyi fark ettik. Birincisi, dik bir uçurumun kenarında kamp kurmuş olduğumuzdu. İkincisi ise Machu Picchu'ydu. Daha önce yüzlerce fotoğrafını görmüş olsam da nefes kesiciydi: Bir tepenin üzerinde tüm görkemiyle dikilen, üç tarafı uçurumlarla çevrelenmiş kayıp bir şehir ve arkada Huayna Picchu'nun kesmeşekere benzeyen tepesi.

Machu Picchu'yu ilk olarak on iki yaşındayken, Streatham Odeon'da gösterilen bir film arasında yayınlanan reklamlarda görmüştüm. (sanırım bir elmas reklamıydı.) Üzerinde süzülen sisle hem çok gizemli ve egzotik görünüyordu hem de yıldızlar kadar uzaktı.

Ve sonunda, oradaydım. Piramitler ve dünyaca ünlü diğer şaheserler gibi sonunda gerçeğin kendisini görmek çok garipti. Hem yeni gibiydi hem de sanki ona aşinaydım. Tıpkı İnkaların yaptığı gibi İnka Yolunu takip ederek ona yaklaşırken belirgin yalnızlığını ve ulaşılmazlığını hissettim. Bulut ormanının derinliklerinde, yamaçların tepesinde bir kartal yuvası gibiydi.

Bütün günümüzü harabeleri keşfederek geçirdik. Aslında sazdan yapılmış çatılara sahip binaların çatıları çoktan yok olmuştu ancak duvarlar, aralarındaki boşluklara bir bıçağın bile giremeyeceği kadar hassas bir şekilde yerleştirilmiş devasa kilit taşlarıyla inşa edilmiş, İnkaların görkemli yapboz taş işçiliğini gözler önüne seriyordu. Mark, çimleri kesmek için kullanılan oldukça ünlü bir hayvan olan Ilamayla "uygunsuz" pozlarını çekmem konusunda ısrarcı davrandı. ("Çimleri bir hayvanla nasıl kesebilirler?" diye sorduğunuzu duyabiliyorum. Tabii ki hayvan çimleri yiyordu. Onu bir çim biçme makinesi gibi kullanılmak üzere eğitmeye çalışmamışlardı.)

Melissa, "Vay anasını!" dedi. "Büyüleyici!" (Sanırım, Mark ve ilamanın içinde bulundukları pozu değil de harabeleri kastediyordu.) "Şimdi bu ne?"

Kimse gerçekten ne olduğunu bilmiyordu. Hiram Bingham tarafından 1911 yılında "keşfedildiklerinde" zapt edilemez konumu, bunun gizemli Vilcabamba olduğunu düşünmesine neden olmuştu. Cuzco'nun 1533 yılındaki düşüşünün ardından İnka lideri Manco Inca, 100.000 kişilik bir ordu kurdu, Cuzco'yu ele geçirmenin eşiğinden döndü ve ardından uzun yıllar boyunca tarihçilerin ve arkeologların gerçek yerini bulmak üzere çalıştıkları kısa ömürlü ve bağımsız başkent Vilcabamba'yı kurdu.

Artık, Vilcabamba'nın Espiritu Pampu'nun doğusunda bulunduğu düşünülüyor. Neyse... Machu Picchu tam olarak neydi? Burada bulunan 173 iskeletten 150'sinin öyle ya da böyle kadın olduğu tespit edilmişti. Bu durum, alanın dini bir yer ve kadınların, rahibe ya da rahiplerin cariyeleri olduğunun düşünülmesine neden olmuştu.

Daha olası ancak daha az romantik olan başka bir görüş ise daha önemli İnka şehirleri yağmalanır ve yerle bir edilirken bu şehrin, önemsizliği ve uzaklığı nedeniyle ayakta kalmış uzak bir ileri karakol olduğu şeklindeydi.

Ayllu

"İnka İmparatorluğu'nun İspanyollar tarafından fethi, tüm diğer fetihlerden çok daha fazlasıydı. Sadece And uygarlıklarının devamında yeni hükümdarlar yaratmakla kalmadı; aynı zamanda And Ayllu'sunun imece usulü çalışan, tarımla uğraşan toplumunun kökünü kazıdı. İnka İmparatorluğu'nun artık Peru ve Bolivya'da bulunan eski kalbi, sadece değerli madenlerin çıkarılmasıyla akıllarda kalır oldu. Günümüzde "sürdürülebilir" olarak adlandıracağımız bir yaşama şekli yok edildi."

The Andes: A Quest for Justice
Neil Macdonald

Machu Picchu şayet "özel bir yer" değilse bu durum, onu çok daha etkileyici kılar.

İnkalar, tekerleği bile kullanmayan, okumayı ve yazmayı bilmeyen "Taş Devri" insanlarıydı. Muazzam mühendislik eserlerine ise kusursuz bir organizasyonla ve *mita* adı verilen güçlü bir iş gücü sistemiyle ulaştılar.

İnka İmparatorluğu, kati bir hiyerarşiye sahipti. Hiyerarşi piramidi ise Inca'nın kendisinden başlıyordu. Bu piramidin en altında, köy klanı ya da *Ayllu* adı verilen Andlara özgü çok daha eski bir sosyal birim bulunmaktaydı. Ayllu, sulama kanalı gibi büyük ölçekli komün çalışmalarda işbirliği ortamı yaratmaktaydı. Inca, bunu *mita* halinde yeniden düzenledi ancak komünün refahını temel alan prensibi korudu.

İspanyollar, Aylluları yok etti. Toprağı, *encomiendas* adı verilen parçalara böldüler ve bunları, İspanyol *encomenderoların* mülkiyetine verdiler. Bu toprak parçalarında yaşayan Kızılderililer, yeni efendilerini desteklemek zorundaydılar. İspanya kraliyeti, *encomenderolara* köylülerden, İnkalardan aldıklarından daha az almalarını emretti ancak çok uzaklardaki Peru'da, bu gönülsüz istek göz ardı edildi ve *encomenderolar*, "Kızılderililerini" ölesiye çalıştırdılar.

Karşılığında onlardan istenen tek şey, Hristiyanlığı öğretmeleriydi.

Fetihten önce, Peruluların Ilama dışında sadece birkaç hayvanları vardı. Ancak çiftçiler olarak eşsizdiler. Farklı rakımlar sayesinde var olan farklı mikro iklimleri kullanarak dünyada o ana kadar yetiştirilmiş bitkiler ve ilaçlardan çok daha fazlasını yetiştirdiler. Fasulyeler, yirminin üzerinde mısır çeşidi, 240 patates türü, çikolata, fındık, akaju cevizi, avokado, ananas, kabak, biber, domates... yaygın olarak tüketilen gıdaların o kadar çoğu Peru'dan geliyordu ki Fetih'ten önce Avrupalıların ne yediğini hayal etmek zordu.[15]

İspanyollar, 12.000 yıllık yerel bilgi birikimini göz ardı ederek, dağlardan, çöllerden ve ormandan oluşan bir araziye Avrupa'nın ılıman iklimine yönelik geliştirilmiş tarım tekniklerini yanlarında getirdiler. Dik And vadilerindeki erozyonu önlemek için teraslama ihtiyacını ve kıyı kesimlerindeki çölleri sulamak için sulama sistemlerine karşı duyulan ihtiyacı göz ardı ettiler. Hassas çayırlarda otlayan hayvanları kullanmaya başladılar. Toprağın farklı tohum ekimi, ekin rotasyonu ve nadas yıllarıyla kendisine gelmesine izin vermeden kahve gibi nakit getiren bitkileri ekmeye başladılar. Toplulukların, sellere veya kuraklığa karşı koruma sağlamak üzere hem vadileri hem de yamaçları ektikleri kolektif mülkiyet sistemini yok ettiler.

Aguas Calientes

Cuzco'ya dönmek için treni beklerken ağrıyan uzuvlarımızı köydeki Aguas Calientes adı verilen sıcak su kaynaklarına soktuk. Dik yamaçlardan aşağıya doğru uzanan yemyeşil bir ormanla çevrelenmiş sevimli bir yerdi. Su ise sıcak, kükürtlü

15 Bu sorunun yanıtını almak için Reay Tannahill'in büyüleyici "*Food in History*" isimli kitabını inceleyin.

bir banyo gibiydi. Yaslanıp bacaklarımızı uzattık. Şekli henüz bozulmamış bir öbek insan dışkısının kibarca yanımızdan süzülüp gittiğini görmek bile o anın tadını çıkarmamıza engel olamadı.

Trende boş yer yoktu. Bu nedenle beş saat boyunca ayakta dikilmek zorunda kaldık. Mark, *"I'm in Love with the Girl Next Door"* isimli bir şarkıyla ve şarkıya uygun el hareketleriyle diğer yolculara işkence ediyordu. Şarkının sözleri ise sadece *"I'm in love with the girl next door, smell my fingers"* dizesinin tekrarından oluşuyordu. Tepkisiz bir şekilde oturan diğer yolcular kendi düşüncelerine gömülmüşlerdi. Tren, başınızı pencereden dışarı çıkarmadan gökyüzünü görmeniz mümkün olmayacak kadar dik bir vadi boyunca tekleyerek ilerledi. Cuzco'ya hava karardıktan sonra ulaştık, doğrudan bir bara girdik ve bir şişe Cuzquena Malta sipariş ettik.

"Korkak Tavuk"

Gecenin ilerleyen saatlerinde, Titicaca Gölü'nün kıyısında bulunan Puno'ya doğru yola çıkmak için otobüse bindik. Beş günlük maratonumuzun ardından bir gece yolculuğu hiçbir şeydi. Biraz uyumak için koltuklarımıza gömüldük ancak bu defa, soğuğa karşı kendimizi iyice sarmalamıştık. Kendi koltuğuna dahi rahat bir şekilde sığamayan Mark, üç çocuğunu teker teker emziren tıknaz bir *Campesina* tarafından iyice sıkıştırıldı. Mark, uyuma alanını elde etmeye yönelik yaklaşan savaşın beklentisiyle homurdandı.

Saat on civarlarında yemek için durduk. İnsanlar siparişini zamanında verebilmek için birbiriyle yarışıyordu. Otobüsün arka tarafında dört İsrailliden oluşan bir grup oturuyordu. İki kız, tuvalete doğru koşmaya başladı ve şok içinde geri geldiler. Tuvaletin zemini on beş santim derinliğinde bir bok deniziyle kaplıydı.

Kızlar Melissa'ya umutsuzca: "Ama tuvalete gitmemiz gerekiyor." dediler. Melissa ise yolun diğer tarafında yere çömelmiş kadınları gösterdi. İsrailliler dehşet içindeydi.

Yeniden otobüsümüze bindik, diğer yolcular alışılagelmedik bir şekilde heyecanlı görünüyordu. Arkamızda, Batılı giysiler içinde ve bol makyajlı, orta yaşlı bir kadın oturuyordu. Saçları topuz yapılmıştı. Aceleci bir tavırla Melissa'nın omzuna dokundu.

Elindeki kalın ABD doları destesini göstererek *"Dinero."* diye fısıldadı. "Para." Banknotları aniden saçlarının arasına sokuşturdu ve paralar, büyülü bir şekilde gözden kayboldu. Koridorun diğer tarafındaki adam, gergin bir tavırla huzursuzca yerinde kıpırdandı ve Melissa'nın kolunu tuttu. *"Dinero!"* diye tekrar etti. Boğazını keser gibi bir hareket yaptı. Bir türlü ne demek istediklerini anlayamamıştık. Cebinden bir tırnak makası çıkardı ve makası, Melissa'nın burnunun altına dayadı. *"Dinero!"* diyerek isteğini yeniledi.

Bizi soymaya mı çalışıyordu? Hem de kalabalık bir otobüsün ortasında bir çift tırnak makasıyla? İmkânsız gibi görünüyordu. O zaman, ne demek istiyordu? Adam, başının üzerindeki bagaj rafından çantasını çekip aldı ve çantayı, Melissa ve benim çantanın içindeki silahı bir anlığına görmemize yetecek kadar açtı.

"Sendero." diye fısıldadı.

Çantasını kapattı ve anlayıp anlamadığımızı gormek için bize gaddarca bir tavırla baktı. Sendero kelimesini anlamıştık ve kulağa hiç de dost canlısı gelmiyordu. O anda, iyi giyimli bir adam birkaç sıra arkadan bize doğru yaklaşmaya başladı. Biraz İngilizce konuşabiliyordu.

Rahatlatıcı bir şekilde "Korkak tavuk gibi davranmaktan vazgeçin." dedi. "Ama iki saat sonra varacağımız Santa Rosita'da bazı *banditoların* olduğunu da unutmayın. Son dört gecedir karşılarına çıkan her otobüsü "sssoyuyorlar." Durumun önemini vurgulamak için kelimeye birkaç tane daha "s" eklemişti.

"Sendero?" diye sordum.

"Hayır, *Sendero* değil. Bazı *banditolar.*[16] Korkmayın, sizi öldürmezler. Sadece sssoyarlar. Yolcuların her biri onlara elli dolar vermek zorundadır. Yoksa..." Bir anlığına bu olasılığı değerlendirdi. "Yoksa sizi öldürebilirler."

Mark, "O zaman ben sıçtım." dedi. "Elli dolarım yok ki!"

Otobüsün içindeki kargaşaya baktık. Herkes, paralarını yırtık koltukların içine ya da çantalarında veya ceketlerindeki gizli bölmelere yerleştiriyordu. Kadınlar, banknotları sutyenlerinin içine sokuşturuyordu. Gördüğümüz tüm ABD dolarlarına büyülenmiş bir şekilde bakıyorduk. Sanki restoran çalışanları, mola sırasında soygunlarla ilgili bilgi vermiş gibiydi. Mark, "Otobüs şirketinin, biletlerimizi satarken bize bu soygunlardan bahsetmemiş olması çok komik değil mi?" dedi.

Hâlâ endişeli bir koşuşturmacanın hüküm sürdüğü otobüs karanlığın içinde durdu. Melisa, kaburgalarımdan beni dürttü. "Çakını bana ver." dedi.

"Çakının pek bir işine yarayacağını sanmıyorum." dedim. Konuşma bir yerden tanıdık geliyordu.

"Senden daha fazla işe yarayacağı kesin." dedi. "Biliyorsun, kadınlara tecavüz ediyorlar. Ver şu lanet olasıca çakıyı!" Çakıyı ona verdim. İsrailliler otobüsün arka tarafında gülüşüp şakalaşıyordu. Bunu gören Melissa, otobüsün arkasına doğru ilerledi ve İsraillilere, birkaç dakika içinde soyulacaklarını, muhtemelen öldürüleceklerini ve hatta tecavüze uğrayacaklarını söyledi. İsrailli grup sustu. Şoför frene bastı. Büyük olasılıkla bir şeyler yolumuzu kapatıyordu. Dışarıdan gelen sesleri duyduk. Tırnak makaslı adam, panik içinde yerinden zıpladı ve bağırmaya başladı.

16 Haydutlar

"Esta es." Sonumuz geldi.

Adamın çığlığıyla kalp atışlarım hızlandı. Ancak geçişimizi engelleyen şey, arızalanan bir otobüstü. Şoförümüz yardım etmek için araçtan indi. Tamir işleri tamamlanana kadar, arkamızdaki otobüslerin sayısı ikiye çıkmış, karanlık içinde konvoy halinde hareket etmeye başlamıştık. Tabii, birlikte de soyulabilirdik.

İki saat sonra, yani tam olarak soyulacağımız söylenen saatte, sürücü tekrar frenlere asıldı. Farların ışığında, yüzünü siyah bir kar maskesiyle örtmüş, eli silahlı bir adamın bize doğru yaklaştığını gördüm.

Tırnak makaslı adam, *"Madre Dios!"* diye bağırdı. Doğruydu. Tutsak alınıyorduk. Dışarıda, çok daha fazla sayıda maskeli adamın olduğunu görebiliyordum. Maskeli ve silahlı adam bize yaklaşmaya devam etti ve otobüse bindi...

Adam bir polisti. Kar maskesini, yüzünü *altiplano* gecesinin ısırıcı soğuğundan korumak için yüzüne çekmişti. Sessizce şoförle konuştu ve ardından, arkamızdan el salladı. Anlaşılan bu gece tutsak alınmayacaktık. Dört gece boyunca önlerine çıkan her otobüsü soyan *banditoların* da belki bir günlüğüne dinlenmeye ihtiyacı vardı.

Yarış

Sabah olduğunda, hâlâ *altiplano* boyunca yuvarlanırcasına hareket etmeye devam ediyorduk. Kayalık tepeler, düzlüğünü yarıp geçiyordu.

Sabahın ilerleyen saatlerinde, kuş uçmaz kervan geçmez bir yerin ortasındaki kavşakta sıralanmış bir dizi otobüsle karşılaştık. Dolaşmaya başlayınca, bir araba yarışının yapılmakta olduğunu öğrendik. Bir nebze olsun heyecan belirtisi göstermeyen küçük bir kalabalık bekleşiyordu. Nispeten alışılagelmiş modellerde yirmi kadar araba, toz bulutundan çıkıp yuvarlanırcasına teker teker yanımızdan geçip gitti. Otobüsten pek de hızlı gittikleri söylenemezdi. Otobüsler yeniden çalıştırıldı ve son iki yarışmacı köşeyi döndükleri anda, otobüslerin yarış pistini kapatmış olduğunu fark etti.

Yol, bir nehre çıkıyordu ancak köprü yoktu. Şoför, durumu değerlendirmek için otobüsten aşağı atladı, sonra yeniden otobüse bindi, kapıyı kapattı ve doğrudan nehre doğru sürmeye başladı. Su, kapının altından girip de otobüsün koridoruna ulaşmak üzere basamakları tırmanırken adamın kopilotu durmuş, olan biteni izliyordu. Nehrin içinde yavaşça ilerlemeye başladık ve diğer kıyıda, güven içinde sudan çıktık.

Puno'ya hâlâ birkaç saatlik yolumuz vardı.

Bölüm 3
Bolivya: Her Şey Kokainle Kötüye Gidiyor

"Sadece Cehennemin krallığı, insanlığı bu kadar gözden düşüren bir resim sunabilirdi."

Simon Bolivar

"... 500 yıl boyunca süren sömürünün ve soygunların, faşizmin ve soykırımın ardından İspanyollar ve sonradan olma İspanyollar, ülkemizi utandırıcı bir gericilik akımına sürükledi..."

Amaut'as Konseyi
La Paz, Haziran 1977

Finsbury Park İstasyonu (Dışarıdaki Hayat)

Mark'ın bana söylediği ilk kelimeleri hatırlıyorum. Oxford'daki ilk günümüzdü, hayalperest helezonların şehrindeki temiz yüzlü, genç öğrencilerdik. (ya da bir arkadaşımın söylediği gibi "hayalperest pisliklerin...") Yeni üniversitemizin yemekhanesi olarak kullanılan kasvetli, meşe kirişli on altıncı yüzyıl salonunda bir masaya oturdum. Mark karşımda oturuyordu. Sırıttı.

"Biraz amil nitrat ister misin?" diye sordu.

Ben politika okuyordum. Mark ise kimya okuyarak başlamıştı. Bu alanı, okulda rahatlıkla LSD sentezleyebildiği için seçmişti. Bir yıl kadar sonra, antropolojinin, psikolojinin ve biyolojinin birleşimi olan "İnsan Bilimlerine" geçti. Sanırım bu, 1920'den beri Oxford'da verilen tek yeni dersti. (Görkemli eğitim kurumlarımızın zamana ayak uydurduğunu görmek ne harika, değil mi?)

Üniversite kariyerim boyunca dikkate değer iki anım oldu: bunlardan biri, Rob Lowe'un oynadığı Oxford Blues isimli saçma bir filmde boy göstermekti. Diğeri ise gasp nedeniyle uzaklaştırılmış olmamdı. Bana 20£ borçlu bir çocuğa vurmakla suçlanıyordum. "Gasp" kelimesinin suçumu biraz olsun abarttığını düşünüyordum. Bunların dışında herhangi bir takımda, komitede, toplulukta, üniversite dergisinde ya da kulüpte pek dikkat çekmeden ya da doğru düzgün hiçbir derse girmeden Oxford'dan mezun oldum. Ortalama bir dereceyle mezun olduğum gerçeği, danışmanımı o kadar etkilemişti ki bana gerçekten ne kadar şaşırdığını söyleme zahmetine girdi.

Ardından, Orson Welles'i örnek aldığım bir kariyere giriştim. Bu, en tepeden başlayıp gittikçe dibe vurduğum anlamına geliyordu. Her ne kadar gazete çıkarmamış olsa da başlangıçtaki başarım tabii ki Vatandaş Kane ile kıyaslanamazdı. Üniversiteden mezun olur olmaz kendi şirketimin müdürü oldum. Çok küçük bir gazetenin başındaydım. Radikal fikirlerimiz olmasına rağmen hiç paramız ya da deneyimimiz yoktu.

Daha henüz başlangıçta lanetlenmiştim.

Yirmi beş yaşına geldiğimde gerçek bir işe girmek zorunda kaldım; dergi tasarımı ve basımı işine girdim. Gazetecilik mesleğinin basamaklarını bir gök taşı gibi düşerek kendimi, A Takımı'nın yeniden gösterimlerini betimlemek için yeni yollar bulmaya çalışırken ve bir TV dergisindeki imla hatalarını kontrol ederken buldum. Bir süre boyunca Mark, Londra'da benimle birlikte yaşadı. Hackney'deki evimizi depresif, alkolik bir İrlandalıyla ve Polonyalı bir pandomimciyle paylaşıyorduk. Ev tam bir viraneydi. Bir müfettiş, gecenin bir yarısında yatak odamın tavanının gerçekten kafama yıkılabileceği konusunda beni uyardı. Bu, tavanım evin geri kalanını ayakta tuttuğu için biraz dikkat çekici oldu. Duvar sorunsuz bir şekilde ayakta kaldı ancak bir defasında klozet zemini delip fırının üzerine düşmüştü. Şans eseri o sırada kimse yemek yapmıyordu. Ya da tuvalette değildi.

Londra'daki tutuklamaların çoğu bizim sokağımızda yapılıyordu. İtfaiyenin bile buradan geçmeyi emniyetsiz bulduğu söyleniyordu. Sigorta şirketleri, bu bölgedeki hiçbir yapıyı sigorta etmiyordu. Torbacılar, uyuşturucuyla dolu küçük paketleri bizim bahçemizde satıyor ve evimizin camları, geçip giden arabaların müzik setlerinde çalan müzik nedeniyle zangır zangır titriyordu. Sokak, korsan radyo istasyonlarından gelen hardcore tekno ve ragga ile inliyordu. Huzursuz, saldırgan, endüstriyel sesler, şehir psikozuyla harmanlanmıştı. Arabaları görmeden önce gümbürdeyen basın sesini duyuyordunuz. Evimizin arkasındaki tren yolu eve o kadar yakındı ki trenler gelip geçerken trendeki yolcuların gazetelerinin başlıklarını okuyabiliyorduk. Yanımızdaki binada, ikinci el araba galerisi vardı. Bir gece, araba satıcısının Alman kurdu parmaklıkları tırmanarak bahçemize girdi. Ne yazık ki zinciri, yere ulaşmasına yetecek kadar uzun değildi. Onu kurtarmamıza izin vermeyecek şekilde delicesine debelenip durduğundan boğulmasını izlemek zorunda kaldık. Cesedi almak için gelen RSPCA görevlisi, birinci kata kadar uzanan otların içinde kaybolmuş bir koltuk ve divan buldu. Tren yolu tüm güneş ışığını engellediğinden uzun zaman önce bahçeyle ilgilenmekten vazgeçmiştik. Kısa bir süre sonra araba galerisi kapandı.

Sonunda Mark, "popüler Kuzey Londralılardan" uzaklaşmak için kente geri taşındı ve ben de bir grup müzisyenle birlikte Finsbury Park'taki bir eve çıktım.

Bir haftalık hastalık izninden sonra, sadece Fransız Alplerinde kayak yaparak edinebileceğiniz belirgin bir "panda" yanığıyla TV dergisindeki işime döndüm. Planımın kusursuz olduğunu düşünmüştüm. Fransa'daki halka açık telefonlarda, onları ev hattından ayıran herhangi bir klik sesi duyulmuyordu ve güneş yanıklarına karşı korunmak için yüzüme bir eşarp sarmıştım. Endişelenmeme neden olan tek şey, telefon kulübesinin yanından geçip duran kayakçıların bağırışlarıydı.

Ancak hava korkunç derecede sıcaktı ve eşarba rağmen fena halde yanmıştım. Editörüm, yükselme ihtimalimin bulunmadığını açık bir şekilde beyan etti. Artık, hep kendime sözünü vermiş olduğum o uzun seyahate çıkma zamanıydı.

İngiltere'den ayrılmadan önceki gün, evimden yaklaşık dört yüz metre uzaklıktaki Finsbury Park metrosundaki kalabalık bir platformda, bir adam güpegündüz gözünden bıçaklanarak öldürüldü. Katil, muhafazakâr hükümetin bütçe kesintilerini haklı çıkarmak için uyguladığı "Toplum İçinde Islah" programının bir parçası olarak salıverilmiş bir akıl hastasıydı. O sabah ilacını içmeyi unutmuştu ve ne yaptığını fark ettikten sonra dehşete kapılmıştı.

Oradan uzaklaşmak konusunda endişem vardıysa bile o anda hepsi yok olmuştu. Güney Amerika, ana vatanımdan daha köhne ya da tehlikeli olamazdı ve manyağın biri, yirmi santimlik bir bıçakla beni gözümden bıçaklayacaksa, bıçaklanmadan önce dünyayı görmeyi tercih ederdim.

Şehrin İçindeki Hüzün (İçerideki Hayat)

Seyahat kitabı yazarları genellikle ilgili anlarda alıntı yapabilmek için karanlıkta kalmış dokuzuncu yüzyıl kâşifleri tarafından yazılmış, unutulmuş bir kitabı yanlarına alırlar. Seyahatimden önce, seyahatim sırasında ve sonrasında Güney Amerika'yla ilgili çok sayıda kitap okudum. Kızılderililere özgü Amerikan sembolizminde çişin önemi ve Amazon'daki halüsinojenik lavmanların ritüel kullanımları hakkındaki kitapları dahi inceledim. (Halüsinojenik lavmanlar mı? İşte şimdi bir kavramdan bahsediyoruz.) Ancak yanımda götürdüğüm kitap, aynı anda hem yabani, hem akademik hem de şiirsel olan *Open Veins of Latin Amerika*[17] isimli Eduardo

17 Türkçeye *"Latin Amerika'nın Kesik Damarları"* adıyla çevrildi. (Y.N)

Galeano'nun neo-Marksist ekonomi klasiğiydi. Melissa, kayıp şehirlerde kendilerine yol açmaya çalışan Viktorya çağına ait Harrison Fordlar yerine on dokuzuncu yüzyıl piyasalarında Peru nitratının fiyatı konusundaki konuşmalara maruz kalıyordu. Durumu yine de iyi idare ediyordu.

Oldum olası politikayla ilgilenmişimdir. Bu durum, en son on yaşımdayken gördüğüm eski bir okul arkadaşımla karşılaştığım zaman kanıtlanmıştı. "Hâlâ komünist misin?" diye sormuştu. On yaşındayken bile komünist miydim? Arkadaşımın sorusuna gelince her ne kadar Hacney'de sosyalistimsi bir basım kooperatifinde üç yıl geçirmiş olsam da çok da emin değildim. Kendi gazetemizin yanı sıra kiracı birlikleri, geyler, yeşilciler, anarşistler, gey yeşilci anarşistler, gecekonducular, cadılar, gey yeşilci cadılar, Hasidik Yahudiler ve neredeyse tüm diğer etnik gruplar için broşür basıyorduk.[18] Hasidik Yahudilerin homoseksüelliğin doğaya aykırı olduğunu beyan etmesiyle tam bir kaos ortamına dönüşen bitmek bilmeyen "toplum forumlarına" katılıyordum. Sonunda, savaşmayı ve birbirimizle konuşmayı bıraktık.

Sonraki birkaç yılımı, kalp atışlarımı hızlandıracak bir şeyle karşılaşma ümidiyle alelade işler yaparak geçirdim. Ne yazık ki doksanlı yılların başında özelleştirmeye ve vergi kesintilerine odaklanmış İngiltere, idealistler için uygun bir yer sayılmazdı. Soğuk Savaş önce kazanılmış ve ardından kaybedilmişti. Komünizm ölmüştü. İşçi Partisi'nin aptalca oy kullanma sistemi ve korkaklığı, doğayla ilgili konuları gündemden düşürmüştü. Ecstasy ortamı, İngiltere'nin tek dinamik hareketi gibi görünüyordu ama bunun, bir ya da iki gece boyunca bilinmezlikle dans etmekten çok daha fazlasını sunduğu fark edildi. Ki bence bu konuda hiçbir sorun yoktu. Ancak bunlar, umutsuzlukla dolu yıllardı. Daha fazlasını istiyorlardı.

---

18 Ve Hackney'de bunlardan yüzlerce vardı. Örneğin, yerel okullardan birinin yaptığı bir ankete göre, öğrencilerinden 170'inin ana dili farklıydı.

Arkadaşlarımın kariyerleri, düzenli ilişkileri, evleri ve aileleri vardı. Tanıdığım herkes evlenirken ben uzun zamandır sevgilim olan kadından ayrılıyordum. Sonra o da evlendi. Kendimi yalnız hissediyordum. Hâlâ kendimin normal, dünyanın ise aklını kaçırmış olduğunu düşünüyordum. Buna rağmen zaman içinde arkadaşlarımın her iki konuda da tam tersini düşündüklerini fark ettim. Kişisel şeytanlarımla ilgili hiçbir sorunum yoktu. Gerçeği biliyordum. Dünya -bizim Batılı dünyamız- aklını kaçırmıştı. Kariyer ya da emekli maaşı konusunda istekli olamıyordum. Bir kıvılcıma, bir mücadeleye, bir ideale ihtiyacım vardı. Çevremdeki toplum ise toplum olma konusundaki ortak amacından şaşmıştı. Gelecek, bir sonraki yılın bilançosundan daha fazlasını ifade etmiyordu. Tam anlamıyla "doğal olmayan" bir topluluk hâline gelmiştik: çocuklar bir ağaca bile tırmanmadan, takım yıldızları öğrenmeden büyüyorlardı. Yaşamanın mutluluğunun en küçük kırıntısını dahi kaybetmiş ve bunların yerine IKEA'dan aldığımız kolaylıkla monte edilebilen gardırop ünitelerini koymuştuk.

Dünya bok gibiydi ve bu dünyada yaşamaya devam etmek için hiçbir amaç ya da takip edilecek hiçbir yön bulamıyordum.

Belki Güney Amerika'da bir tane bulurdum.

Sınır

Puno'da sadece bir sonraki otobüsü yakalamaya yetecek kadar kaldık. Bolivya'nın Copacabana isimli kasabasına gidiyorduk. Peru'dan ayrılmadan önce Melissa'nın Bimbo reklamı önünde fotoğrafını çekmeyi başarmıştım.

"Bu seni mutlu edecekse..." diye iç geçirdi. Otobüs, başıboş bir şekilde dolaşan yayaların otobüse yetişip yetişmeyeceklerini düşünerek paniğe kapılmalarına neden olarak bir saat kadar kasabada turladı ve ardından durağa girdi. (Üçüncü dünya ülkelerine ait bu alışkanlığı hiçbir zaman anlayamamışımdır. Yanlarından Bolivya'ya giden bir otobüs geçti diye bir anda Bolivya'ya gitmeye karar veren olmuş mudur acaba?)

Bir saat kadar sonra Bolivya'ya doğru harekete geçtik.

Sınır geçiş noktası Titica Gölü'nün güney kıyılarında, sessiz bir yerdi. Peru-Ekvator sınırındaki kaostan eser yoktu. Görevliler, pasaportlarımıza bir an olsun bakmadan damgayı vurdu. Bize doğru koşan kimse yoktu. Dost canlısı, genç bir taksi şoförü bizi Copacabana'ya bıraktı ve bizden fazla para koparmaya bile kalkışmadı. Bolivya umut verici görünüyordu.

Copacabana

Copacabana, Gringo yolu üzerindeki popüler duraklardan biridir. Beyaz boyalı, Mağribi görünümlü kilisesi ve göl kenarına doğru alçalan sessiz sokaklarıyla oldukça huzurlu bir kasabadır.

Yol kenarında aptal görünümlü küçük domates ve patates piramitlerini satmaya çalışan mahzun bakışlı birkaç *campesina* oturuyordu. Kilisenin önündeki birkaç kamyon konfeti ve çiçeklerle süsleniyordu. Bolivyalılar, arabalarını ve kamyonlarını buraya getiriyor ve Copacabana'nın mucizevi bakiresi tarafından kutsanmasını bekliyorlardı. Aynı zamanda, Aymara Tanrıları için toprağa *aguardiente* veya viski döküyorlardı.[19]

Kasabanın bir tarafındaki göl kenarında kısılıp kalmış küçük bir tepe olan Cerro Calvario'da da aynı dinî harmanı görürsünüz. Burada, hacılar birbirinden farklı basamaklardan koşarcasına çıkarak Hac duraklarını temsil eden haçların yanından geçerler. Yarı yolda geleneksel brujoların veya şamanların iyileştirme seanslarıyla meşgul oldukları taş masaları ziyaret ederler. Tütsüyle çevrelenmiş masalar, insanların ebe-

19 Kuzey Bolivya'da yaşayan insanların çoğu Aymara idi. Güneydekilerin çoğu ise Keçuva'ydı.

veynlerinin kayıp ruhani enerjisini (Aymara dilinde "*ajayu*") yeniden kazanmayı umarak sundukları sembolik adaklarla süslenmiştir. En tepede -hac duraklarının en sonuncusunda- plastik arabalar, tekne ve ev modelleri ve oyuncak para desteleri satılır. Bunların tüm amacı, gerçeklerini elde etme şansınızı yükseltmektir.

Cerro'dan Titicaca Gölü'ne bakıldığında karşılaşılan manzara nefes kesicidir: 200 km uzunluğunda devasa bir iç deniz, ufuktan çok daha uzakta bulunan karşı kıyı ve arka planda Cordillera Real'ın parlak, karla kaplı tepeleri. Ağaçlar ve çalılar nedeniyle benek benek görünen yakındaki tepeler, bana Yunanistan'ı hatırlattı.

Titicaca, Güney Amerika'nın en geniş ve 3.800 metre yüksekliğiyle dünyanın üzerinde ulaşım sağlanan en yüksek gölüdür.[20] İnkalar, gölün güneşin doğduğu yer olduğuna inanırlar ve bunun nedenini anlamak hiç de zor değildir. Güneş ışınları, ince atmosferden öylesine göz alıcı bir parlaklıkla süzülür ki doğanın en küçük detayı bile keskin bir parlaklık kazanır.

Harabe hâlindeki tapınağı ve pumaları görmek için İnkaların en kutsal yeri olan Isla del Sola'ya giden bir tekneye bindik. Bir aslanın yarısı ebatlarına sahip bu kediler vahşice kükrüyorlardı. Hayatta kalan son üç puma, turistlerin görebilmesi için kafeslere kapatılmıştı. Tapınak, İnkaların henüz sadece yerel bir kabile oldukları döneme aitti ve kudretli bir imparatorluğun doğduğu yerden ziyade, küçük bir çiftlik evinin yıkıntılarına benziyordu. Ancak ada arabasız sokakları, gölün arka tarafındaki tepelerin ve dağların sunduğu manzarayla huzur verici bir yerdi.

Mark, Copacabana'ya döndüğümüz zaman siyah renkli keçe şapkasına uyacak sarı renkli bir yün panço aldı. Günün geri kalanını Clint Eastwood taklidi yaparak geçirdi.

---

20 Peru'da daha yüksek rakımlara sahip göller de bulunur ancak Titicaca, yoğun olarak kullanılan en yüksek göldür.

Campesinalara ve küçük domates yığınlarına doğru ağır ağır konuşurken "Görüyorsunuz ki eşeğim ona güldüğünüz fikrine kapılmış." dedi. Kadınlar ifadesiz gözlerle onu izliyorlardı.

La Paz'daki hastanede çalışmakta olan Dave isimli genç bir doktorla tanıştık. Sazlık çatılarda yaşayan "katil böcek" isimli bir böceğin ısırığıyla bulaşan ölümcül bir hastalık olan *Chagas* üzerinde çalışmak için Bolivya'ya gelmişti.

"Böcek çatıdan düşer ve sizi ısırır. Ölümcüldür ve hiçbir tedavisi yok. Bir kere ısırıldınız mı ölürsünüz, yirmi yıl sürse bile ölürsünüz. Bolivyalıların çeyreğinin bu hastalığın pençesinde olduğu söyleniyor."

"Ben bir bağışıklık sistemi uzmanıyım." diye devam etti. "Bir kazada yaralanan birkaç kişiyi hastaneye getirdiler. Daha önce hiç ameliyata girmediğimi söyledim. Onlar ise sahip oldukları tek doktor olduğumu..."

"Bu arada otobüslerin ön kısmında oturmayın." diyerek uyarıda bulundu. Bir süre önce yolda bir kazaya denk geldik. İki otobüs. Kafa kafaya çarpışmışlardı. Bir doktor olarak yardım etmem gerekiyordu. Durum feciydi. Otobüsün en önündeki iki sırada oturanların tümünün kafası kopmuştu."

Bolivya Donanması

Gölün kenarındaki içecek tezgâhlarından birinde oturdum ve sadece birkaç adet eski gambottan oluşan Bolivya donanmasını izledim. Daha sonra bir turiste sahili olmayan bir ülkenin donanmasının olmasının absürtlüğü konusunda şaka yaptım. Adam gülmedi. İsveçliydi.

Bolivya donanması, Titicaca Gölü'nde seyreden Peru armadalarından korktukları için değil de Bolivya'nın bir zamanlar bir kıyı şeridine sahip olduğunu hatırlatmak amacıyla dağıtılmamıştı. Hakikaten, Bolivya şimdiki ebatlarının iki katı büyüklüğündeydi. Felaketle sonuçlanan bir dizi savaşın ardından Pasifik kıyı şeridini ve nitrat açısından zengin Atacama Çölü'nü 1883 yılında Şili'ye, Amazon'un kauçuk üretimi açısından önemli noktalarından biri olan Acre bölgesini 1903 yılında Brezilya'ya ve ormanlık Chaco bölgesini 1935 yılında Paraguay'a kaptırmıştı.

Aslında Bolivya'nın kendisi, bir parça felaketler ülkesi sayılabilirdi. Yabancı politikalarının tam bir felaket olmasının yanı sıra ülke, Güney Amerika'nın en fakir ülkelerinden biriydi. Yerel Bolivya halkının yüzde doksan yedisi, BM'nin açlık sınırının altındaydı.

Hükümetin tutarlılığı konusunda da örnek gösterilemezdi. Bağımsızlıklarının ilanından bu yana, yani tam 170 yıl içinde, 190'ın üzerinde farklı hükümet göreve gelmişti. Söylentilere göre Bolivya'nın kısa ömürlü başkanlarından birinin annesi, "Büyüyünce Devlet Başkanı olacağını bilseydim çocukken onu okula gönderirdim." demişti.

Hospederia

Copacabana'nın otellerle dolu olduğunu ama eski bir manastır olan Hospederia'da da kalabileceğimizi okumuştum. Hospederia, Bolivya standartlarına göre bile komik bir şekilde ucuzdu; dolayısıyla Mark ve ben manastıra bir göz atmaya karar verdik. Güzel ve eski bir binaydı. Sevimli parke taş kaplı avlusu çiçeklerle doluydu. Odalar, boyasız beton zeminden ve duvarlardan ibaretti. Odalarda yatak, mobilya ya da aydınlatma ve hatta pencere bile yoktu ancak inanılmaz derecede ucuzdu. Yanımızdaki odada, sekiz kişilik bir aile yemek pişiriyor, yiyor, uyuyor ve yaşıyordu. Melissa homurdandı ve hasta bir arkadaşı için kilisede mum yakmaya gitti.

Mark, "Ben yüzmeye gidiyorum." dedi.

Pek oralı olmadan, "Bence biraz soğuktur." dedim. Kitap okuyordum.

Mark bekledi.

Sabırsızca: "O zaman hadi hazırlan" dedi. "Birlikte gidelim."

"Nereye birlikte gidelim?" diye sordum. "Ben kiliseyi görmeye gideceğim."

Mark şaşırmış gibi görünüyordu. "Ama ben kiliseyi görmek istemiyorum."

"Ama ben istiyorum. Görünen o ki bu kilise, Bolivya'nın en güzel yaldızlı sunaklarından birine sahip."

Mark sanki delirmişim gibi baktı.

"Yaldızlı sunak mı? Ne, ne, ne?"

"Bak, sen yüzmeye git. Belki daha sonra sana yetişirim."

Mark homurdandı. "Tamam, ama acele et!"

"Sadece belki dedim..." demeye başlamıştım ki Mark beni dinlemeden hızla uzaklaşmaya başladı.

Kilisede dolaştım. (Bu arada yaldızlı sunak gerçekten güzeldi.)

Hospederia'ya döndüğümde Mark beni bekliyordu.

"Su nasıldı?" diye sordum. Mark patladı.

"Hangi cehennemin dibindeydin?" diye bağırdı. "Nasıl yüzmeye gidebilirdim? Eşyalarımı ne yapacaktım? Öldürüleceğimi ya da başıma bir şeyler geleceğini sandım. Saatlerdir seni bekliyorum. Senin sorunun ne biliyor musun? Asla çevrendeki insanları düşünmüyorsun." Sakinliğini tamamen kaybetmişti. Benim ise kafam karışmıştı. Sahile gideceğime söz vermemiştim. Ancak o andan itibaren ne yaptıysam yanlış anlaşılacaktım.

Potosi

"Ben zengin Potosi'yim; dünyanın hazinesi, dağların hâkimi, kralların kıskandığıyım."

Kutsal Roma tarafından Potosi'ye hediye edilen kalkanın üzerindeki yazı
İmparator V. Charles

Ertesi sabah, Copacabana'dan ayrılıp Potosi'ye ulaşmak üzere güneye doğru hareket ettik. Yine bir, aslında iki otobüs yolculuğuyla karşı karşıyaydık çünkü Bolivya'nın başkenti La Paz'da otobüs değiştirmek zorunda kaldık. Otobüslere bayağı alışmıştık. Gece boyunca yoldaydık. Potosi'ye sabahın erken saatlerine özgü kristal parlaklığındaki güneş ışınlarıyla birlikte vardık.

Manzara, şimdiye kadar gördüklerimizin en iç karartıcısıydı. Yüksek rakımda bulunsak bile bir çöldeydik. Taşlık, kızıl kahverengi tepeler çıplaktı ve her ne kadar güneş ışığı yoğun olsa da bizi ısıtmaya yetmeyen kuru ve soğuk bir parlaklıktan ibaretti.

4070 metre yükseklikteki Potosi, dünyanın en yüksek şehridir. Bunun yanı sıra, UNESCO Dünya Mirası olarak listelenen kolonyal tarzda inşa edilmiş 2000'in üzerindeki binasıyla Güney Amerika'nın tarihî mücevherlerinden biridir. Ve son olarak, Bolivya'nın en fakir şehirlerindendir. Dar, kolonyal sokakları kat kat giysilere sarınmış Kızılderililerle doludur. Kolonyal binalarında ısıtma sistemi yoktur. Ve "zengin tepe" anlamına gelen Cerro Ricco'nun muazzam, pembemsi gri renkli konisi, şehrin üzerinde yükselir.

Cerro Rico, hem coğrafi hem de tarihsel anlamda Potosi'ye hükmeder. Hakikaten Güney Amerika tarihinin büyük bir bölümünü yönlendirmiştir. İspanyollar, ele geçirmeyi umdukları şeyi Pizarro'nun Cajamarca'da Atahualpa'yı rehin almasının ardından tam on iki yıl sonra 1544'te Potosi'de bulmuştur. Söylentilere göre ise Huallpa isimli bir Kızılderili tarafından Ilamaların peşinde koşarken bulunmuştur. Bulunan şey gümüştü, aslında gümüşten bir dağ idi.

Bunun ardından dağın adı, Güzel Tepe anlamına gelen Sumaj Orcko olarak değiştirildi (isim değişikliği tepeden inme bir karardı). Kızılderililer burada gümüş olduğunu zaten biliyordu; hatta İnka Huayna Capac, burada bir gümüş madeni kurmaya dahi çalışmıştı ancak efsaneye göre adamları kazıya başlar başlamaz gök gürültüsünü andıran güçlü bir ses şöyle dedi: "Bunlar senin değil, Tanrı bu zenginlikleri çok uzaklardan gelenler için saklıyor." Bunun üzerine Kızılderililer korku içinde kaçıştı ve İnka, bölgenin adını Keçuva dilinde "gürüldemek" anlamına gelen Potojsi olarak değiştirdi.[21]

Cerro Rico, her hükümdarın hayallerini süslüyordu. Potosi, kısa bir zaman içinde ünlü oldu. Dünyanın en büyük gümüş madeni, dünyanın o ana kadar gördüğü en büyük ve en zengin şehirlerden biri hâline geldi.

Cervantes, çok kazançlı bir şeyi tanımlamak için Don Kişot'a *"Vale un Potosi"* (Potosi değerinde) dedirterek ifadenin İspanyol diline yerleşmesini sağladı.

1573 yılına kadar, yani gümüşün keşfinden sadece yirmi sekiz yıl sonra Potosi'nin nüfusu 120.000'e ulaştı. Potosi, Londra kadar ve Roma'dan, Madrid'den veya Paris'ten daha büyük bir şehir haline geldi. İspanyol kolonilerinin odak noktası oldu. Şili et tedarik ediyordu; Arjantin kumaş ve koşum hayvanlarını sağlıyordu; Peru ve Bolivya'daki tüm Kızılderililer ise işçi olarak kullanılıyordu.

Potosi'de yaşayan İspanya vatandaşları iyi bir hayat sürüyordu. Kasaba, ihtişamla dekore edilmiş otuz altı kiliseye, otuz

21 Bu sayfalardaki tarihsel bilgiler, genellikle Eduardo Galeano'nun *"Latin Amerika'nın Kesik Damarları"* isimli kitabından alınmıştır.

altı kumarhaneye, on dört balo salonuna, tiyatrolara, boğa arenalarına ve barlara ev sahipliği yapıyordu. Dünyanın farklı köşelerinden büyüleyici güzellikteki lüks mallar ithal ediliyordu. İtalya'dan ipekler ve değerli kumaşlar, Hindistan'dan ve Seylan'dan elmas ve mücevherler, Londra ve Paris'ten en moda giysiler, İran'dan kilimler ve Arabistan'dan parfümler geliyordu. Latin Amerika'nın El Greco'su olan Holgüin gibi ünlü sanatçılar, kiliseler üzerinde çalışıyordu. Atların nallarının bile gümüş olduğu söyleniyordu.

Diğer yandan madenlerde çalışmaya zorlananların lüks bir hayat sürdüğü kesinlikle söylenemezdi.

Peru valiliğinin yönetimindeki bölgelerde yaşayan Kızılderililer, gümüş akışını sağlamak için evlerini terk etmeye zorlanıyordu. 1572 tarihli bir karar, Kızılderililerin ve siyahi kölelerin madenlerden ayrılmadan ve gün ışığını görmeden en az dört ay boyunca yerin altında yaşayıp çalışmasını buyuruyordu. Birbirlerine zincirli bir şekilde çalıştırılıyorlardı. Adamlardan biri yorgunluktan öldüğünde bedeni zincirlerinden kesilip alınıyordu. Madenciler tek bir yanlış adımın ölüm anlamına geldiği, 210 metre yüksekliğindeki derme çatma merdivenler boyunca ağır çuvalları taşımaya zorlanıyordu. Hava, zehirli tozlarla doluydu. Potosi madenlerinde sekiz milyonun üzerinde insan kazalardan, yorgunluktan, yıkılan şaftlardan ve silikozdan ötürü hayatını kaybetti.

El Tio

"Bolivyalılar, dünyanın geri kalanının kalay tüketebilmesi için ciğerleri çürüyerek ölür. Kaynak tüketicileri veya kambiyo manipülatörleri için Bolivyalı bir madencinin acı dolu hayatı ne anlam ifade eder ki?"

Latin Amerika'nın Kesik Damarları
Eduardo Galeano

Cerro Rico'nun neredeyse tükenmiş damarları üzerinde çalışan kooperatif madenlerinden birini ziyaret ettik. 1985 yılında dünyada kalay fiyatlarının düşmesiyle devlete ait maden kapamıştı ancak başka çaresi olmayan madenciler, en ilkel araçlarla ve asgari güvenlik standartlarıyla gümüş arayışına devam ediyordu.

Rehberimizin adı Julio Cesar'dı. Kahvelerini bitirene kadar adamı bekleten dört Alman turist nedeniyle suratı asıktı.

Turistler: "Paramızı ödüyoruz, beklesin." dediler.

Onu güldürmek için "Julius Caesar, İngiltere'nin fatihi." gibi şakalar yapıyorduk. Julio gülümsemiyordu. Bir zamanlar yabancı bir ülkeyi fethettiğini hatırlamadığı açıktı. Madenciler için sigara, koka yaprağı, kibrit, nitrogliserin ve dinamit gibi hediyeler almamız gerektiğini söylediği bir dükkâna girdik. Patlayıcı karışımını taşımak veya patlayıcıyı karşıma çıkan ilk madencinin ellerine teslim etmek bana pek de güven verici gelmiyordu.

Cerro'nun zaman içinde dönüştüğü dev atık tepesinin yanından bir patika dolanıyordu. Madenin girişindeki iki sazlık kulübe, giyinme odası ve barınak görevi görüyordu. Julio kulübelerden birine girdi ve sanki Dickens İngiltere'sinden gelmiş gibi görünen kasklarla ve Dev emniyet lambalarıyla döndü. Çakıl taşlarının üzerinde oturan iki madenci, koka yaprağı çiğneyip ev yapımı viski içiyordu. Henüz keşfedilen yeni gümüş damarını kutladıklarını söylediler.

Yere biraz viski döktüler. Julio, bu hareketi "dağa adak" olarak açıkladı. Madencilerden biri Melissa'nın avcuna bir parça gümüş koydu. Söylediğine göre sol bacağı bir sondaj kazası sırasında sakat kalmıştı.

Maden şaftı o kadar alçaktı ki Mark ve ben neredeyse sürünmek zorunda kaldık. Julio, Cerro'dan elde edilen kazancın çok düşük olduğunu ve kooperatiflerin, içinde ayağa kalkabileceğiniz tüneller inşa ettirme lüksünün olmadığını ifade etti. Tavan, eldeki uzun kalaslarla destekleniyordu.

Julio, "Evet, çöküntüler ya da kazalar yaşanıyor." dedi. "Ama en büyük tehlike silikoz. Madendeki toz çok tehlikeli. Ciğerlerinizi tüketiyor ve belki de ancak on ya da on beş yıl sonra ölebiliyorsunuz."

Tepenin bir buçuk kilometre kadar içindeydik ve küçücük giriş dışında hiçbir havalandırma yoktu. Sadece kafa lambalarıyla aydınlanan gölgeler vardı. Kaşlarından terler fışkırarak kazıyor, kazmalarla kaya yüzeylerine tutunmaya çalışıyorlardı. On dört ya da on beş yaşından büyük olmayan erkek çocukları, en az yarıları ağırlığındaki dev çuvalları her an çökebilecek dik yokuşlar boyunca taşıyorlardı.

"Sekiz yıl boyunca madenlerde çalıştım. Şimdi, iki yıldır rehberlik yapıyorum ama her gün madendeyim. Belki ben de silikoz olmuşumdur. Belki yakında ben de ölürüm." Julio, kasvetli bir tavırla gülümsemeye çalışıyordu.

Almanlardan biri "Madencilerin geri kalanı nerede?" diyerek şikâyetçi oldu. "Daha fazla madenci göreceğimize söz vermiştiniz."

"Dün biraz gümüş buldular ve geceyi kutlama yaparak geçirdiler. İçkiyi oldukça fazla kaçırdılar. Dolayısıyla çoğu bugün çalışmıyor." diyen Julio'nun turistlerden rahatsız olduğu her halinden belliydi. "Bu adamlar turistler için çalışmıyor. Şimdi sorun var mı?" Alman, "Sorun yok." diye homurdandı.

Julio, kayadan oyulmuş bir yüzün önünde durdu. Kaya, farklı renklerde kâğıt şeritleriyle süslenmişti. Dudaklarının kenarında bir sigara dengede duruyordu. Julio, bunun El Tio olduğunu söyledi. El Tio, "amca" anlamına geliyordu ancak boynuzları, gerçek karakterini ele veriyordu. Şeytan, Cerro'nun asıl sahibi. Kâğıtlar ve sigaralar, onun tarafından korunmayı ve şans kazanmayı uman madenciler tarafından bırakılmış sembolik adaklardı. Ancak bu, keskin yüz hatlarına ve bir istilacının keçi sakalına sahip bir şeytandı. Avrupalıydı.

Julio, "Madenciler bu madenlerin şeytana ait olduğuna ve şeytanın Avrupalı olduğuna inanır." dedi. Bir anlığına durakladıktan sonra "Biz madenciler Avrupalılardan nefret ederiz." diye ekledi.

Latin Amerika'nın Kesik Damarları

Fetih, yüzyıllar boyunca etkisini gösterdi. Fetih, her şeyi değiştirdi. Günümüz Latin Amerika'sı ancak ve ancak bu dehşet verici dönüm noktası ışığında anlaşılabilir.

Fetih, kendi kendine yetebilen tarımsal ekonominin yerine sömürüye dayalı anlayışı getirdi. Potosi sadece başlangıçtı. Daha sonraları sıra, fetihten önce Avrupa'da nadir ve değerli bir mal olan şekere geldi. Şeker köle ticaretini yarattı ve Karayip ve Kuzeydoğu Brezilya topraklarını tüketti. Bunu diğer tekil ekinler izledi: kahve, pamuk, muz. Venezuela'da kakao, Arjantin ve Uruguay'da sığır, on dokuzuncu yüzyıl Brezilya'sında ise kauçuk...

Daha sonra sıra minerallere geldi. Brezilya'daki Mine Gerais'ten altın, Şili'nin Atacama Çölü'nden nitrat, Bolivya'daki Oruro'dan kalay, Meksika gümüşü, Brezilya demiri, Şili bakırı. Günümüzde ise Amazon, petrol uğruna malıvediliyor. Bunların her biri, aç yerel halkı doyurmak yerine uzak ülkelerin ekonomilerini besledi. Temel gıdalarda kullanılan ekinlerin yerine geçti. Ucuz işgücü sayesinde varlıklarını sürdürdü. Üreticileri, Batı'nın ihtiyaçlarının değişmesi, kaynağın verimliliğini kaybetmesi veya rakibin piyasaları silip süpürmesi (geçtiğimiz yüzyılda İngiltere'nin Malezya kauçuğu ile yaptığı gibi) benzeri durumlarda fiyatların tek bir gecede dibe vurabileceği bir dünya piyasasına bağladılar.

Asıl önemlisi ticaret Batılı iş adamları tarafından kontrol ediliyordu. On dokuzuncu yüzyılda bunların çoğu İngiliz'di. Günümüzde ise Latin Amerikalı toprak sahipleri ve maden patronları zenginliklerini Avrupa aristokrasisinin müsrifliğini taklit etmeye borçlu olsa da çoğu Amerikalıdır.

La Paz'a Gece Yolculuğu

Bu defa Potosi'den La Paz'a doğru yine bir gece yolculuğuna çıktık. Otobüs, engebeli yol üzerinde sarsılarak ilerliyordu. Bu gece yolculukları, kesintisiz ve sürekli bir rüyada bir araya geliyor gibiydi.

Hepsi birbirinin aynı rahatsız bir uykuya dalıp uyanmak, kasetçalarımdaki tekno müzik, öndeki koltuğun sırt kısmına dayanan bacaklar, daha rahat bir pozisyon bulmak için eğilip bükülen insanlar, koltuklara gömülmüş bedenler, daima otobüsün bir yerlerinde ağlamakta olan bir bebek, dışarıda ise koyu renkli tepelerin görülmekten ziyade hissedilen gölgeleri, yapayalnız binalar, ışıklar... Kim bilir kendilerini altiplano gecelerinin soğuk karanlığında ne kadar yalnız hissediyorlardı.

Yeni Dünya Düzeni

Fetih sadece Amerika kıtasını değiştirmedi. Aynı zamanda modern dünyayı yarattı. Nüfusu kara ölüm yüzünden gittikçe azalmakta olan 1492 Avrupa'sı dünyanın sınırındaydı. Dünyanın geri kalanında yaşayanlar için Avrupa'da olanlar ya bilinmezdi ya da hiçbir önem arz etmiyordu. Filipinler'den Kuzey Afrika'ya uzanan Müslümanların elinde bulunan bölgelerde yaşayanlar, Çin, Hindistan ve Japonya gibi büyük Asya imparatorlukları ve krallıkları ve Benin ve Mali gibi güçlü Afrika şehirleri ya da Amerika için bile Avrupa neredeyse hiçbir şey ifade etmiyordu.

Avrupa'nın başlıca ticari faaliyeti, Uzak Doğu'dan baharat almakla sınırlıydı ama Asya'ya uzanan ticaret yolları, Arapların kontrolünde bulunuyordu. Avrupalılar, bu kaleyi haçlı seferleriyle yıkmaya çalışmış ancak başarılı olamamıştı. 800 yıl boyunca denemelerinin ardından Kral Ferdinand ve Kraliçe Isabella, 1492 yılında Mağribîleri Güney İspanya'dan çıkarmayı başardı. İspanyollar, ancak sekiz sene sonra 1571 yılında Lepanto Savaşı'yla Doğu Akdeniz'in kontrolünü Osmanlı ordusundan alabildi.

Bu arada Müslüman aracılardan birini ortadan kaldırabilenleri büyük bir hazine bekliyordu çünkü birkaç gram biber, safran ya da tuz bir adamın hayatından çok daha değerliydi.[22] Tanrı'yı ya da altını unutun. Avrupalı sömürgeciliğini tetikleyen şey, Asya baharatlarına ulaşmak için izlenecek yeni yollara dair arayıştı. 1487 yılında Bartholomew Diaz, Ümit Burnu'na ulaştı; 1498'de ise Vasco de Gama, Afrika'nın çevresi boyunca dolaşıp Hindistan'a, Müslüman dünyasının yanından geçip giden yeni bir yol açtı. İspanyolların Andalusia'yı yeniden fethettiği 1492 yılında Kolomb, Amerika kıtasına ulaştı.

Aniden Avrupa, hem kelimenin tam anlamıyla (Doğu'yu dengeleyecek yeni Batı atmosferiyle) hem de ideolojik olarak dünya haritasının merkezine doğru kaymıştı. Yeni Dünya, Hristiyanlığın gücünü belirgin ölçüde artırdı. 1492 yılında İngiltere ve İspanya'nın nüfusları üçer milyon ve Portekiz'inki ise bir milyon civarındayken Amerika kıtasına dair tahminler, kırk ile yüz milyon arasında değişiklik gösteriyordu. Hristiyanlık, fetih sayesinde dünyanın en yaygın dini hâline geldi. (Her ne kadar kilisenin yeni cemaatinin çoğu henüz ruhları kurtarılamadan ölmüş olsa da.)

Diğer yandan bu fethin en önemli sonucu, Avrupa'nın kontrolündeki dünya ekonomisinin başlangıcı olmasıydı. Güney Amerika muazzam mineral ve tarımsal zenginliğiyle Avrupa'nın iki katı büyüklüğündeydi. Galeano'ya göre

22 Bkz. Reay Tannahill, *Food in History.*

Potosi'den gelen gümüşler, on altıncı yüzyılda Avrupa'nın rezervlerini dört katına çıkarmıştı. Bu, kapitalizmi tetikleyen devasa bir yatırım sermayesi enjeksiyonudur. Şeker ve köle ticareti tecimsel ticaret sistemini yarattı. Bunlar bir araya geldiklerinde ise Sanayi Devrimi, bilim Rönesans'ı, İslam'ın son mağlubiyeti ve Kuzey Amerika'nın, Avustralya'nın, Afrika'nın ve Asya'nın kolonyal istilası için gerekli sermayeyi sağladı.

İronik olarak bundan yararlanabilenler İspanyollar değildi. Engizisyon, Yahudi ya da Mağribî finansörleri ortadan kaldırdıktan ya da öldürdükten sonra fetihin sunduğu tüm fonlar ve kârlar, İngiltere, Hollanda, Fransa ve İtalya'daki bankerlerin eline geçti. İspanya, savurganlığı ve borçları nedeniyle geride kaldı. Aslında fetih, İspanya'nın Avrupa'daki güç kaybını hızlandırırken dünya arenasında Avrupa egemenliğini ilan etti.

La Paz

La Paz'a sabahın erken saatlerinde yaklaştık. Altiplano, bebeklerin yüzde doksan altısının 2 kilonun altında (düşük doğum ağırlıklı bebekler için uluslararası standart) doğduğu devasa bir varoş mahallesi olan El Alto'ya boyun eğmişti.[23]

Bolivya hava kuvvetlerine ait bir üssün yanından geçtik. Girişteki tabelada "Fuerza Aeronautica Boliviana" ve altında devasa harflerle "FAB" yazıyordu. Melissa'yı heyecanla dürttüm ve bir Thunderbirds işareti yaptım.

Melissa, "Ne olmuş yani?" dedi. "Sen ve lanet olasıca kelimelerin. Kendini çok zeki sanıyorsun."

Sinirli görünüyordu. Şaşırmıştım. Belki de bimbo meselesi yüzündendi.

El Alto'nun düzlük kırsal kesimi aniden sona erdi ve kendimizi 400 metre aşağıdaki şehir merkezine doğru inen devasa

23 Ministerio de Prevision Social y Salud Publica, 1991-92 (Duncan Green tarafından *Silent Revolution*'dan alıntılanmıştır. S. 7)

bir yarığın kenarında bulduk. Manzara dünyanın diğer şehirlerindeki gibi baş döndürücüydü. Örneğin, Büyük Kanyon'un içine inşa edilmiş, tabanı kaplayıp yamaçlar boyunca yükselen bir kasaba hayal edin. Kanyonun bize en uzak tarafında ise 6.402 metrelik karla kaplı Illimani yükseliyor ve kuru gün ışığında parlıyordu.

La Paz dünyanın en yüksek başkentidir (El Alto, 4.000 metre yüksekliğindedir.) Uçak pisti, uçakları yavaşlatmak için yeterli hava direnci olmadığından olağanın iki katı uzunluğundaydı. Uçaktan adımınızı atar atmaz yüksek irtifa hastalığından ölmeniz oldukça muhtemeldi. Ölmek, tatile iyi bir başlangıç sayılmaz. Otobüs dik yamaç boyunca yalpalayarak ilerledi ve kanyonun içindeki şehir merkezine doğru yuvarlanırcasına indi.

Yakından bakıldığında La Paz, başlangıçtaki manzaranın etkileyiciliğiyle örtüşmüyordu. Şehir merkezi, büyük ölçüde altmışlı yıllara özgü ofis binalarından oluşurken kanyonun yamaçları boyunca tırmanan evler, çamaşır ipi ve televizyon anteni denizindeki alelade görünüşlü And evlerinden ibaretti.

Şehrin ana caddesi olan Prado, kanyonun dibindeki eski nehir yatağını takip eder (Nehir artık yer altından akmaktadır). Prado, dik yokuşlarla çevrilidir; eski şehir merkezi, soldaki Başkanlık Sarayı'nın çevresinde bulunur. Sağda, San Francisco Kilisesi'nin arkasında, Kızılderili satıcıların tezgâhlarından oluşan ve gün geçtikçe yayılan bir ağ vardır. Prado'da ise kaldırımda oturan *campesinalar*, aykırı bir tavırla saat, Sony kasetçalar ve korsan bilgisayar manuelleri satar. Neredeyse herkes Kızılderilidir. Öteki yandan 1952 yılına kadar Kızılderililerin şehrin kaldırımlarında yürümesine dahi izin verilmezdi.

Çoğu şehrin aksine La Paz'daki zenginler, altiplanonun ısırıcı rüzgârından korunmak amacıyla şehrin en alçak kesimlerinde yaşar. Prado'yu aşağıya doğru takip ederseniz gördüğünüz İspanyolların, yeni arabaların, şık dükkanların ve Batılı giysilerin sayısı gittikçe artar. Sonunda kanyonun derinliklerine ulaştığınızda, zengin Bolivyalıların ve göçmenlerin alışveriş yaptığı ve kapısında silahlı muhafızlar bulunan pahalı kırsal alanlarda yaşadığı, şehrin en alçak ve pahalı mahallesi olan Calacoto'ya adım atmış olursunuz.

Residential Illimani isimli sakin bir otele giriş yaptıktan sonra bir şeyler içmek için dışarı çıktık. Barda, müzik kutusunda çalan şarkılara eşlik eden bir grup iş adamı anlaşılmazlığın eşiğindeydi. Mark, müzik kutusundan Queen'in "*We are the Champions*" isimli şarkısını seçti ve yine herkes şarkıya eşlik etmeye başladı. Şarkıyı seçmiş olmanın verdiği sorumlulukla onlara katılmak zorunda olduğumuzu hissettik. Dört bir yanımızda, kafaları masaya düşmüş, öne doğru devrilmiş adamlar vardı. Bazıları uyuyordu. Diğerleri ise gözyaşlarını gizlemeye gerek görmeksizin hıçkırıklarla sarsılıyordu. Saat sadece sekizdi. İş adamlarından biri, bizimle konuşmak için yanımıza geldi.

"Herkes çok iyi zaman geçiriyor gibi görünüyor." dedim.

"*Si amigolar.* Ancak bilirsiniz ki bir Bolivyalı asla canı içmek istediği için içki içmez."

"Neden içersiniz o zaman?"

"Çünkü içmek zorundayız. Hayat zor. Bizler, sizinki gibi tatilleri karşılayamayız ama arada sırada bizim de bir ara vermeye ihtiyacımız vardır."

Adam, Bolivyalıların zevk almak ya da sosyal etkinlikleri eğlenceli kılmak için değil de özellikle sarhoş olmak için içtiklerini açıkladı. Bunu ise oldukça hızlı bir biçimde başarıyorlardı. Barlar, akşam 6'da doluyordu. Saat 9 civarında ise sarhoşların bedenleri, çalışanlar tarafından kaldırımlara yığılıyordu. La Paz gerçekten dünyanın en alkolik şehri olabilir. Geceleri neredeyse şehirde yaşayan herkes alkolün etkisiyle sendeliyordu.

İş adamlarını şarkılarını söyleyip rahatça ağlayabilmeleri

için yalnız bıraktık ve yiyecek bir şeyler bulmak için kendimizi sokaklara attık. Mark, uzun olduğu için sokaktaki tezgâhlardan birinden hamburger almaya karar verdi. Yanımızda dikilen bir adam da hamburger sipariş etti ama parasını bulamayacak kadar sarhoştu. Tabii parası varsa! Tezgâhtarın adamdan kurtulmasına yardımcı olmak için adamın hamburgerinin parasını ben ödedim. Ancak ne tezgâhtar ne de ben adamı hamburgerin artık onun olduğu konusunda ikna edebildik. Belki de yüzüncü defa ceplerini karıştırırken adamın yanından ayrıldık. Tezgâhtar ise hâlâ adamdan o lanet olasıca hamburgeri alıp defolup gitmesini rica ediyordu.

Bolivision (Görünmez Kızılderililer)

Ertesi sabah Melissa ve ben kahvaltı edebileceğimiz bir kafe bulduk. Köşedeki televizyonda, Bolivya'nın en büyük televizyon kanalı ağı olan "Bolivision" açıktı.

Melissa, "Fark ettin mi?" diye sordu. "Televizyondaki tüm oyuncular ve sunucular İspanyol. Haberlerdeki tüm politikacılar, iş adamları, pop yıldızları, herkes İspanyol. Televizyonda bir Kızılderili görmen neredeyse imkânsız. Gazetelerde ve dergilerde de durum aynı."

Melissa, "Komik ama..." dedi. "Güney Amerika'nın, biliyorsun işte, sıcakkanlı İspanyol erkeklerle ve masaların üzerinde dans eden tangalı kızlarla dolu olacağını sanmıştım."

Çevremiz, yuvarlak hatlara ve Asya'ya özgü kızıl kahve tene sahip And Kızılderilileriyle doluydu. Masalardaki insanlar, çeneleri ağrıyana kadar çiğnemeleri gereken et parçalarını kemiriyorlardı. Uzun zamandır acı çektiklerini gösteren, metanetli yüz hatları vardı. Vücutları kısa ve bodurdu. Boş boş Mate de Coca çaylarına bakıyor veya alçak sesle konuşuyorlardı. Kimsenin tanga içinde masaların üzerinde dans ettiği falan yoktu. La Paz'ın orta yerinde dikilirken dahi buranın bir İspanyol ülkesi olması o kadar olağan dışıydı ki her şey inanılmaz derecede saçma görünüyordu. Böyle bir fikre nasıl kapılmıştık ki?

Bunun yanıtı hemen önümüzdeki televizyondaydı. Kızılderililer "görünmezdi". Sokaklarda değil ama iş, televizyona ya da gazetelere geldiğinde sanki hiç var olmamışlardı. Resmî belgelerde bile yok sayılıyorlardı. Andların başlıca dillerinden Aymara ve Keçuva'nın resmî hiçbir yanı yoktu.

Ana vatanlarının isimleri bile varlıklarını gizliyordu. Kolombiya, ülke topraklarına ayak dahi basmamış bir İtalyan olan Kolomb'a; Bolivya, ülkede sadece iki hafta geçiren İspanyol asıllı Venezualalı Simon Bolivar'a; Ekvator ise hayali bir çizgiye ithaf edilmişti. Bir zamanlar Kolombiya'nın Pasifik kıyısında yaşamış olan Biru'ya ithafen Peru adını alan ülkede, Peru kelimesi gerçek Perulular için değil, Kızılderililer için kullanılıyordu. Amazonlar, Türkiye'nin kuzeyinde ya da Bulgaristan'da yaşamış savaşçı kabilelere dair anlatılan Yunan efsanelerine; genel anlamda Kızılderililer, gezegenin diğer ucunda bulunan bir ülkeye; Amerika kıtaları, 1499 ile 1502 yılları arasında Kuzey Amerika'da yapılan birkaç keşfe imza atmış İtalyan Amerigo Vespucci'ye; Latin Amerika ise fethedilen çoğunluğa değil de fetheden azınlığa ithaf edilmişti.

Hollywood sayesinde Amerika Kızılderililerini Kuzey Amerika topraklarında bufalo avlayan atlılar olarak hayal ediyoruz ama bu insanlar, sadece kısa bir süre boyunca atları kullandılar ve Latin Amerika'da, Amerika Birleşik Devletleri'ndekinden çok daha fazla "Kızıl Kızılderili" bulunuyordu. Durum hâlâ böyledir.[24]

---

24 Kuzey Amerika'nın fetihten önceki nüfusu çok daha azdı ve Kızılderililer ya öldürüldü ya da özerk bölgelere yerleşmeye zorlandı. İstilacı Avrupalılar, tarım yapacakları arazilere ihtiyaç duyuyordu. Güney Amerika'da ve özellikle Andlarda yaşamakta olan Avrupalı sayısı oldukça sınırlıydı. Avrupalıların, madenlerde ve tarım arazilerinde çalıştırmak için Kızılderililere ihtiyacı vardı. Buradaki mesele esasen zamanlamayla ilgiliydi. Güney Amerika, Avrupa'nın hiç değilse bile en azından düşük nüfuslu bir yer olduğu dönemlerde kuruldu. On dokuzuncu yüzyılda Avrupa'daki kitlesel göç yaşanana kadar Güney Amerika'nın en iyi arazileri seçkin İspanyolların eline geçmişti. İspanyolların eline geçmemiş bölgeler ise - örneğin Amazon - Kuzey Amerika'nın boş bozkırları kadar davetkâr değildi. Dolayısıyla, Avrupa'nın aç nüfusu güneye değil kuzeye doğru harekete geçti.

Latin Amerika'nın fetihleri, Kızılderililerin neredeyse var olmadığı bir sürtüşme yarattı. Sıklıkla yük taşıyacak hayvanlar gibi görülüyorlardı. İş çalışmaya geldiğinde oradalardı ancak kibar toplumda adları dahi geçmiyordu.

Asıl Mesele

O gece, akşam yemeği için kafeye geri döndük. Dışarıdaki kaldırımın kenarında bir kadın oturmuş tavuk kızartıyordu. İçeri girer girmez kocaman, yağlı kızartma ve ucuz Bolivya birasından birer şişe sipariş ettik.

Bir zamanlar beyaza boyandığı anlaşılan odada, yarım düzine kadar külüstür formika masa ve sandalye bulunuyordu. Odayı süsleyen yegâne şey, devasa fötr şapkası ve benzer ebatlardaki bıyığıyla tamamen Mariachi giysileri içindeki Meksikalı bir şarkıcının posteriydi. Adamın yanında sarışın bir İngiliz'in seksenlerde çekilmiş üstsüz bir fotoğrafı ve Son Akşam Yemeği tablosu bulunuyordu.

Yemeğimizi yerken yan masamızdaki İspanyol kızın bizi izlediğini fark ettik. Belki de iki erkek bir kadın olduğumuzu görünce aramızdan birinin boşta olduğunu düşünmüştü. Yirmili yaşlarının ortasındaydı, inanılmaz derecede dar bir pantolon ve tişört giyiyordu. Hafifçe topluydu, çok ağır bir makyaj yapmıştı. Uzun siyah saçları ve İspanyollara özgü koyu renkli gözleri vardı. Güzel değildi ama çekiciydi. Belki de öne doğru eğilmiş bedenlere ve antik boğalar kadar kalın bir cilde sahip *campesinalardan* gereğinden fazla görmüştük.

Kız öne doğru eğildi ve henüz dokunmadığı yemeğini isteyip istemeyeceğimizi sordu. Derin, boğuk bir sesi vardı. Sanki Marlene Dietrich, İspanyolca konuşuyor gibiydi. Adının Jenny olduğunu söyledi. İnanılmaz bir baş ağrısıyla uyandığını, akşamdan kalma olduğunu ve yemekle yüzleşmeye hazır olmadığını anlattı. Saat 7'ydi.

Mark ücretsiz olan hiçbir şeyi geri çevirmiyordu. Kızın kızarmış balıkla dolu tabağını neredeyse bir lokmada silip süpürdü ve kızın devamlı gittiği La Luna isimli bir barda birkaç tek atmaya karar verdik. Sorunlar işte tam olarak orada başladı.

Biz barın içinde kendimize yol açmaya çalışırken Jenny, Mark'ın avcuna küçük bir paket sıkıştırdı.

"Bir hediye." dedi. Kokain, üç gram civarındaydı. Tam da Mark'ın hoşuna gidecek gibi bir hediyeydi.

Yumuşak, turuncu renkli aydınlatması eski film yıldızlarının duvarlara asılmış siyah beyaz fotoğrafları ve masaların üzerine yerleştirilmiş şarap şişelerinin içindeki mumlarıyla popüler bir mekândı. Sanki Parisian Left Bank'in bohem atmosferi yaratılmaya çalışılmış gibiydi. İçecekler pahalıydı ve saat henüz erken olduğundan mekân terk edilmiş gibi görünüyordu. Mark tuvalete gitti ancak bir türlü çıkmak bilmiyordu. Onu takip ettim. Mark: "Sanırım kokainimden istiyorsun, değil mi?" diyerek somurttu.

Kokain

Artık birkaç çizgi kokain çekme zamanıydı. Bolivya muhtemelen kokainden, tüm yasal ihraçlarının toplamından daha fazla kazanıyordu. Her ne kadar dünyanın "kokain başkenti" Kolombiya olsa da Bolivya'nın veya Peru'nun doğusundaki ormanlarda çok daha fazla koka yetiştiriliyor, Amazon üzerinden Kolombiya'ya sokuluyor ve burada saflaştırıldıktan sonra deniz veya hava yoluyla Amerika'ya gönderiliyordu.

Koka, Andlarda 4000 yıldır yetiştirilmektedir. Başlangıçta, dinî törenlerde kullanılması nedeniyle İspanyollar tarafından yasaklanmaya çalışılmıştı. Daha sonraları, bunun Kızılderililerin daha fazla çalışmasını sağladığını fark ettiklerinden Katolik Kilisesi narkotik işine girdi ve bir zamanlar "Şeytanın yanılgısı" adı verilen uyuşturucu ticaretinin kontrolünü eline aldı. 1859 yılında kokain aktif bileşen olarak yalıtıldı ve Batı tarafından keşfedildi. (Bu madde, 1906 yılına kadar Coca Cola'ya hayat veren o özel bileşendi.)[25] Bolivya'nın penceresinden bakıldığında ise koka, ham maddesinin Bolivya tarafından sağlandığı ancak asıl kârın, Batılılar tarafından elde edildiği tipik bir ihraç ürünüdür.[26] Yine de bitki, düşük kaliteli topraklarda yetişip yirmi yıl kadar hayatta kalabilir. Bu sırada yılda dört defaya kadar ürün verir ve bu, diğer ekinlerin veriminin on katından fazladır. Bolivya'nın kabaca üçte biri geçimini kokain sektöründen sağlamaktadır.

Kapıdaki Ses

La Luna oldukça sessiz olduğundan birkaç bira alıp kokainle devam etmek için otel odamıza döndük. Gece yarısı civarında Jenny gitmek üzere ayağa kalktı ve cüzdanını kaybettiğini fark etti. Avludaki telefonu kullanarak bara telefon etti. Cüzdanı oradaydı. Ayrılmadan önce bize numarasını verdi ve Mark'ın avcuna küçük bir kokain paketi daha sıkıştırdı. Kendini Mark'a sevdirmenin yolunu çoktan bulmuş gibiydi. Ben ise gittikçe geriliyordum.

"Dört saat kadar önce tanıştığımız Jenny'nin nerede kaldığımızı bildiğinin farkında mısınız? Bize kokaini kendi elleriyle verdiğinden elimizde kokain olduğunu da biliyor. Benden başka bize oyun oynandığını düşünen yok mu?"

---

25 Coca Cola, kokaini ve diğer alkaloitleri giderdikten sonra içeceğe tat vermesi için düşük miktarda koka yaprağı kullanımına devam etmektedir. (Kaynak: Clawson, P and Lee R. W. The Andes Cocain Industry)

26 ABD'de kokaine harcanan her on doların dokuzu Amerika'da kalır. (Kaynak: Latin Amerika Bültenleri) ABD hükümeti, vatandaşlarının her yıl yasadışı uyuşturuculara 49 milyon dolar harcadığını tahmin etmektedir. (Latin Amerika Basını; 7 Mart 1996). Bolivya'nın 1992 yılındaki resmi GSMH'si sadece 6-7 milyar dolardır.

"O zaman acele et de bütün kokaini bitirelim." diyen Mark, üç kalın çizgi daha hazırladı.

Bir banknotu kıvırmakta olan Melissa: "En azından Bolivya'da uyuşturucu kullananları asmıyorlar." dedi.

"Duruma bu kadar hassas yaklaşacağınıza güvenebileceğimi biliyordum."

Mark: "Robert Louis Stevenson'un "Dr Jekyll and Mr Hyde"ı kokain çekerek altı gün içinde yazdığını biliyor muydunuz?" diye sordu. "Zaten hikâyenin asıl konusu da bu."

Melissa: "Ben hikâyenin senin hakkında yazıldığını sanıyordum." diyerek Mark'la dalga geçti.

Sırıtmakta olan Mark, "Aslında aynı şey." derken beyaz tozdan bir çizgi daha hazırladı.

"Her an ellerim kıllanmaya başlayabilir, bu nedenle, kendinize dikkat edin."

Her ne kadar oldukça keyifli bir vızıldamaya neden olsa da kokainin etkisi şaşırtıcı bir hızla yok oluyordu. Belki de İngiltere'de yaptıkları gibi ucuz speed ile ya da her neyle karıştırıyorlarsa onunla karıştırılmadığı içindi. Birkaç saat sonra uykum bile gelmişti. Mark ve Melissa ise hızla azalan mala dalmışlardı.

Ansızın Melissa tarafından sarsılarak uyandırıldım.

"Polis! Uyan, Çabuk."

Karanlıktı. Çevrede kimse yoktu. Biri, kilitli olan ön kapıyı yumrukluyor ve bağırıyordu. Melissa panik içinde oradan oraya koşuşturuyordu.

Mark: "Kokaini saklasam iyi olacak." dedi ve ortadan kayboldu.

Yumruk sesleri devam ediyordu. Kimse yanıt vermedi. Gümbürtüler ve bağırışlar devam ederken otel sahibesinin merdivenden aşağı inme sesi duyuldu. Melissa yatağa, yanıma atladı.

"Uyuyor numarası yap." diye emretti.

"Zaten uyuyordum." diye homurdandım.

Kadının anahtarlarıyla uğraştığını duyabiliyorduk. Ardından anahtar kilide sokuldu ve kapı savrulurcasına açıldı. Yatak odamızın penceresinden, umutsuzca sarhoş olmuş bir adamın yüz üstü devrildiğini ve kadının ayaklarının dibine düştüğünü gördük.

Adam zar zor ayağa kalktı ve bağırarak şikâyet ederken odasına doğru sendeleyerek ilerlemeye başladı. Kadın ise kahramansı bir edayla Lonely Planet'e uygun cümlelerle kapılar kilitlendikten sonra gelirsek memnuniyetle bizim için de kapıyı açabileceğini söyledi. Melissa ayağa kalkıp Mark'ı ve kokaini bulmaya gitti.

Alışveriş

Ertesi gün alışveriş günüydü. Bolivya'ya gelmemizdeki (ya da en azından benim gelmemdeki) en önemli neden, kayalık Cordillera Real'da yürüyüş yapmaktı. Beş günlük yürüyüşe, La Paz'ın elli kilometre doğusunda bulunan Milluni'den başlayacak, 5.000 metrenin üzerindeki iki geçitten geçecek ve Coroico adı verilen bir kasabaya ulaşacaktım. Alplere özgü çalılıkların ve bulut ormanlarının arasından ilerleyerek 3.000 metre aşağı inecek, inanılmaz manzaralarla karşılaşacak ve Coroico yakınlarındaki tropik Yungas bölgesini görecektim. Neredeyse yolun tümünde iniş yapacaktım. Özellikle, Andların doğu yamacındaki boşaltma havzalarından Amazon'un sınırına kadar inecektim.

Melissa: "Kalçalarımın ne kadar sıkılaşacağını hayal etsene!" diyerek sırıttı.

Mark pek etkilenmiş görünmüyordu. Ondan, dağlarda bir doğa yürüyüşüyle bir torba kokain arasında seçim yapmasını istesek bir saniye bile düşünmesine gerek kalmazdı. Yine de hiçbir şey demedi.

Güvenliğimiz için Jenny'ye haber vermeden otelimizi değiştirdik. Hotel Torino, doğrudan şehir merkezinde Başkanlık Sarayı'nın hemen arkasındaki sokaktaydı. Burası da Quito'daki Gran Casino gibi sırt çantalı gezginlerle doluydu. Dört katı da iç avluya bakan eski bir binaydı. Avlu ise Avrupa'dan taşınıp getirilmiş gibi görünen bir kafe tarafından istila edilmişti. Kafenin zemini siyah beyaz fayanslarla döşenmiş, göz alıcı işçiliğiyle dikkat çeken demir masalarla doldurulmuş ve şık fıskiyenin çevresine rengârenk saksılar yerleştirilmişti. Bir köşede oda müziği çalan gece kıyafetleri içinde dört müzisyen vardı. Bolivyalı iş adamları ve pejmürde kılıklı sırt çantalılarla dolu olan kafe, yarı saydam plastik bir tavanla örtülmüştü. Bunun üzerinde ise bir zamanlar farklı binalar olduğu belli olan alana doğru kıvrılan, beklenmedik basamaklar ve bir koridor labirenti uzanıyordu. Odamız penceresiz ahşap bir hücreydi. Kapımızın dışındaki koridorun döşemesinde, binanın her tarafındaki ayak sesleri yankılanıyordu.

Alışverişe gitmeden önce biraz para bozdurmayı teklif ettim. O ana kadar her şeyi peşin olarak ben ödüyordum. Melissa ile Mark da belirli aralıklarla bana olan borçlarını ödeyeceklerdi.

Fakat Mark hiç de istekli görünmüyordu. Bir de parasının çoğunu başlangıçta verenin ben olduğum düşünüldüğünde bu durum oldukça rahatsız ediciydi. Listelerimi eline çok yüksek bir bar faturası tutuşturulmuş, korku dolu bir otel misafiri gibi inceliyordu. Listem üç haftayı kapsıyordu. Mark en baştakilerden birini seçti.

"İlk olarak Lima'da iki yumurta yemedim. Ayrıca Arequipa'daki yemek nasıl oldu da beş sole tuttu? Beş sole tutacak ne yediğimi lütfen söyler misin?"

Mark'ın üç hafta önce Lima'da ne yediğini hatırlamak bir yana, o sabah kahvaltıda ne yediğimi bile hatırlamıyordum. Mark listemdeki açıkları bulmaya devam ediyordu.

"Şunu fark ettim ki..." dedi. "Buradaki ücretlere küçük eklemeler yapıp duruyorsun."

Şoke olmuştum. Mark'tan birkaç peni daha koparmak için sahtekârlık yapmak fikri, üzerine kafa patlatılamayacak kadar saçmaydı. Altı üstü birkaç dolardan bahsediyorduk. Mark'ın bana borçlu olmaktan rahatsız olduğunu hissettim. Minnettar olmanın üstü kapalı baskısından hoşlanmıyordu. Herkesten daha güçlü ve iyi olmaya o kadar kararlıydı ki ona sunulan yardımı kabul ettiğinde kendini tehdit altında hissediyordu. Ona göre kendini idame ettiremediğinin vurgulanması bir suçlamaydı.

"Bana şu minnettarlık saçmalığından bahsetme. Bencil olmayan davranış diye bir şey yoktur." diyerek akıl yürüttü. "Kabul edin ya da etmeyin, herkes verdiğinin karşılığını ister. Ben sadece bu konuda dürüst davranıyorum. Bana bu kadar borç vermenin nedeni, yolculuk boyunca yanında dürüst birisinin olmasını istemendi."

"Beni dinle, Mark. Ben merkezli küçük bir çocuk gibi davranıyorsun. Artık büyü. Bu lanet olası anlaşmanın yapılmasının tek nedeni, yeterli parayı bozdurup bozdurmadığını görmek için ceplerini yoklamakla uğraşamayacak kadar tembel olmandı. Neyse, bugün sana yetecek kadar para bozdurmanı öneriyorum çünkü bundan sonra sana tek bir peni borç vermeyeceğim."

"Ve" dedi. "Uyuşturucu konusunda yapmacık davranıyorsun. Her defasında uyuşturucu kullanıp tüm riskleri üstlenmeme izin veriyorsun. Sen ne zaman biraz kokain çekeceksin bakalım?"

Melissa: "Siz ikiniz bana bakın!" diyerek araya girdi. "Şu alışveriş işini halletsek iyi olacak."

Ayrıldık. Hiçbir işi tek başlarına başaramayacaklarını düşündüğümden Melissa'yla Mark'ı birlikte gönderdim. Alışverişin bana kalan kısmını yapmak için San Francisco Kilisesi'nin arkasındaki dükkânlara girdim. Dar sokaktaki birkaç tezgâhta, şans getiren objelerin ve kurutulmuş Illiema fetüslerinin satıldığı cadılar pazarını turladım. Birkaç santimetre uzunluğundaki bu fetüsler, ölümü hatırlatan bebekler gibi görünüyordu. Şans getirmesi için yeni evlerin temellerine gömülüyorlardı. Kavanozlarda garip görünümlü başka şeyler de vardı: bitki kökleri, boncuklar, saçlar, taşlar; para ve sağlıktan sınavlarda başarı getireceğine inanılan heykeller. Cinsel birleşme halindeki bir çiftin heykelini satın aldım. Satıcı kadın, bu heykelin beni kadınlara karşı dayanılmaz kılacağına söz verdi. Bunun gibi bir şeye ne zaman ihtiyacınız olacağını bilemezsiniz. (Dana sonra heykeli Melissa'ya gösterdiğimde "Doğal bir baştan çıkarıcılığa sahip olsaydın buna ihtiyacın olmazdı." dedi.) Mark üzerinde kullanabileceğim bir şey olup olmadığını merak ettim.

Geri dönüş yolunda, burnunu çekip duran kocaman gözlü bir oğlan çocuğunun ilgilendiği bir şeker tezgâhında durdum. Kırk paket çikolata istedim.

Çocuk korku dolu gözlerle bana baktı. İlk olarak garip görünümlü, devasa bir Gringoyla karşı karşıyaydı. İkincisi... Kırk paket mi? Acaba beni doğru mu duymuştu? Gerçekten İspanyolca konuştuğumdan emin olabilir miydi? Kırk paket çikolatayı ancak bir haftada satmayı hayal edebilirdi. Kendisine bir oyun oynandığından şüphelenerek annesine bakındı. Ama yalnızdı.

Çekingen bir tavırla iki paket çikolata uzattı.

"Hayır, kırk tane istiyorum." dedim.

Hâlâ beni doğru duyup duymadığından emin olamıyordu. Bu defa dört paket uzattı.

"Hayır, dört değil. Kırk paket istiyorum." diye tekrarladım.

Beni doğru anlaması için parmaklarımı açıp ellerimi dört

kere havaya kaldırdım. Çocuk panik içinde bana bakıyordu. Aklı öylesine karışmıştı ki felç geçirmiş gibi hareketsizdi. Küçük çikolata paketlerini birer birer sayarak kenara ayırmaya başladım.

Endişe içinde "Hayır hayır, annemi bekleyin!" dedi. Gözleri biraz daha büyüdü ve çenesi düştü. Bütün gün orada beklemek istemiyordum. Çikolataları çantama doldurdum, parayı çocuğun eline sıkıştırdım ve el sallayarak uzaklaştım. Çocuk önce arkamdan, sonra da elindeki paraya baktı. Pazarlık yapmaya bile çalışmamıştım. Şimdi bunu annesine nasıl anlatacaktı?

Melissa ve Mark beni Torino'da bekliyorlardı. İhtiyacımız olan her şeyin tam olarak yarısını almışlardı. Hepsi en ucuz, en kalitesiz türden şeylerdi.

Mark yanımızdan uzaklaşır uzaklaşmaz Melissa: "Bir daha asla onunla alışverişe gitmem." dedi. "Adamın bir hafta boyunca dağda ne kadar yiyeceğe ihtiyacımız olacağına dair hiçbir fikri yok ve istediğim her şeyin çok pahalı olduğunu söyleyip durdu."

Ardından Mark'ın o gece La Luna'da Jenny'yle buluşmak üzere sözleştiğini hatırladık. Kadın barda bizi bekliyordu. Yine vücudunu sıkıca saran beyaz bir bluz ve aynı acı verici darlıktaki pantolonu giymişti. Bunların içine nasıl girdiğini merak ettim. Hiç kolay olmasa gerekti. Saçları İspanyol tarzında arkadan tutturulmuş ve parlak kırmızı rujuna uygun kırmızı kadife kurdeleyle süslenmişti. Daha da önemlisi elinde biraz daha kokain vardı. Birkaç çizgi çekmeye yetecek süre boyunca tartışmaya ara verdik. Sonunda Mark, hiç parası olmadığını fark etti.

"O zaman gidip para bulman gerekiyor." dedim. "Bir daha sana asla borç para vermeyeceğimi söylemiştim." Mark doğrudan gözlerimin içine baktı.

"Gecenin bu saatinde nasıl para bozdurabileceğim bir yer bulacağım?"

"Bunu daha önce düşünecektin."

Jenny şaşkın görünüyordu ancak gecenin bu saatinde para bozabilecek otelde çalışan bir arkadaşının olduğunu söyledi. Oraya gittiğimizde arkadaşının izinli olduğunu öğrendik.

Jenny: "Takmayın." dedi. "Başka bir otelde çalışan paranızı bozabilecek bir arkadaşım daha var." Şansımızı denedik. Jenny, adamla konuşmak için içeri girdi ve kafasını sallayarak dışarı çıktı. Durumu bir dakika kadar gözden geçirdik.

"Takmayın, kumarhanede çalışan bir arkadaşım var. Sanırım o bizim için bunu yapabilir." Kumarhanede çalışan arkadaş da parayı bozamadı. Melissa ve ben otele geri dönmeye karar verdik. Ertesi gün 6'da yola çıkmayı planladığımızı Mark'a hatırlattım.

"Endişelenme. Orada olacağım." diye homurdandı.

Alarmımız ertesi sabah 5.30'da çaldı. Penceresiz odamızda sabah olduğunu anlamanın tek yolu alarm kurmaktı. Giyinip Mark'ın kapısını çaldım ama odasında değildi.

Saat tam 6'da Mark merdivenlerden koşarak çıktı ve koridorda hızla bize doğru yaklaşmaya başladı.

"Yetişeceğimi söylemiştim." dedi.

Otobüs Durağı Ol

Rehber kitabımız, El Alto'daki Plaza 16 de Julio'dan (Milluni'ye giden otobüslerin kalktığı yer) otobüse binmemizi söylüyordu ancak hangi otobüse binmemiz gerektiğini ya da otobüslerin nereden kalktığını söylemiyordu.

Bolivya'daki otobüs durakları, fizikî nesnelerden ziyade birer kavramdı. Bu nedenle Mark ve Melissa'yı Prado'ya gönderdim, gelip geçenlere sorular sordum ve otobüs durağımızın nerede olabileceğine dair oy çokluğuyla bir karara vardım.

Çantalarımızı kaldırıma bıraktık ve gelip geçen düzinelerce otobüsü incelemeye başladık. Bir saat geçti. Sıkılan Melissa dolaşmaya başladı. Mark ise oturup sırtını bir duvara dayadı ve uykuya daldı.

Bir kere daha tek başıma kalmıştım.

Kapıdan ve pencerelerden sarkan yolcuları taşıyan otobüsler geçip gitti. Bir saat daha geçti. Sonunda onu gördüm. Otobüsün ön camına yerleştirilmiş bir karton parçasına kötü bir el yazısıyla "16 Julio" yazılmıştı. Mark'a seslendim. Esnedi ve ayağa kalkmaya davrandı. Ve Melissa... Melissa neredeydi ki? Otobüs geldi.

Bilet satan çocuk: *"Si, si."* dedi. "16 Julio'ya giden otobüs bu."

Yolun diğer tarafındaki bir vitrine bakmakta olan Melissa'yı gördüm.

Çocuk: "Çabuk, çabuk bayım. Otobüse binin." diyerek el etti. Melissa'ya seslendim ama beni duyamayacak kadar uzaktaydı. Otobüs gitti.

Mark bana bakarak sırıttı ve yeniden uykuya daldı.

Melissa geri döndüğü zaman tüm sinirimi ondan çıkardım.

"Melissa seni kalın kafalı, sen yüz elli metre uzaktayken nasıl olur da otobüse yetişebiliriz?" Kendimi iki çocukla alışverişe çıkmış bir ebeveyn gibi hissediyordum.

Melissa bana doğru döndü.

"Sen!" diye bağırdı. "Bir kontrol manyağısın. Bunun farkında mısın? Her şey senin istediğin gibi olmak zorunda. Herkesin senin emrin altında olduğunu düşünüyorsun. S.ktir git." Melissa, ona ne yapması gerektiğinin söylenmesinden hoşlanmamıştı.

"Asıl sen s.ktir git." diye yanıt verdim. "Tamam, Melissa. Bundan sonra sorumlu sen ol. İşe, bizi şu otobüse bindirerek başlayabilirsin." Tekrar uykuya dalan Mark'ın yanına oturdum ve kitabımı çıkardım.

Melissa trafiğe baktı. Hangi otobüse binmek istediğimize dair en küçük bir fikri bile olmadığından emindim. Aslında tam olarak nereye gittiğimizi bildiğini bile sanmıyorum. Melissa da bunların farkındaydı ancak bunu itiraf edemeyecek kadar gururluydu. Dolayısıyla yolun kenarında dikildi ve gelip geçen otobüsleri seyretmeye başladı. Otobüssüz geçen bir saatin ardından tümü Plaza 16 Julio'ya giden üç otobüsün birlikte yaklaşmakta olduklarını gördüm. Kısılıp kalmıştım. Görevimden istifa etmiştim ama Melissa'nın otobüsleri durdurmayacağını görebiliyordum. Yapılabilecek en olgun hareketin, otobüslerden birine işaret etmek olduğunu biliyordum.

Ama...

Otobüsler geçip gitti. Melissa ne yaptığını biliyor gibi davranmaktan vazgeçti ve Clint Eastwood şapkasıyla yüzünü örtmüş gürültülü bir şekilde horlamakta olan Mark'ın yanına oturdu. Konuşmadan oturduk.

Bir saat kadar sonra "Kendini nasıl hissediyorsun, Melissa?" diye sordum.

Beni: "S.ktir git!" diyerek yanıtladı. Sırt çantasını alıp hızla yürümeye başladı. Arkasından onu izledim. Bir anlığına Mark'ı ve Melissa'yı terk etmeyi düşündüm. Mark'ı sarsarak uyandırdım.

"Otele geri dönüyoruz." dedim.

"Bakıyorum da kendi destekçilerin bile seni terk etmeye başladı." dedi.

Mark ve ben yeniden Torino'ya giriş yaptık. Avludaki şık kafe, siyasi bir mitinge ev sahipliği yapıyordu. Sahnenin arka tarafında İspanyol bir politikacının devasa afişi asılıydı ve sandalyeler *campesinolar* tarafından kapılmıştı.

Mark: "Jenny'yi bulmaya gidiyorum." dedi.

Melissa'yı bir daha görüp göremeyeceğimi düşünerek bir süre mitingi izledim. Politikacı ve *campesinolar* gitti ve bunların yerini büyük bir yüksek sosyete partisi aldı. Avlu, kolaylıkla karakter değiştirebiliyordu. Abba'dan *"Dancing Queen"* çalınırken uykuya daldım. Hiçbir boka benzemeyen İsveç pop şarkıları çalınmaya devam ediyordu.

Kapının yumruklanmasıyla uyandım. Saat gecenin 2'siydi. Melissa kapının önünde bekliyordu. "İçeri girmeme izin vereceksin değil mi?" dedi. Yeniden sesini duymak güzeldi.

"S.ktir git!" dedim ve tekrar uykuya dalma numarası yaptım. Kapının arkasından bile duyulan küfür seli, Melissa'nın İskoç atalarına ihanet ediyordu. Koridorda ayaklarını yere vura vura uzaklaştığını duydum.

Ertesi sabah Melissa yine kapıyı çaldı. Bu sefer içeri girmesine izin verdim. İyi bir ruh hali içindeydi. Sırt çantalı birkaç gezginle partiyi balkondan izlediklerini ve partiye davetsiz girmeye karar verdiklerini anlattı. Bu, zengin bir İspanyol kızın şampanya ve çeşitli yiyecekler eşliğinde kutlanan doğum günü partisiydi. Tüm kızlar balo giysileri ve elmaslar içinde parıldıyordu. Büyük olasılıkla hayatta en çok istedikleri şey Avrupalı olmak olan gençler, kirli kot pantolonlar ya da çamurlu botlar giymiş olsalar dahi birkaç gerçek Batılının aralarına katılmasından mutlu olmuştu. Melissa gece boyunca Abba eşliğinde dans etmişti.

Saat 7 sularında Mark geri döndü.

Umursamazca: "Gitmeye hazır mısınız?" diye sordu.

Tekrar denedik. Boş sandalye bulmak için kalabalık tezgâhlar arasındaki daracık boşluklardan geçtikten sonra San Francisco Kilisesi'nin yanındaki pazarda kahvaltı ettik. Uzun siyah saçları örülmüş beyaz önlük giyen kısa ve güçlü Aymara kızları, kızarmış tavuk yığınlarının ve kaynamakta olan çorba kazanlarının arkasında dirsek dirseğe dikiliyordu.

Yüksek sesle çalan radyoya rağmen seslerini duyurabilmek için *"Joven, pase no mas."* diye bağırıyorlardı. "Daha ileri gitmeyin." Köşeyi dönünce, tropik meyve duvarlarının arasındaki minik boşluklardan çevreye göz atan meyve suyu satıcılarıyla karşılaştık. Bir kız o kadar girişimciydi ki yerinden fırlayıp önümüzdeki adamı ceketinden yakaladı ve tezgâha doğru çekiştirmeye başladı. Sonunda adamın ceketi çıkıverdi. Adam, "Beni soymaya mı çalışıyorsun?" diyerek isyan etti. Kız adamın giymesine izin verdi ve onun yerine bizi yakaladı. Bize, sekiz farklı meyve, havuç, süt, çikolata, fıstık ve malt birasından hazırlanan ve çıplak kadın bedeni şeklindeki bardaklarda ikram edilen *supervitamino* adlı bir içecek verdi.

Bu defa sadece birkaç dakika beklemeyle 16 Julio otobüsünü yakaladık. Ne yazık ki günlerden pazardı ve bizi 16 Julio'dan Milluni'ye götürecek olan otobüs pazar günleri çalışmıyordu. Bu nedenle, bizi Milluni'ye götürmesi için bir kamyon şoförüne 30 dolar vermek zorunda kaldık. En azından artık yoldaydık.

Milluni

Milluni'ye giderken geçtiğimiz yollar Mars'ın yüzeyinden pek farklı görünmüyordu. Çıplak kahverengi tepeleri, kırmızı demir damarlarıyla karalanmış gibiydi, üzerleri ise beyaz karla yamanmıştı. (Tamam, Mars'ta kar olmadığını biliyorum.) Milluni, işçilerin kaldığı birkaç barakadan ibaret bir demir madeniydi. Terk edilmiş gibi görünüyordu. Göl kenarındaki küçük hidroelektrik santraline ulaşana kadar tepelere doğru uzanan patikayı takip ettik. Alçak bulutlar güneşi engelliyor ve her yanımızı sarıyordu. Dağların çevresinde ise şimşekler kaygı verici bir şekilde gürüldüyordu.

Mark pek de mutlu görünmüyordu. Hava soğuktu. Kokain çekerek geçirdiği uykusuz üç gecenin etkilerini hissediyordu.

Dağlarda yapılacak beş günlük bir doğa yürüyüşünün neye benzeyeceğini ise şimdi düşünmeye başlamıştı.

Melissa: "Gümüş renkli folyonun seni sıcak tutacağını umalım." diyerek Mark'la dalga geçti.

Mark sinirlerine hâkim olamadı.

"Bir kere bu lanet olasıca doğa yürüyüşüne gelmeyi hiç istememiştim." diye gürüldedi.

"O zaman niye buradasın?" diye sordum.

"Güney Amerika'ya gelmeyi kabul ettiğim zaman bu kadar soğuk olacağını söylememiştin. Ayrıca dağda taşta gezmekten hoşlanmadığımı da biliyorsun."

"İnka Yolu'nu beğenmiştin ama değil mi?"

"Kesinlikle. Zaten bir doğa yürüyüşü yaptık. Neden bir kere daha yapmak istediğinizi anlamıyorum. Temel sorununuz şu ki: İkiniz de insanları sevmiyorsunuz. İnsanlarla zaman geçirmektense lanet olası bir dağda yapayalnız kalmayı tercih edersiniz. Güney Amerika'ya bunun için gelmedim. Ben bir parti hayvanıyım."

Melissa güldü. "Nesin, nesin?"

"Parti hayvanı!"

"O zaman bunu, La Paz'dan ayrılmadan önce söyleyecektin." dedim.

Tartışmaya uygun bir yerdeydik. Kayaların çıplaklığı, Kral Lear'ın deliliğin zirvesindeki anlarına bile uygun olabilirdi. Bir girdap edasıyla dönen sis, gölün üzerinden kalkıyor ve tüm alanı yutacak gibi yeniden yeryüzüne iniyordu. Birbirimizi zorlukla görebiliyorduk. Hareketsiz duramayacağımız kadar soğuk olduğundan çevrede dolaşıp durduk. Hızlı adımlarla ilerleyen ve farklı yönlere bakan üç gölgeydik. Garip bir şekilde kendimi olaydan kopuk hissediyordum. Bir film izliyor gibiydim. Melissa'nın ve Mark'ın sisin içinde kayboluşunu ve yeniden doğuşunu izledim. Mark, söylediğine göre kayak ceketimi getirmeyeceğimi söylediğim için sinirliydi çünkü o da kendisininkini getirmemişti. Son dakikada ceketimi çantaya atmıştım ve şimdi ceketim beni ısıtırken Mark, pamuklu pançosu içinde titriyordu.

Mark'ın saçma sapan şikâyet yağmurunun, kokainin rahatsız edici etkileri olduğuna ve onu göz ardı etmeye karar verdim. Mark ise benim yerime Melissa'ya yöneldi. Birkaç metre ötedeki bir kayaya dayandım ve sisin içinde parça parça kaybolan cümlelerini dinledim.

"... Kayak ceketimi getirecektim... Bana getirmememi söyledi... Şimdi bu kadar üşümezdim... İkiye karşı bir... Hiçbir zaman sevilmedim... Doğru düzgün bir tartışmaya bile giremiyoruz... Parti hayvanı... Bana kayak ceketimi getirmememi özellikle söyledi... Sadece kayaları seviyor... Ben insanları severim... Eğlenmeyi bilmez... Bu kimin fikriydi? Lanet olasıca kayak ceketim... Değişiklik istiyorum..."

Saat ilerlemişti, hava soğuyordu ve kamp kurmamız gerekiyordu. Gölün yanında, santral görevlisinin kulübesi bulunuyordu. Evinin karşı tarafında küçük bir teras şeklinde dizilmiş terk edilmiş odalardan birinde geceyi geçirip geçiremeyeceğimizi sorduk. Geçirebileceğimizi söyledi. Karısıyla ve çocuklarıyla yaşadığını anlattı. Orada yaşamayı sevip sevmediğini sordum çünkü bence yaşanması oldukça zor bir yerdi. Sevdiğini söyledi. Konuşmaya pek de gönüllü gibi görünmüyordu. Belki de bu yapayalnız yerde yaşamayı sevmesi bundandı.

Geceyi ahırda geçirdik. Melissa biraz çorba yaptı ve bizler de uyku tulumlarımızın içine girip uyumaya çalıştık. Mark kendisini, yanında getirdiği alüminyum uzay battaniyesine ve Copacabana'dan satın aldığı pamuklu pançosuna sardı ve neredeyse donarak ölüyordu. Sabah olduğunda kararını vermişti.

"Ben La Paz'a geri dönüyorum." dedi. "Torino'ya bir not bırakıp nerede olduğumu haber vereceğim."

"Tamam." dedim.

"Tamam." dedi. Çantasını alıp geldiğimiz yönün aksine doğru yürümeye başladı. Pançosu ve Clint Eastwood şapkasıyla gittikçe uzaklaşarak kayboluşunu izledik.

Melissa: "Şimdi ne yapacağız?" diye sordu.

"Sanırım doğa yürüyüşüne kaldığımız yerden devam edeceğiz." dedim.

Dünyanın Kralı

Mark patika boyunca ilerleyerek gözden kayboldu. Bulutlar gitmişti ve güneşli bir sabaha uyanmıştık. Huayna Potosi adı verilen devasa beyaz bir dağ kütlesi gölün üzerinde yükseliyordu. Buzullar su kenarına kadar ulaşıyordu. Arkamızda, daha küçük ama karla kaplı bir tepe daha bulunuyordu. İki dağın arasındaki vadi, gölün ilerisindeki barajın ötesinde sert bir şekilde düşüşe geçiyordu. Çok uzaklarda ise vadi, gümüş renkli bir ırmakla bölünüyordu.

Melissa bana baktı ve güldü.

Sırıtarak: "Muazzam." dedi.

Mark'ın olumsuz enerjisi uzaklaştığı için temiz dağ havasında zihinlerimizi ve bedenlerimizi temizleyebiliyorduk. İlk geçidi aştık ve günün büyük bir kısmını, buzullarla beslenen bir dizi göl boyunca yürüyerek geçirdik. Sis bir kere daha üzerimizi örtmüştü.

İkinci geçide öğleden sonra ulaştık. Doğa yürüyüşümüzün en yüksek noktasındaydık. Dik yamaç, gölü çevreleyen sırtta alçak bir eyere dönüşüyordu. 5.000 metrenin üzerinde, her adımımız işkenceye dönüşüyordu. Her on adımda bir nefesimi düzene sokmak için durmam gerekiyordu.

Diğer yandan zirveye ulaştığım zaman kendimi tüm dünyanın kralı gibi hissettim. Yüksek Andların sessiz, yüksek dağlara özgü dünyası ayaklarımızın altında uzanıyordu. Gri kayalar, kar beyazı tarlalar ve sakin mavi göller. Daha ileride, zaman içinde devasa Amazon ormanına dönüşen ormanlık vadiler bulunuyordu. Dev ölçekli bir peyzajdı. Kampımızı geçidin hemen altında kurduk. Güneş batarken sıcaklık da düşmeye başladı. Giysilerimizi çıkarmadan uyuduk ve uyandığımızda çadırımızın buzla kaplandığını gördük. İki kocaman kuş üzerimizde oldukça yüksekten uçuyordu: kartal, kerkenez veya akbaba bile olabilirlerdi.

Bulunduğumuz yerden bakıldığında her şey ayaklarımızın altındaydı. Yaban atlarının şüphe dolu gözlerle bizi izledikleri çayırlıklardan, köpükler içinde akan ırmağın yanındaki vadiye her şey gittikçe alçalıyordu. Yamacı takip ederek indikçe hava ısınıyordu. İki gün önce Mark'ın ayrıldığı günden beri tek bir insan bile görmemiş olan Melissa'nın tam da üstsüz gezmeye karar verdiği anda yalnız bir çobanla karşılaştık. Bizi gördüğüne en az bizim kadar şaşırmıştı.

Alçak duvarlı, saz çatılı birkaç taş kulübenin yanından geçtik. Kadınlar, ırmağın kıyısındaki kayaların üzerinde çamaşır yıkıyor ve çocuklar, birkaç sığırı kovalıyordu. En yakın yoldan üç gün uzaklıktaki bu vadide binlerce yıl öncesine adım atmış gibiydik. Geceyi başka bir küçük köyde geçirdik. Evlerden birinin arkasındaki nemli çayırda kamp kurduk. Ev sahibi, bize satacak birkaç bira bulmayı başardı ve ardından odun kesmeye geri döndü. Manzara boyuna değişiyordu. Bir gün dağlık vadilere bakarken ertesi gün bulut ormanlarını izliyorduk. Yoğun yapraklar yolu kapatıyordu. Ondan sonraki iki gün boyunca patika, vadinin yamacına sımsıkı tutunuyordu ve kırık ağaçlar, önümüzdeki sonsuz sayıda ormanlık vadi ve bayır katmanını gözler önüne serdi.

Dağlar

Sessizlik, durgunluk, saflık... Çok yüksek zirvelere yakın yerlerde yaşayan insanlar genellikle dağları kutsal varlıklar, Tanrı ya da Tanrıların evi olarak görür. Devasa güçler, boyutları ve zamana karşı direnişleriyle bizi ezer. Dünyanın göğe doğru yükselişi ve rüzgârın ve suyun aşındırıcı güçleri... Hayat kolaylaşır. Doğadaki güçlere özgü zıtlıkların ritmine alışırız: Yukarı ve aşağı, gündüz ve gece, sıcak ve soğuk; yaşam ya da ölüm, olmak ya da olmamak.

Kaplumbağa

Patika orman boyunca devam etti, vadinin yamaçlarına bitişikti, çoğu zaman dik ve nemliydi. Melissa, kaygan kayalardan birinden fena düştü ama sırt çantası düşüşünü hafifletti. Dönemeci döndüğümde Melissa, sırtüstü dönmüş bir kaplumbağa gibi sırtının üzerinde yatıyor, kollarını ve bacaklarını umutsuzca havada sallıyordu. Manzara gerçekten çok komikti. "Gülmeyi kes de beni buradan kaldır!" diye bağırdı.

Melissa, dağlarda sanki başka birine dönüşüyordu. Narin vücudu, fizikî olduğu kadar ruhanî güce ve dayanıklılığa da sahipti. Melissa asla vazgeçmezdi ve bir sorunla karşılaştığında ilk içgüdüsü savaşmaktı, teslim olmayı asla düşünmezdi.

"İskoç kanı taşıdığım için!" dedi. "Mesela babamı ele alalım: Dundee'den gelen kısa boylu, bodur, işçi sınıfından gelen ve kavga etmeyi seven bir pislik. Ben de öyleyim. Sadece daha güzelim. Dundee'ye ilk gidişimi hatırlıyorum. Kasaba, kavga etmeyi seven kısa boylu, sinirli adamlarla doluydu."

Dağları eğitmen Peter sayesinde keşfetmişti. Adam yüzünden buzlu duvarlara tırmanıyor, buzullar boyunda yürüyor ve kar fırtınaları sırasında kamp yapıyordu. Bunları yapmaktan ise gerçekten keyif alıyordu. Kendisini özgür hissettiği vahşi dünyada olmayı seviyordu. Günler boyunca yürümenin bedenine meydan okumasını kabul ediyordu. Yüksek dağların ruhanî meydan okumasını ise büyüleyici -özgüven ihtiyacı ve yağmurda, siste ve soğukta yola devam edebilme azmini- buluyordu.

"Neyse." dedi. "Egzersiz ve doğa abur cuburdan uzak durmanın tek yoludur."

Isırık ve Kamyon

Doğa yürüyüşünün son gününde Japon adamın evine ulaştık. Adam, Japon donanmasında geçirdiği yirmi yılın ardından yirmi iki yıl önce Bolivya'ya gelmiş. Buranın, çocukluğunu geçirdiği dağlardaki evini hatırlattığını söyledi. Kısa boylu, sessiz, sinirli bir adamdı; hiç İngilizce bilmiyor, İspanyolcayı ise çok az konuşabiliyordu. Evini bayırın yüksek kesimlerine inşa etmişti. Birkaç Kızılderili ailesinden başka komşusu ve birkaç köpekten başka dostu yoktu. Kendi sebzesini yetiştiriyordu. Bonsai ağaçlarıyla ve minyatür ırmakların üzerindeki minyatür köprülerle süslediği kusursuz bir Japon bahçesi yaratmıştı. Minyatür bir Japon'du. Kırk yılın ardından gerçek hayata geri dönmeyecekti.

Onu ziyaret etmeyi gelenek hâline getirmiş doğa yürüyüşçülerinin ona hediye ettiği kartpostallardan oluşan koleksiyonunu gösterdi. Ardından eve girip ortadan kayboldu. Onu bir daha görmedik. Bahçesinin manzarası büyüleyiciydi. Aşarak geldiğimiz vadilere bakıyordu. Bembeyaz bulut parçaları ormanlık kayalıkların içinden süzülüyordu ve beyaz dağlar ise tüm heybetleriyle ufuktaki yerlerini almıştı. Ev, bulutların üzerindeki bambaşka bir dünyada süzülüyor gibi görünüyordu. Her gün burada yaşamak acaba nasıl bir histi?

Bir sonraki gün bir dizi ırmağın yanından geçtik. Eski, ahşap köprüler seller nedeniyle yıkılmıştı. Köprülerin yerini öfkeli, beyaz renkli sudan oldukça yükseğe asılmış ve ancak hızla aşağıya hiç bakmadan geçilebilecek ağaç kütükleri almıştı. O kadar çok inmiştik ki çadırımızın üzerini kaplayan buz yerine terle kaplanmıştık.

Gerçek bir dönüşümdü. Gittikçe hayata ve insana dair daha fazla izle karşılaşıyorduk. Akşamüstü, bir köpek tarafından ısırıldım. Melisa daima köpeklere karşı sergilediğim temkinli yaklaşım konusunda benimle dalga geçerdi. Bu nedenle küçük bir köpek bir evden fırlayıp bize doğru koşmaya başladığında bir erkek gibi davranmaya karar verdim. Önünde sonunda bir futbol topundan daha büyük değildi. Gelişine vursam bir sonraki vadiye kadar uçardı.

Melissa: "Ona patronun kim olduğunu göster." dedi. Patika boyunca hızla ilerledim. Köpek öne doğru hamle yapıp baldırımdan ısırdı.

Melissa gereksiz bir tavırla: "Ona patronun kim olduğunu göstermedin." dedi.

Yola ulaştık ve Coroico'ya varmamız için kat etmemiz gereken son birkaç kilometreyi bir kamyonun üstünde tamamladık. Kamyonlar, Bolivya'daki en yaygın toplu ulaşım araçlarından biridir. Kamyonun zaten dolu olan kasasına en az otuz yolcu ve bavulları da yüklenmişti. Yükler, çukurlarda vahşice sallanıyordu. Çantalarımızı kamyona attık ve Melissa kamyonun yan tarafından tırmandı. Tam ayaklarım yerden kesilmişti ki kamyon hareket etmeye başladı. Kamyon sarsılınca iki genç kızın ve annelerinin üzerine düştüm. Bir boşluğa sırtımı dayayana kadar onların ve birkaç başka insanın üzerinden yuvarlandım. Yaşlı bir adamla bir muz sepetinin arasına oturdum. Yaşlı adam kayıtsız bir ifadeyle başını salladı. Sanki olaya girişimde olağan dışı hiçbir şey olmamıştı.

Coroico

Coroico, zorlu bir doğa yürüyüşünden sonra dinlenmek açısından ideal bir yerdir. Köy, muz bahçeleri ve tropik ormanla çevrelenmiş bir tepede kartal yuvası misali kurulmuştur. Andlara doğru panoramik bir manzarası vardır. İklimi, yarı tropiktir. Kasabadaki rahibelerin, her ne kadar her iki alanda da sağlam bir rekabet olmasa da, Bolivya'nın en iyi bisküvilerini ve şarabını yaptığı söylenir. Her zaman olduğu gibi pazardaki yiyecek tezgâhları yan yana duruyordu. Hepsi aynı fiyattan sattığından müşterilere yönelik rekabet oldukça sertti. Pazara girdiğimiz anda satıcılar pazarlık savaşına girdiler.

"*Hay pescado, hay carne.*" diye bağırıyorlardı. Balık ya da et. Ama ben *pollo* yani tavuk istiyordum.

Kızlardan biri: "*Si, si. Hay pollo.*" diye ısrar etti. Oturduk.

"*Que quieres?*" diye sordu. Ne isterdik?

"*Pollo.*"

Bu konuda biraz düşündü.

Korkarak "*No. No hay polo.*" dedi. Nasıl olsa oturduğumuza göre balık veya et yiyebilirdik. Yiyecekleri gösterdi.

Ama biz tavuk istiyorduk.

Yirmi kadar satıcı bir ağızdan "*Hay pollo, hay polo.*" diye bağırmaya başladı. Balık yemeye karar verdik.

Dünyanın En Tehlikeli Yolu

La Paz'a dönüş yolculuğumuz, her ne kadar nedeni farklı olsa da en az gelişimiz kadar unutulmaz bir deneyimdi. Takip ettiğimiz yol, gezegenin en tehlikeli yolu olmaya adaydı. 1930'lu yıllardaki savaş sırasında alınan esirler tarafından yapılmıştı. Esirlerin çoğu bu süreçte hayatını kaybetmişti. 1.800 metre yüksekliğindeki Coroico'dan başlayıp 4.000 metredeki altiplanoda son buluyor ve inanılmaz derecede dik vadilerin kenarları boyunca kıvrılarak bulut ormanlarına dair göz alıcı manzaralar sunuyordu. Çoğu zaman uçuruma doğru uzanan bir çıkıntıdan daha fazlası olmuyordu. Yolun geçişine izin vermek için kayalıklar patlatılmıştı. Şelaleler yolun üzerinden dökülüyordu. Diğerleri, doğrudan oradan geçen kamyonların üzerine dökülüyor ve kamyonun tepesinde oturan yolcuları sırılsıklam ediyordu. Soğuk duş, yolcuları en azından aşağıdaki bilinmezliğe dair derin düşüncelerinden uyandırıyordu.

Turistlerin; yankesiciler, tecavüzcüler, uçak kazaları ve sıtma nedeniyle endişelenip "terörist" kelimesini duydukları anda seyahatlerini iptal etmelerine rağmen ikinci bir defa düşünmeden bunun gibi bir yolda, bunun gibi külüstür bir otobüse binip hayatlarını en az on iki saattir mola vermeksizin araç kullanan Bolivyalı bir şoförün ellerine teslim edebilmeleri beni daima şaşırtmıştır. Normal bir günde, aynı adamın çantalarını taşımasına bile izin vermezlerdi. Otobüse binmek çoğu turistin Bolivya'da yaptığı en riskli şeydir.

Biz ise ikinci bir defa düşündük. Kamyonun tepesinin mi, yoksa otobüsün içinin mi daha güvenli olduğunu konuştuk. (Otobüsü seçtik.) Otobüsün içindeyseniz dönemeçlerde çatıdan uçup uçmayacağınız konusunda endişelenmenize gerek yoktu ancak çatıda, aracın uçuruma biraz fazla yaklaşması durumunda küçük de olsa düşme ihtimaliniz vardı. Ve aracın uçuruma yaklaşması ihtimali oldukça yüksekti. Her dönemeç "Bolivya Uyarı İşaretleri" olarak bilinen ve geçmişteki felaketlere tanıklık etmiş kırmızı çarpı işaretleriyle vurgulanmıştı. Uçurumun dibinde kayalara çarpmış araçların metal iskeletleri yatıyordu. Diğer yolcular istekli bir tavırla enkazları gösterip duruyorlardı.

Yanımızdaki adam: "Geçtiğimiz hafta iki kamyon burada uçurumdan aşağı uçtu." dedi.

En azından çıkış, inişten daha güvenliydi. Şoförlerin, bitmek bilmeyen yokuş boyunca araçlarını yeniden çalıştırmaya çabalamalarını önlemek için asıl geçiş hakkı yukarı yönlü trafiğe -teknik olarak Bolivya'daki ters yön olmasına rağmen- verilmişti. Tali yollar trafiğin ancak tek şeritte akmasına yeterli genişlikte olduğundan bu oldukça önemliydi. Yokuş aşağı inen araçlar, yukarı yönlü trafiğin akmasına izin vermeye çalıştıklarından uçurumun kenarından yuvarlanmalarına birkaç santim kala duruyorlardı. Kimi zaman gerçekten yuvarlanıyor ve kamyonu da beraberlerinde götürüyorlardı. Bazen ise şoför, mesafeyi yanlış hesaplıyor ve doğrudan uçuruma sürüyordu.

Tırmanmanın bir diğer avantajı ise sürücülerin istedikleri kadar hızlı gidememeleriydi. Tehlikeye rağmen herkes olabildiğince hızlı sürmeye çalışıyor, patika boyunca hızını artırıyor ve bir virajı dönüp de karşıdan gelen araçla kafa kafaya geldiklerinde hemen frenlere asılıyordu. En tepede, yolun kenarına zincirlenmiş bir dizi köpek vardı. Geleneklere göre sürücüler araçlarını durdurmadan önce dağ tanrılarına adak olarak köpeklerin önüne et atmalıydı. Kendilerini garantiye almak isteyen sürücüler ise adaklarını sunduktan sonra istavroz çıkarıyor, Meryem Ana'ya ve diğer birkaç azize ve kendilerini dinlemekte olan diğer kişilere dua ediyor, araçlarının ön camlarına Tanrı'dan kendilerini korumalarını isteyen resimler asıyor ve otobüsün arka tarafına İncil'deki sahneleri renkli spreylerle çiziyorlardı. Bu önlemlerin oldukça akıllıca olduğundan emindim ancak yavaş sürmekten daha akıllıca olduklarına inanmıyordum.

Bunların hepsini aklımızın bir köşesinde tutarak manzaranın keyfini çıkarmaya çalışıyorduk. Şans eseri sadece bir kazaya rastladık ve ardından yol, nispeten daha güvenli bir *altiplano* ile düzlüğe çıktı. Otobüs, bir hendeğe girmiş ve devrilmişti. Çevresinde olan biteni izlemekte olan bir kalabalık vardı. Bolivya'daki otobüs yolculuğunuz sırasında sadece bir kazaya denk gelirseniz şanslı gününüzde olduğunuzu kabul etmelisiniz.

2. Bölüm
AMAZON

"Günümüz dünyasında birbiriyle bağdaştırılması mümkün olmayan iki sistem hüküm sürmektedir: kolektif, komün yaşama teşvik eden, insan canlısı, sevgi dolu ve doğayı tam da olması gerektiği gibi temsil eden Kızılderili sistemi ve sömürgeci, bireysel, egoist ve doğayı yerle bir eden Avrupalı sistemi."

İkinci Güney Amerika'nın Kızılderili
Ulusları Konferansı
Tiwanaku, Bolivya (6-13 Mart 1983)

Bölüm 4
Ekvator: Ormandaki Gümbürtüler

Tumbes

La Paz'daki Hotel Torino'da şöyle bir notla karşılaştık:

Dağ İnsanlarına,

Noel'de Gran Casino'da görüşürüz.

Parti Hayvanı

Melissa'yla Quito'ya doğru yola çıktık. Noel üç hafta sonraydı, bu nedenle acele etmiyorduk. "Bolivya'nın en güzel gün batımı"nın yaşandığı iddia edilen Cordillera Real'daki Sorata'yı ziyaret ettik. Biraz daha doğa yürüyüşü yapmak istiyorduk ancak hiç durmaksızın yağmur yağdığından otelden çıkmayıp The Mission'u izledik ve mektup yazdık. Alman otel müdürüne göre ilk defa aralık ayında yağmur yağıyordu.

Her sabah, "Yarın hava güzel olacak, eminim." diyordu. Bir hafta sonra yağmurun kesilmesini beklemekten vazgeçtik. Otobüsümüz, Sorata'dan ayrılan yolu tırmanırken vadiye doğru baktığımızda vadinin güneş ışığıyla yıkanmakta olduğunu gördük.

İnkaların, uzun And tarihinin son bölümü olduğunu hatırlatan La Paz yakınındaki Tiwanaku harabelerini ziyaret ettik. Copacabana, Arequipa ve Lima'da takip ettiğimiz yolu yeniden kat ettik.

Tumbes'te bir gece geçirdik. Bir cumartesi gecesiydi ve barlarla dolu birkaç sokak, dünyanın her yerinde bir bakışta tanıyabileceğiniz cumartesi gecesi ateşini yayıyordu: Dün maaşımı aldım, bu gece içiyorum, yarın iş yok. Sokak köşelerinde küçük gruplar vardı. Genç kızlar, kendilerine bakmakta olan delikanlıları fark etmemiş taklidi yaparak kol kola dolaşıyorlardı. Yaşlı adamlar, daha ziyade içkilerine ve anılarına dalmış gibiydi. Sokak tezgâhlarında Peru'ya özgü lezzetli bir atıştırmalık olan *cerviche* -limonda marine edilmiş çiğ balık- satılıyordu.

Yanımızdaki masada oturan dört adam tarafından onlara katılmaya davet edildiğimizde oturmuş bira içiyorduk. Konuşmaya istekliydiler ve bize bira ısmarlamak konusunda ısrarcı davranıyorlardı ancak o kadar sarhoştuk ki söyledikleri hiçbir şeyi anlayamıyorduk. Adamlardan biri, sanki kutsal bir sözmüşçesine kederli bir tavırla İngilizce "Üzgünüm, üzgünüm." deyip duruyordu. Ne konuda üzgün olduğunu bilmiyorduk. Dünyadaki adaletsizlik ve yanlış anlaşılmalar, nefret ve aptallık dâhil olmak üzere sanki her konuda üzgün olabilir gibi görünüyordu. Belki de nadiren eline geçen Gringolarla konuşma şansını, çok sarhoş olduğu için değerlendiremediğinden üzgündü. Umutsuzca bizimle konuşmak istediği gözlerinden okunuyordu ama birayla sersemlemiş zihni ona izin vermiyordu. Arkadaşları kolumdan tuttu ve dörtlünün en sessizini işaret etti.

Büyük bir abartıyla: "O bir İnka." dediler. Bu durumun oldukça komik olduğunu düşünüyorlardı. Adam gerçekten İnkalara benziyordu: uzun, gagaya benzer bir burun ve bir deri bir kemik, aristokratik, kahverengimsi bir yüz. İnka, sandalyesinde dengesizce öne doğru eğildi, gözleri aramızdaki mesafenin ortalarında bir yere odaklanmıştı. Bakışlarımızı, mutlu ve sarhoş bir gülümsemeyle karşıladı ve bize doğru el etti.

Kibarca eğilerek: "Ben... bir... İnkayım." dedi.

Arkadaşları büyük bir memnuniyetle: "O bir İnka." dediler ve sırtına vurdular.

"Evet, o bir İnka." diyerek onlara katıldığımızı belirttik. Konuşmak istediğimiz ancak bir türlü nasıl konuşacağımızı bilemediğimiz sohbetlerden birinin içindeydik. Perulular önce masaya ve ardından arkadaşlarına vurdu ve bize birer bira daha ısmarladılar. Biz oradan ayrılırken "O bir İnka." demeye devam ediyorlardı.

Üzgün görünümlü adam, birasına bakarak "Üzgünüm." diye mırıldandı.

Guayaquil... Bağımsızlık

"Kızılderililer için cumhuriyet, yönetimdeki grupların politikalarının etiketlenmesi açısından yeni bir yöntemdi. Bağımsızlık, Kızılderililere hiçbir özgürlük getirmedi."

Tiwanaka Manifestosu
Bolivya 1973

Ekvator'u bir kere daha boydan boya geçerken Guayaquil'de otobüs değiştirdik. Ekvator'un en büyük şehri, Quito'nun büyüsünden eser olmayan oldukça kalabalık, endüstriyel bir limandı ve çoğu turist tarafından ziyaret dahi edilmezdi. Biz ise otobüsten bile inmemiştik. Guayaquil, uluslararası arenada sadece bir kere boy göstermişti. 1822 yılının Temmuz ayında, Güney Amerika'nın en büyük iki devrimcisi Kolombiya'dan gelen Simon Bolivar ve Peru'dan gelen Jose de San Martin, Guayaquil'de buluşmuşlardı. Buluşma noktasına gelene kadar kıtanın büyük bir bölümünü "özgürleştirmişlerdi". Şimdi ise bağımsızlığını henüz kazanmamış eyaletlerin geleceğini tartışmak için bir araya geliyorlardı. Toplantıları fikir ayrılığıyla sonuçlandı (Bağımsız Latin Amerika için siyasi ayrılığın temellerini attılar.) ve kısa zaman içinde her iki adam da yarattıkları ülkelerle ilgili hayallere daldı.

Melissa: "Bağımsızlıkla her şey değişti mi?" diye sordu.

"Hayır." dedim. "Bağımsızlık, Latin Amerika'da pek bir değişikliğe neden olmadı çünkü kolonyal toplumun temellerine dokunmadı. Bu, gerçek bir devrim değildi. Olan tek şey, İspanyol elitlerinin İspanya'ya vergi vermeyi kesmeleriydi. İspanya uzun zaman önce Latin Amerika madenlerindeki ve topraklarındaki zenginliğin, fethi finanse eden Kuzey Avrupalı bankerlere ulaşmasını sağlayan bir aracıya dönüşmüştü. İspanya aradan çıktığında on dokuzuncu yüzyıl Latin Amerika'sı İngiltere'nin buyruğuna girdi. Şimdi ise Amerikalıların elinde. Hâlâ madenlerde ve tarlalarda köle gibi çalıştırılan Kızılderililer için ise hiçbir değişiklik olmadı."

Melissa güldü. "Konuşma yapan adamların üzerinde ayakta durduğu şeylerden birine ihtiyacın var." dedi. "Nasıl saçmalayacağını iyi biliyorsun."

Kadınımdan Ayrıldım...

Quito'ya vardığımızda Mark, Gran Casino 2'de birkaç gezginle bilardo oynuyordu. Bizi gördüğüne mutlu olmuş gibiydi. Melissa, Quito'daki adamımızdan bir torba ot aldığında ise çok daha mutlu oldu. Otel odamıza döndük. Melissa bir cigaralık sarmaya başladı ama Mark, onu durdurmak için elini kaldırdı. Havlularımızı aldı ve kapının altındaki boşluğa tıkıştırdı, ardından pencerenin yanına gidip sokağa göz attı. Tatmin olmuş bir şekilde perdeleri kapattı ve oturdu.

Endişeli bir tavırla, "Sanırım takip ediliyorum" diye fısıldadı.

"Takip mi ediliyorsun?" diye sorduk. "Kimin tarafından?"

"DEA tarafından."

Melissa boş gözlerle baktı, "Deea? Bunun İngilizcesi ne?" diye sordu.

"Bu zaten İngilizce. DEA. Amerika Birleşik Devletleri Uyuşturucuyla Mücadele İdaresi."

"Oh!" Melissa hâlâ boş gözlerle Mark'a bakıyordu. "Kim bunlar?"

Mark, "Şimdi..." dedi. "ABD hükümeti, uyuşturucuya karşı savaşlarında yerel hükümetlere yardımcı olmaları için DEA ajanlarını ve birliklerini Güney Amerika'ya gönderiyor. Bu, ABD şehirlerindeki uyuşturucu kullanımına yönelik yoksulluk gibi gerçek nedenleri ortadan kaldırmaktan çok daha kolay. Neyse, artık komünist tehdidi olmadığına göre Amerika ordusu, varlığını haklı kılmak için bir şeyler bulmak zorunda."[27]

"Bunun seninle ilgisi ne?"

Mark bizi Bolivya'dan dönüş yolculuğu konusunda bilgilendirdi. Milluni'de bizden ayrıldıktan sonra tepenin altında gizemli bir şekilde beklemekte olan bir kamyon bulmuştu. Kamyon sanki Mark'ı bekliyor gibiydi. La Paz'a döndüğü zaman Jenny'yi aradı. Birkaç gece, Şilili bir flüt sanatçısının masalarında oturup gözyaşları içinde bestelerini çaldığı La Luna'da takıldılar. Mark öylesine etkilenmişti ki Andlara özgü bir flüt olan *quena* isimli enstrümanı satın almıştı.

Ardından Jenny bir teklifte bulundu. Peru'dan Quito'ya üç kilo Bolivya kokaini geçirmeyi önerdi. Ekvator'da çok az kokain imal edildiğinden ellerindekini Quito'da çok daha pahalıya satabileceklerdi. Kadın, getirdikleri bütün malı satın alacağından emin olduğu Şilili birini tanıyordu. Bir defaya mahsus, sorunsuz bir iş olacak ve iyi kâr bırakacaktı. Her şey kolay görünüyordu. Mark teklifi kabul etti.

Lima'nın kırsal kesimlerinde daha ziyade orta sınıfın yaşadığı Miraflores'te Jenny'nin ailesinin yanında birkaç gece geçirdiler. Tüm bu süre boyunca Jenny'nin sevimli kız kar-

27 1992 yılında, ABD'nin Güney Amerika'da düzenlediği benzer operasyonlar için ayırdığı bütçe 1,2 milyar dolardı. Güney ABD ordusunun generali "Deli Max" Thurman'ın da söylediği gibi "Latin Amerika'daki uyuşturucu savaşı, sahip olduğumuz tek savaştı."

deşi Mark'ı baştan çıkarmaya çalıştı. Bolivya'dan Peru'ya ya da Peru'dan Ekvator'a geçişte hiçbir sorunla karşılaşmadılar. Ancak Quito'ya vardıklarında Jenny'nin Şilili arkadaşı teklifleriyle pek ilgilenmedi. Henüz birkaç gün önce başka birinden mal almıştı.

Mark ve Jenny, ellerinde büyük bir miktar kokainle kalakaldılar ve bunu nasıl ellerinden çıkacaklarına dair hiçbir fikirleri yoktu. Jenny, Quito'nun ana caddesi olan Avenida Amazonas'a çıkıp tanıdığı herkese teklif götürmeye başladı ve kadın gerçekten de herkesi tanıyor gibi görünüyordu. Mark'ı sinirlendiren şey, insanların yolun diğer tarafında olmaları ve Jenny'nin gerçekten bağırarak konuşmasıydı.

Kocaman bir kokain paketini otel odalarındaki banyonun tavanındaki strafor döşemelerden birinin altına saklamışlardı. Paket sabah ortadan kaybolmuştu. Mark ayrılma zamanının geldiğine karar verdi. Jenny dışarıda, olası müşterilere bağırarak teklifte bulunurken Mark otelini değiştirdi.

O sırada birinin kendisini takip ettiğini fark etti. Uzun boylu, kısa saçlı, gözlüklü ve parlak siyah ayakkabılarıyla şık giyimli bir Amerikalı tarafından takip ediliyordu. Mark'ın, ayakkabılarını boyama alışkanlıklarından vazgeçemedikleri için gizli görevdeki polislerin tanınabileceği şeklinde bir teorisi vardı. Jenny'den ayrıldığından beri üç gün geçmişti ve hiçbir şey olmamıştı. Adamları "büyük şef"e ya da "biraz daha büyük şef"e götürüp götürmeyeceğini görmek için takip edildiğine inanıyordu. Yine de Jenny'yle karşılaşabileceği yerlere gitmek konusunda temkinli davranıyordu.

Banos

Noel'i Banos'ta geçirdik. Banos, her ne kadar tuvalet olarak tercüme edilebilecek olsa da banyo anlamına gelmektedir. İngiltere'deki dengi kadar şık olmamasına rağmen, sıcak su kaynaklarının çevresine inşa edilmiş bir tesistir. Kaplıcalardan akan sıcak su, kanallar vasıtasıyla eski bir yüzme havuzuna dökülür. Banyolar, kasabanın ucundaki nemli yeşilliklerle kaplı bir tepenin eteklerindeki şelalenin altında bulunur. Yerel halk bu banyoları sadece yıkanmak için değil, aynı zamanda kıyafetlerini yıkamak için de kullanırlar. Çoğu zaman kıyafetleriyle suyun altına giren insanları görebilirsiniz.

Kasabanın çevresindeki vadilerde hoş yürüyüş yolları ve gürül gürül akan şelaleler vardır. Kilisede kaçınılmaz bir şekilde mucizevi bir Meryem Ana heykeli bulunur ancak Banos da özel bir yer değildir. Herkesin, diğer herkes ziyaret ettiği için gittiği yerlerden biridir.

Tam bir Gringo yolu kasabasıdır. Sokak çalgıcıları ve sanatçılar, Calle Ambato adı verilen ana cadde boyunca sıralanmışlardı. İngilizce kitap değiş tokuşu yapabileceğiniz bir kitapçısı, salsa barı, caz barı, hard rock kafesi, Banos isimli bir barı, Danimarka pastanesi ve her gece İngilizce sanat filmi gösterimleri vardı. Pizza, krep, Fransız mutfağı, Alman mutfağı, vejetaryen mutfağı, filtre kahve, tropik meyve salatası veya müsli arasından istediğinizi seçebilirdiniz. Ekvator'a, Meksika mutfağını tatmak için gelmiş olanlar için bir Meksika restoranı bile mevcuttu.

Bölgeye özgü Hint domuzunu tatmayı tercih ettim. Keçuva'da bu hayvana çıkardığı sesler nedeniyle *cuy* adı verilir. Pişirilirken ölü mü diri mi olduğunu sormadım. Dört bacağı yanlara açılmış ve dişleri ortaya çıkmış şekilde şişte pişirilen hayvan, endişe verici bir biçimde şişe takılmış fareye benziyordu.

Mike Snape Şakası

Mark, Noel yemeğimizi kendimiz pişirirsek iki dolar tasarruf edeceğimize karar verdi.

Kasap, duvardaki fileto posterini göstererek "Bifteğimiz var." dedi. Nedense ona inandık. Oysaki et, çiğneyemeyeceğimiz kadar sertti.

Mark, özgüven yayarak: "Sert olmasının nedeni, tamamen organik olması ve kimyasal maddeler kullanılarak yumuşatılmaması." dedi.

Melissa: "Tanrı aşkına, bunun içine ne kadar sarımsak koydun?" diye sordu.

Mark: "Yirmi diş." diye yanıt verdi. "Sarımsak sağlığın açısından çok iyidir."

Ziyafetini sindirebilmek için biraz rom ve birkaç şişe de iyi bir Şili şarabı aldık.

Melissa, şarap şişesinin üzerindeki etiketi okudu. "*Producto de Qualidad.*"

"*Qualidad* nerede? Güney Amerika'da mı?"

Mark gürültülü bir biçimde iç geçirdi.

Qualidad şarabımızı, yüksek lisansını henuz tamamlamış ve iki yıldır Kolombiya yağmur ormanlarındaki sinek kuşları üzerinde çalışmakta olan genç bir Oxfordlu dâhil, oteldeki birkaç konukla paylaştık. Yükseköğrenim birden iyi bir fikir gibi gelmeye başlamıştı.

Melissa, "Himalayalarda yaşayan yüz elli yaşındaki ruhanî bir eğitmenle yaşam enerjisi gelişimi üzerinde çalışacağım." dedi.

Mark, "Himalaya." diyerek Melissa'nın hatasını düzeltti.

Mark'a: "Dur, tahmin edeyim." dedim. "Dünyanın farklı köşelerine gidip halüsinojenik uyuşturucular üzerine çalışacaksın, değil mi?"

"Şu anda da dediğini yapıyorum." diye yanıtladı.

"Aslında istediğin zaman Mike Snape'in yaptığını deneyebilirsin." diye öneride bulundum.

Mark ve ben birden sessizleştik.

Bir dakikalık sessizliğin ardından Mark, "Zavallı pislik." dedi.

Melissa: "Mike Snape'e ne oldu?" diye sordu.

Mike Snape, bir zamanlar aynı evi paylaştığım, psikoloji üzerine çalışan bir yüksek lisans öğrencisiydi. Keçi sakallıydı, gözlerinde daima delice bir ışıltı vardı. Şeytanın şen şakrak versiyonu gibiydi. Zevk üzerine araştırmalar yapıyordu ve bu, sıçanların beyinlerine elektrot sokma gibi şeyleri de içeriyordu.

"Zevk merkezlerini uyardığın zaman..." demişti. "Sıçanlar, bir şey yapma motivasyonlarını kaybediyorlar. Elektrotu beyinlerinde bırakırsan açlıktan ölürler."

Bir gün Mike evden taşındı. Onu bir daha asla görmedik. Gaza gelip kendisini zevk makinesine bağladığından şüphelendik. Başka bir araştırmacının, yaz tatilinin ardından kolej laboratuvarına dönüp de üç aydır bekleyen cesedi bulacağını düşünüyorduk. Cesedin alnına iki elektrot takılmış, keçi sakalı uzamış ve yüzü çarpılmış olacaktı.

Bu, ölmek için garip bir yoldu.

Romu bitirdik. Akşamı, alışılageldik içme pozisyonumda bitirdim: Tuvalette yarı bilinçli ve yüzüm yere bakacak şekilde.

Kendime, yeniden deniz seviyesine dönene kadar rom içmeyeceğime söz verdim.

Amazon'da

Cofanlar, Ekvator'un payına düşen Amazon toprakları olan Oriente'de yaşayan küçük bir kabiledir. Dureno köyünün ziyaretçileri birkaç günlüğüne kabul ettiğini duymuştuk ama çok az sayıda turist orayı ziyaret etmişti.

Ordudan henüz ayrıldığını ve kendi ülkesini gezmeye başladığını söyleyen ve Patty'nin pansiyonunda kalan Guayaquilli siyahi Cecil, dikkatli olmamız konusunda bizi uyardı.

"Dostlarım; Oriente hırsızlarla, katillerle ve haydutlarla doludur. Orası güvenli bir yer değil."

Duyduklarıma dayanarak Guayaquil'in kendisinin de pek güvenli olmadığını söyledim.

Cecil, incinmiş görünüyordu. "Hayır, Guayaquil güzel bir yer. Asıl dikkatli olmanız gereken yer, kırsal kesimler. Bu nedenle, şunu yanımdan ayırmıyorum."

Ceketinin cebine uzanan adam en az elli santim uzunluğunda bir bıçak çıkardı. Bıçağı burnumuza kadar soktu. Adamın söylediklerinin tek kelimesini bile anlamayan Melissa bir anda bembeyaz kesildi. Böyle bir bıçağa karşı küçük bir çakının ne faydası dokunurdu ki?

Bıçağı ortadan kaldıran Cecil, "Özellikle Oriente'de..." diyerek devam etti. "Şu Kızılderililer... İnsan yiyorlar, biliyorsunuz değil mi?"

"Artık insan yediklerini pek sanmıyorum." dedim.

"Amigolar, anlamanız gereken bir şey var. Bu Kızılderililer, bizim gibi Hristiyan değil. Onlar hâlâ ilkel. Taş Devri insanları." Hiç Oriente'ye gidip gitmediğini sordum. Gitmemişti.

Mark'ın barda tanıştığı genç bir İtalyan olan Herbert ile birlikte Lago Agrio'ya gittik. Herbert'in bir İtalyan için garip bir isim olduğunu düşünüyordum. Uzun boylu, zayıf, sessiz, uzun dalgalı saçlı, sarışın bir adamdı ve yüzünde daima endişeli bir ifade taşıyordu. Memleketinde bir Tirol çobanıydı.

Melissa, "O bir çoban olamaz." dedi. "Bir bastonu bile yok."

Herbert, "Bütün çobanların yaşlı adamlar olduğunu mu düşünüyorsun?" diye sordu.

Yani, evet.

"Ama hakikaten çok keyifli bir iştir. Yazları ailemin koyunlarıyla ilgileniyorum. Babamın köyümüzün üst kısmındaki dağlarda bir kulübesi var. Çok sevimli bir yerdir. Hem doğa yürüyüşçüleri ve turistler de bizi sık sık ziyaret eder. Önümüzdeki yıl orada bir çay bahçesi açmak istiyorum. Kışları ise seyahat ediyorum."

Otobüs alışılageldik melankolik, asık yüzlü köylülerle doluydu. Yirmi dakika kadar sonra tekerleklerle ve yedek parçalarla dolu, hava karardığından kilitlenmiş bir alanın dışında durduk. Şoför, içeride kimsenin olmadığından emin olmak için alana doğru bağırdıktan sonra arkadaşına seslendi. Adam, otobüsten bir levye alıp şoföre doğru yürüdü. Adamlar kilidi kırarak kapıyı açtı, içeri girdi ve birkaç yedek lastik aldı. Yolcular, hiçbir şeyi fark etmemişçesine önlerine bakmaya devam ediyorlardı. İngilizlerle dolu bir otobüs gibi, diye düşündüm. Andlarda yaşayan Kızılderililerle İngilizler, aynı toplum bilincini paylaşıyordu. Her iki toplum da çırılçıplak bir deli gelip cinsel organlarını burnunun dibinde sallasa bile hiçbir şey olmamış gibi davranmaya devam ederdi.

Yedek tekerlekleri aldıktan sonra tekrar harekete geçtik. Bir defa daha otobüs sonsuzluğa doğru uzanan yamaçlar boyunca yavaşça zikzaklar çizerek aşağıya doğru iniyordu. Bu yine yarım saat ya da bir saat değil, bütün gece boyunca sürdü. Hava gittikçe ısınırken yolun kenarında gölgeler içindeki bitkiler de yoğunlaşıyordu. Muavin videoya bir kaset yerleştirdi. Alışılmış aksiyon-şiddet filmlerinin dışında eski boksör Marvelous Marvin Hagler'in oynadığı bir film buldu. (Adının başına tek "l"li Marvelous lakabını resmi olarak ekletmişti.) Hagler çok başarılı bir boksördü ama Frank Bruno ne kadar başarısız bir boksörse o da o derece odun gibi bir aktördü. Bir şekilde Amazon'da kısılıp kalmış, Yüzbaşı Stone isimli, Amerikalı bir deniz subayını canlandırıyordu. Amazon'dayken, barışçıl Kızılderililerle dolu bir kabileye ormanları boyunca yol açmak ve Kızılderilileri köle olarak kullanmak isteyen şeytani bir iş adamına karşı savaşmayı öğretiyordu. Hagler, Kızılderililere Spartacus'ten bahsettikten sonra şeytani iş adamını çamurlu bir su birikintisinde yenip yağmur ormanlarını kurtarıyordu. Hollywood stilini ve saçma sapan Hagler karakterini (ve mutlu sonu) çıkardığınızda film, gerçekten şu anda Amazon'da yaşananları anlatıyordu. Çoğu Amazon yerlisi olan diğer yolcuların ne düşündüğünü merak ettim. Melissa, Kızılderili kadınlarının nasıl olup da bu kadar bakımlı olduğunu düşünüyordu. Mark, kızların üstsüz gezmesi gerektiğine inanıyordu. Kafamı salladım ve rahatsız bir uykuya daldım.

Şafak doğduğunda baştan başa farklı bir dünyayı gözler önüne serdi. Kıyı şeridine doğru yaptığımız yolculuk gibi ılıman dağlık arazilerden sadece yüz kilometre kadar uzaklaşmıştık ancak değişim çok belirgindi. Cırtlak kuşların ve cırcır böceklerinin sesi, soğuk ve nemli sabah havasını dolduruyordu. Neme gebe tatlı ve yapış yapış hava bizi kucakladı. Yolun kenarındaki ağaçların çoğu kesilmişti ve sonsuzluğa doğru uzanan inişli çıkışlı çayırlıklarda birkaç cılız sığır otluyordu. Küçük ahşap kulübeler, sütunların üzerine oturtulmuştu, balkondan balkona asılmış çamaşırlar ve rengârenk çiçekler tarafından kuşatılmıştı.

Sönmüş tekerlekleri ve yamalı lastikleriyle eski bisikletlere binen gençlerin yanından geçtik. Çiçekli elbiseler içindeki kadınlar, şort ve tişörtler içindeki erkekler, yalın ayak oradan oraya zıplayan çocuklar... Gece indikten sonra yol düzleşti. Çevremizde artık sadece birkaç küçük tepe vardı. Bu tepelerin üzerinden bakıldığında, yol kenarındaki kulübeler ve bahçeler yemyeşil hayatın içinde küçücük görünüyordu.

Son yıllarda büyük bir kısmının talan edilmiş olmasına rağmen (Her ne kadar kimse tam olarak bilemese de beşinci defa yerle bir edildiği tahmin ediliyordu.) orman, akıllara durgunluk verici derecede devasaydı. Buradan 3200 kilometre uzaklıktaki Atlantik'e kadar uzanıyordu. 3,7 milyon metre kare alanı kaplayan orman, Batı Avrupa'dan daha büyüktü ancak buradaki yegâne kasabalar, Peru'daki Iquitos ve Brezilya'daki Manaus ve Belem'di. Bir diğer deyişle, önümüzdeki en büyük yerleşim yeri, dünyanın diğer tarafındaki Batı Afrika'ydı.

Nehrin kendisi de aynı ölçüde şaşırtıcıydı. On bin beş yüz kilometre uzunluğundaki nehir, dünyanın içilebilir suyunun neredeyse beşte birini sağlıyor ve beş milyon metre karelik bir su toplama havzasına boşalıyordu. Amazon, Thames'in bir yılda boşalttığından daha fazla suyu tek bir günde okyanusa boşaltıyordu.

Lago Agrio

Lago Agrio'da otobüs değiştirdik. Otobüs durağı çamurlu bir araziden daha fazlası değilken dışarıdaki sokaklar bir önceki gece yağan yağmur nedeniyle kısmen sular altındaydı. Küçük göletlerin içinde plastik, kâğıt, çürüyen meyveler ve sebzeler yüzüyordu. Üzerine çamur sıçramış pikap kamyonlar ve külüstür otobüsler, kırık kaldırımları kahverengi suyla yıkıyordu. Binalar apar topar bir şekilde inşa edilmiş gibi görünüyordu. Sadece işlevsel betonarme yapılardı.

Kasabada güzellikten eser yoktu ancak sabahın serin erken saatlerinde çevresine enerji yayıyordu. İnsanlar çuvallarını taşıyor, el arabalarını itiyor ve dükkânlarını açıyorlardı. Üstü çıplak erkek çocukları boş plastik şişelerle kepenkleri indirilmiş vitrinlere karşı futbol oynuyordu. Kıyı şeridinden gelen *mestizolar* ve siyahi gençlerle, yüksek bölgelerden gelenler ve ormanda yaşayan Cofan, Ciecoya ve Keçuva Kızılderilileri bir arada nefes alıyordu.

Kasabanın resmî adı Nueva Loja'ydı ancak Teksas'taki petrol kasabalarından biri nedeniyle bölge Lago Agrio (Ekşi Göl) olarak biliniyordu. Bu, Lago Agrio hakkındaki her şeyi gözler önüne seriyordu. Kasaba, Ekvator Amazonu'ndaki petrolün özellikle Amerikalı şirketler tarafından keşfi için üs görevini görüyordu.

1967 yılında petrol bulunmadan önce bu bölge bakir bir ormandı. Şimdi ise Lago Agrio, Ekvator'un en hızlı büyüyen kasabalarından bir tanesi. Bir gün, içinde büyük bir kilise bulunan gölgeli bir meydana sahip olabilir ama şu anda kimsenin böyle lüksler için harcayacak zamanı yok. Amerikalı petrol zenginleri petrolü paraya dönüştürüp memleketlerine geri dönmek istiyor. Petrol işçileri, kasabalılar ve dükkân sahiplerinden oluşan Ekvatorlular ise sadece hayatta kalmayı diliyor.

Cofan Dureno

Dureno'ya giden otobüs, üzerine kırmızı renkli banklar yerleştirilmiş yanları açık bir kamyondu. Şoför, en öndeki sırada oturuyor ve başının üzerindeki devasa kornayı öttürüp duruyordu. Yol; parlak, siyah ham petrol katmanıyla parıldıyordu. Yolun kenarındaki evler Lago'dan daha seyrekti ve orman gittikçe yoğunlaşıyordu.

Otobüs durdu. Şoför, ormanın derinliklerine doğru kaybolan çamurlu bir patikayı işaret etti.

Çamurlu yol, geniş ve hızla akan Aguarico Nehri'nin yanında yeniden ortaya çıkıyordu. Nehrin kıyısına, iki kano bağlanmıştı ancak çevrede hiçbir insandan ya da kasabadan eser yoktu. Yol sormak için, patika boyunca ilerlerken geçtiğimiz bir eve geri döndük.

Kapıda bir *mestizo* belirdi. Cofan köyüne gitmek istediğimizi açıkladım.

"Sizi karşıya geçirebilirim." dedi. "Ama bu, size yirmi bin sucreye mal olur."

On bin önerdim.

"Tamam, on bin." Kapısını kilitledikten sonra bize nehre kadar yol gösterdi.

"Hangisi senin kanon?" diye sordum.

"Kano mu? Benim kanom yok ki."

Kanolardan birini çözmek yerine bağırmaya başladı. On dakika boyunca bağırıp ıslık çaldıktan sonra kütükten oyulmuş bir kano yaklaştı. Biraz aldatılmış hissetsem de adama on bin sucre ödedim.

Kanocu, aradığımız rehber Laureano'ydu. Kısa, tombul, uysal görünümlü bir adamdı. Saç kesimi, bir puding kâsesini andırıyordu. Otuzlu yaşlarında olduğunu tahmin ettiğim adamın yumuşak bir tavrı vardı. Oriente'deki diğer herkes gibi eski bir tişört, plastik çizmeler ve parlak naylon bir şort giymişti. Diğer yandan çoğu Cofan'ın aksine biraz da olsa İspanyolca konuşabiliyordu.

Geceyi, adamın eski püslü bir köprüyle birleştirilmiş yükseltilmiş iki binadan ibaret olan evinde geçirdik. Özenle ve sevgiyle inşa edildiği aşikârdı ancak her şey doğal malzemenin kaba dokusunu ve düzensiz kenarlarını yansıtıyordu. Evin inşasında kullanılan kütükler ve dallar doğrudan ormandan alındıkları halleriyle kullanılmışlardı. Yakılacak odunlar,ana binanın altına özenli bir şekilde yerleştirilmişti. Evin çevresindeki alan temizlenmiş ve bahçeye, çiçekler ve meyve ağaçları dikilmişti. Tavuklar ve üç küçük çocuk kir içinde koşuşturuyorlardı.

Ana bina ikiye ayrılmıştı. Arka tarafta kalan kısım, döşemenin ortasına yerleştirilmiş ocak nedeniyle mutfak olarak kullanılıyordu. Ön tarafın yarısı kapalıydı, açık olan diğer yarısı ise balkon haline getirilmişti. Burada hiçbir mobilya yoktu. Aile ikinci binada uyurken biz balkonda uyuduk. Matlarımızı serdik, sivrisineklerden korunmamızı sağlayacak cibinliği kurduk ve uzandık. Balkon, nehre doğru uzanan ağaçların arasından görülebilen güzel bir manzaraya sahipti.

Yüzmeye gittik. Akıntı o kadar güçlüydü ki tüm gücünüzle akıntıya karşı yüzseniz bile ancak aynı noktada kalmayı başarabilirdiniz. Nehirden çıktığımız zaman Mark'ın sırtının yüzlerce minik tatarcık ısırığıyla dolu olduğunu gördük. Başka kimse ısırılmış gibi görünmüyordu.

Mark'ın ısırıkları sabaha geçti. Geri kalanımızda kocaman, kırmızı döküntüler oluşmuştu. Dehşete düşmüştüm.

Mark: "Şaman olduğumu size söylememiş miydim?" diyerek güldü.

Dünya'daki Yaşamın Merkezi

Bir sonraki sabah pirinçten, balıktan ve muzdan oluşan kahvaltımızın ardından ormanın derinliklerine doğru bir yolculuğa çıktık. Bodur, tıknaz, Gregory Peck bıyıklı ve gözlerinde gizemli bir parlaklık olan Delfin isimli bir başka Cofan da Laureano'ya katılmıştı. Akşamdan kalmış gibi görünüyordu.

Laureano ve Delfin, en son kullanıldığından beri patikada büyümüş olan dal perdesini palalarıyla delip geçiyorlardı. İki saat sonra kamp yerine ulaştık. Kamp alanı, küçük bir açıklıkta birbirinden yirmi metre kadar uzakta yükseltilmiş iki platformdu.

Platformlardan biri Laureano ve Delfin içindi. Diğeri ise bizimdi. Platformların üzeri dallarla kapatılmıştı ancak yanları ormana ve ormandan gelen seslere açıktı. Yapraklar, platformların kenarlarına kadar uzanıyordu.

Ondan sonraki dört gün boyunca Delfin ve Laureano bize balta girmemiş ormanları gösterdiler.[28] Bize, en az bir ev ge-

28 Teknik olarak "balta girmemiş ormanlar" yağmur ormanları ekosisteminin sadece bir parçasıdır. Büyük ağaçların dalları, güneş ışınlarının girmesini engelleyen ve altlarındaki bitki örtüsünü sınırlayan yüksek bir örtü oluşturur. Büyük ağaçlardan biri devrildiğinde güneş ışınları örtüde oluşan delikten geçerek binlerce bitkinin büyümesini ve kendilerine yer açmak için savaşmasını sağlar. Girilmesi mümkün olmayan bu bölgelere "balta girmemiş orman" denir. Önünde sonunda, ağaçlardan biri büyüyecek ve örtüdeki deliği kapatacak kadar uzayacaktır. Amazon, bütün olarak ele alındığında balta girmemiş bir orman değil yağmur ormanıdır.

nişliğindeki ağaçları gösterdiler. Ağaç oyukları, içinde uyumaya yetecek kadar genişti. Diğer ağaçların çevresinde büyüyen ve zaman içinde konaklarını boğan parazit bitkileri gördük. Devasa büyüklükteki sarmaşıklara tutunarak Tarzan gibi sallandık, ölü dallarla ve çürümeye yüz tutmuş yapraklarla dolu çamurlu nehirlerde yüzdük. Küçük akıntılar boyunca kanoyla gezdik, devrilmiş ağaç kütüklerinin altından geçerken başımızı eğmek zorunda kaldık. Yeşillikler, bitkilerden oluşan canlı bir tünel yaratacak şeklinde nehrin bir kenarından diğer kenarına uzanıyordu. Büyük ağaçların gölgeli örtüsünün altında ise orman zemini şaşırtıcı ölçüde açık olduğundan yürürken hiçbir zorluk çekmedik. Yol bulmak ise tamamen başka bir konuydu.

Laureano'yu kesinlikle birbirinden ayrılması mümkün olmayan ağaçlardan oluşan sonsuz bir bilinmezlik boyunca takip ettikten sonra adama: "Hiç kaybolmuyor musun?" diye sordum.

"Evet, bazen. Ancak er ya da geç daha önce gördüğüm bir ağaca denk geliyorum. Tıpkı şuradaki büyük ağaç gibi... Aslında, siz şehirdeki binaları nasıl tanıyorsanız ben de ağaçları öyle tanıyorum. Binaların hepsi bana aynı görünüyor."

Burada, ağaçlar her şeyinizdir. Yiyecek, barınma, ilaç ve yol bulma ihtiyaçlarınızın tümünü karşılar. Sürekli ormanın içinde olmaya alışmaya başlamıştık. Tüm hayatımızı burada geçirmenin nasıl olacağını düşünüyorduk. Bir nehirden daha geniş bir açıklık ya da ufuk çizgisini görmeden yaşamak ve ölmek acaba nasıl olurdu?

Laureano ve Delfin ihtiyaçları olan her şeyi nasıl olup da bitkilerden elde edebildiklerini gösterdiler. Yiyecek, ilaç, alet, barınak, ateş, halat, sepet, dekorasyon, giysi... İlaç olarak kullanılan bitkilerin çoğunluğu, vücudun tedavi ettikleri kısmına benziyordu. Eklem iltihabını tedavi etmek için kullanılan bitkinin sapında dirseğe ya da diz eklemine benzeyen bir yumru vardı. Laureano'nun saçları beslediğini söylediği başka bir bitki ise birbirine girmiş kalın, tüylü köklerden oluşuyordu.

Mızrakla balık avlamayı ve devasa yapraklardan çatı örmeyi öğrendik. Borulara üfleyerek ok fırlattık. Hedefi tutturma oranlarına bayılmıştım. Daha ilk atışımda yirmi adım mesafeden bir portakalı vurmayı başardım. Bir sonraki atışımda Melissa'yı portakalı kafasına koyması konusunda ikna etmeye çalıştım.

Elim büyüklüğündeki göz alıcı mavi kelebekler çevremizde dans ediyordu. Güneş ışınları, ormanın yapraklarla süslü çatısından sanki gotik bir katedrali aydınlatır gibi süzülüyordu. Arabalar kadar büyük karınca yuvaları, çalışkan yaprak kesme işçilerinin devasa dokunaçlarını dışarıya gönderiyordu. yuvanın merkezinden dışarıya doğru uzanan böcek otoyolları orman zeminine dökülmüş yaprak birikintileri arasından kendilerine yol açıyordu.

Ormandaki tüm yüzeyler canlıydı. Örümceklerin ağları, yapraklar arasında gerilmişti. Çürümekte olan dalların veya kütüklerin her biri, böcek veya tırtıl yuvasına ya da mantarların besin kaynağına dönüşüyordu. Orman, hiçbir şeyin boşa harcanmadığı yaşayan devasa bir organizma gibiydi. Ölen her şey, yeni yaşamın besiniydi. Şimdi bu yağmursuz mevsimde bile dokunduğumuz her şey nemliydi.

Geceleri henüz yakaladığımız balıklardan, pirinçten ve muzdan oluşan akşam yemeğimizi yedikten sonra böceklerin elektriksel vızıltılarını dinleyerek cibinliklerimizin içinde yatıyorduk. Kurbağaların sesi ve garip kuşların ezgileri, küçük platformumuzda yankılanıyor ve bizi, bir dalga gibi sarıyordu. Kuşlardan biri tıpkı bir telefon gibi ötüyordu. Bir ya da iki defa "çalan telefon sesi"ne zıplayarak uyandığımı sandım ancak kendimi, her defasında balta girmemiş ormanların ortasında buldum. Oldukça kafa karıştırıcıydı. Başka bir kuş, mağaranın içindeki suya küçük bir çakıl taşının düşmesi gibi garip bir ses çıkarıyordu.

İkinci gecemiz yılbaşına denk geldi. Yılbaşını bu gece için yanımızda getirdiğimiz birkaç şişe *aguardiente* eşliğinde, mum ışığında kutladık. Saat gece yarısını geçti. Mark ve benim dışımdaki herkes uyuyordu. Mark yürüyüşe gitti. Bir süre sonra yeniden ortaya çıktı ve onu, ormanın derinliklerine doğru uzanan patika boyunca takip etmemi istedi. Yürürken, milyonlarca bitkinin gittikçe yaklaşmakta olan varlığını hissettim. Yılanlardan ve jaguarlardan korktuğumdan biraz endişeliydim. Ancak Mark, çoktan patikada ilerlemiş ve kampımızı kurduğumuz küçük tepeden inmeye başlamıştı. Kamp kurduğumuz açıklıktaki ay ışığının giremediği derinliklere kadar devam ettik. Zifiri karanlıktı.

Mark, hemen yanımdaki siyahlıktan: "Belki de bu seyahatteki görevim budur. Seni biraz daha uzaklara taşımak." diye fısıldadı. Ormanın sessizliği, ağustos böceklerinin ve kuşların çağrılarıyla çatırdadı. Bitkiler nazikçe salınmaya başladı. Kendimi devasa bir akciğere girmiş gibi hissettim ılık, nemli ve organik. Çevrem, hayat doluydu.

Mark: "Burası, biyolojik çeşitliliğin Dünya'daki merkezi." dedi. "Önümüzdeki bir kilometre içinde, birbiriyle savaşan, rekabet eden, öldüren veya birlikte yaşayan milyonlarca farklı yaşam formu olabilir. Aklına ne gelirse... Ve muhtemelen bu yaşam çok yakınımızda. Bir hayvan, bitki ya da böcek, algılanabilir tüm evrim stratejilerini şu anda buralarda bir yerde uyguluyor."

"Dünya'nın, bilince dayalı bir haritasının hazırlandığını düşün. Her yaşam kaynağı, bir noktaya karşılık gelecek ve nokta, yaşam formunun karmaşıklığına göre daha parlak veya sönük görünecek. İnsanlar, hayvanlar, böcekler. Bitkiler bile bilinç sahibidir. Çevresine tepki gösterir ki bu da en temel bilinç seviyesidir. Bir uyaranı algılama ve uyarana tepki verebilme özelliği. İşte, burada, milyonlarca minik bilinç noktasından oluşan devasa bir bulutun içindeyiz. Dünya'nın herhangi bir yerinde, buradakinden daha 'bilinçli' bir noktanın bulunabileceğine pek ihtimal vermiyorum."

"Yani." diyerek konuşmasını bitirdi. "Burası Dünya'daki yaşamın merkezi."

Gözlerimiz karanlığa alıştıkça, ormanın yarı görülebilen yarı hissedilebilen şekillerinin farkına varmaya başladık. Genellikle, bir ya da iki tür ağacın görüldüğü ılıman ormanların aksine tropik ormanlar, bazıları sadece birkaç kilometrekarelik alanlarda görülebilen binlerce farklı türle doludur. Ekvator'da kayıtlara geçen kuş, böcek ve bitki türü sayısı Avrupa'nın ya da Kuzey Amerika'nın tümünde bildirilen sayıdan çok daha yüksektir.

Barınağa geri döndük. Telefon gibi öten kuşu dinleyerek uykuya daldım. Her şey çok güzeldi.

Kısa zamanda bir defa daha birbirimize küfürler savurmaya başladık. Bu defa hangi konuda kavga ettiğimizi anlamak bile mümkün görünmüyordu. Sabah saatlerini, Delfin'i mızrakla balık avlamasını seyrederek geçirdik.

Geri döndüğümüz zaman Melissa: "Mızrağın suya girince bükülmüş gibi görünmesi çok komik." dedi.

Mark: "Hiç de 'komik' değil!" dedi. "Bu yanılsama, suyla temas anında ışık spektrumunun kırılmasından kaynaklanıyor."

Melissa umarsızca: "Evet, şey... Yansıma." dedi.

Mark'ın deliye dönmesine neden olan şey buydu.

Melissa, Londra'da olmaktansa burada olmayı tercih ettiği ve hangi cilt kremini kullanması gerektiği gibi önemli konuları hatırlamakta kusursuzdu. (Bir defasında bana: "Gerçeklerden kaçmayalım. Seninki gibi bir cildim olsaydı tek bir erkek arkadaşım dahi olmazdı." demişti.) Ancak konu soyut fikirlere ve bilime geldiğinde sanki beynindeki kapatma düğmesine basıyordu. Bu ise Mark'a kırmızı pelerin göstermekten daha beter bir fikirdi.

"Kasten aptal olmanın iyi bir şey olduğunu düşünüyor gibisin." diye patladı.

"Açıkçası belki de öyledir. Dünyadaki en zeki adam olmak sana pek fayda sağlamadı, değil mi?"

Mark'ın aklını kaçırmasına neden olacak bir şey varsa o da mantığın ve bilimin gücünü kabul etmeyen insanlardı çünkü bu, Mark'ın haklı olduğunu bile fark edemeyecekleri anlamına geliyordu. Mark ve Melissa tam bir kördüğüme dönmüşlerdi zira Melissa'nın en çok sinirine dokunan şey, her şeyi mantığa ve bilime dayanarak açıklayabileceklerini düşünen insanlardı.

Mark, kırılmayı yeniden açıklaması gerektiğine karar verdi.

Melissa umursamaz bir tavırla elini sallayarak "Tamam, tamam, tamam, kırılma, dum dum..." dedi.

"Arada sırada düşünmeyi denemelisin Melissa. Tabii ki beynin hiç kullanılmadığından çöplüğe dönüşmediyse. Hayatın boyunca bir bilinmezliğin içinde sürüklenmektense bir şeyler öğrenebilirsin. Mark haklı, sen tam bir bimbosun."

Melissa bana bir bakış fırlattı.

Ürkek bir tavırla: "Yani, asla bimbo olduğunu söylemedim." diye geveledim.

Mark: "Pek de güzel söyledin." dedi. "Tam olarak dedin ki..."

"Bak, benim ne söylediğimin pek bir önemi olduğunu sanmıyorum."

Melissa saldırganlaştı.

"En azından hayatım için bir şeyler yaptım. Muazzam ruhanî eğitmenlerle çalıştım ve senin önünde daha çok uzun bir yol var. Kendini çok zeki sanıyorsun. Peki, gerçekten ne yaptın? Hiçbir şey. Hiçbir şey başarmadın. Tek yaptığın uyuşturucu alıp gevezelik etmek."

Mark, Melissa'ya karşı çıktı. "Yaptığın tek şey, lanet olasıca bir aptal gibi ortalıkta dolaşıp durmak. O kadar kalın kafalısın ki durmadan bir sorunun göbeğine düşmenin bir şey başarmak olduğunu sanıyorsun."

Araya girdim. "İnsanlara biraz daha fazla saygı göstermeyi öğrenmen gerekiyor, Mark."

Mark, "Saygı mı?" diye dudak büktü. Hoşuna gitmeyen şeylerden bir diğeri de ona ne yapması gerektiğinin söylenmesiydi. "Saygı mı? Tanrı aşkına, siz ikiniz ne olduğunuzu sanıyorsunuz? Aniden lanet olasıca narin çiçeklere mi dönüştünüz? Biraz eleştirilmeyi öğrenmeye ne dersiniz? Ben, senin boş kafalı bimbo kız arkadaşına katlanmak ve sakinlik konusunda lanet olasıca "Bay Kendini Beğenmiş"in derslerini dinlemek zorunda kalıyorum. Tanrı aşkına! Ben çok sakinim." Mark bana çıkıştı. "Siz ikiniz burnunuzu sokmadan ve lafı uzatmadan tek bir yorum bile yapamıyorum. Ne var biliyor musun? İnsanlar saygı görmek istiyorlarsa saygımı kazanmalılar."

Laureano ile Delfin'in sessizce konuşmakta olduğu diğer platforma baktım. Tartıştığımızı duymuş olsalar bile ya belli etmiyorlardı ya da ilgilenmiyorlardı. Herbert bile hamağında yatmış kitabını okuyor ve önümüze çıkmaktan kaçınıyordu. Melissa bir şekilde tartışmadan ayrılmış ve Mark'la ben birbirimize bağırmaya devam ederken cibinliğinin içinde kaybolmuştu.

"Melissa ve benimle seyahat etmeye katlanamıyorsan s.ktir git!" dedim.

"Sorun değil. Peru'da siz olmadan gayet güzel idare ettim."

"Tamam. O zaman s.ktir git ve canımı sıkmayı kes!"

Mark: "Tamam." dedi. "Oldu. Zaten sizin gibi iki sıkıcı pislik olmadan daha çok eğlenirim."

Geri gelen Melissa: "Siz ikiniz, beni dinleyin!" diyerek araya girdi. "Neden bir yetişkin gibi davranmayı denemiyorsunuz?"

Aynı anda cevap verdik. "Kapat çeneni, Melissa! Bu senin hatan."

"O zaman bundan istemiyorsunuz demektir." diyen Melissa, cebinden kocaman bir cigaralık çıkardı.

Mark, bir an cigaralığa baktı.

"Belki bu küçük tartışmamıza yarın devam etsek daha iyi olur."

Balta girmemiş ormanlardaki küçük platformumuza bir kere daha barış geldi.

Satürn Dönüyor

Melissa daha sonra "Neden Mark'la takılıyorsun?" diye sordu. Laureano, Mark ve Herbert'i ormana götürürken ben ve Melissa, Delfin ile birlikte pirana yakalamaya çalışıyorduk.

"Mark'ın zor bir insan olduğunu biliyorum. Ama en azından sıkıcı biri değil. Sanırım onun tarzı bu. Durmaksızın rekabet içinde. Canımı sıkan tek şey, çok zeki olmasına rağmen asla enerjisini odaklayamıyor oluşu. Yardım bile isteyemiyor çünkü bunu zayıflık olarak görüyor. Belki de bunların hepsi, yetişkin gibi davranamıyor olmasından kaynaklanıyor."

Melissa: "Mark kaç yaşındaydı?" diye sordu.

"Yirmi dokuz."

"Ah, anlıyorum. Satürn dönüyor."

Her zamanki gibi Melissa'nın neyden bahsettiği konusunda hiçbir fikrim yoktu.

Melissa, "Satürn her yedi yılda bir döner." diye açıkladı. Sanki bu, her şeye açıklık getirmiş gibi davranıyordu.

"Bu hiçbir şeyi açıklamıyor." dedim. "Tam olarak ne demek istedin?"

"Satürn'ün dönmesiyle mi? Her yedi yılda bir Satürn, astroloji haritalarımızdan geçer ve hayatımıza değişiklik getirir. Örneğin, on dört yaşında çocukluktan çıkarız ve..."

Melissa'nın saydığını görebiliyordum.

"Yirmi birde?" diyerek yardımcı olmaya çalıştım.

"Tamam, biliyorum. Yirmi birde, geniş bir çerçeveden bakıldığında yetişkin oluruz. Yirmilerinin sonlarına doğru bir değişim daha geçirirsin. Örneğin, bana bak. En az Mark kadar vahşi bir hayat sürüyordum: uyuşturucu, erkekler, hırsızlık, partiler. Her şeyi geç, Malezya'da bile uyuşturucu sattım. On yıl önce, senin gibi sıkıcı bir pislikle değil, Mark gibi hayatı sınırlarında yaşayan bir adamla çıkıyordum. Ama artık tamamen normalim."

"Bak, herkesin beni sıkıcı bir pislik olarak adlandırmamasını tercih ederim. Mark'ın bu lafı kullanması bile yeterince kötüyken bir de sen başlama. Neyse, normal diyerek neyi kastediyorsun? Yakın zamanda, delilerin katıldığı yarı dini bir gruptan kaçtın. Ve şu anda, elinde bir cigaralıkla balta girmemiş bir ormanın ortasındasın."

Elindeki cigaralığa bakıp onu orada görünce şaşıran Melissa, "Öyle miyim?" diye sordu. "Neyse, sandığın gibi bir grup değildi."

"O zaman Mark, Krishnamurti ya da t'ai chi ile mi ilgilenmeye başlayacak?" diye sordum.

"Satürn'ün dönüşü, olgunluk kazanmak anlamına gelmez. Sadece bir şeyin değişeceği anlamına gelir. Kimse neyin değişeceğini öngöremez ama eminim, bir şeyler olacak."

Gece

Platformumuzun dört bir yanı karanlık tarafından sarılmıştı. Tek bir mum yanıyordu. Yoğun ışığı, cibinliklerden, uyku tulumlarından, kitaplardan, giysilerden, titreyen alevin etrafında uçuşan güve kelebeklerinden ve sıcak balmumuna saplanıp kalmış böceklerden oluşan küçük dünyamızı aydınlatıyordu. Yükseltilmiş platform, ağaçların ve bitkilerin gölgeli hatları arasında kayarak ormanda sessiz bir şekilde yol alan bir gemi gibiydi. Göremediğim kuşların ve kurbağaların hipnotize edici müziğini dinliyordum. Laureano ve Delfin, diğer platformda fısıldayarak konuşuyorlardı ve uzaklarda, nehir boyunca uzanan petrol hattını onaran işçilerin gürültülerini duyabiliyordum.

Petrol Laneti

"Kahve ve ette de olduğu gibi zengin ülkeler petrol tüketiminden daha fazla kâr elde ederken, yoksul ülkeler petrol üretiminden neredeyse hiçbir şey kazanamamaktadır."

Latin Amerika'nın Kesik Damarları
Eduardo Galeano

Oriente'deki ilk petrol kuyusunun 1972 tarihinde Dureno'da açılmasından sonra ham petrolle dolu 1,5 milyar varil ihraç edilmiş ve petrol, Ekvator'un başlıca ihracat kaynağı olmuştur. Ekvator'daki yöneticiler, petrolü ülkenin ekonomik kalkınması için olmazsa olmaz bir ürün olarak göstermektedir. Ekonomik kalkınma mı? Pek de öyle olduğu söylenemez. Kârın çoğu, ABD şirketlerine gitmektedir ve bu sürede, Ekvator'un dış borçları artmış ve Ekvator insanları yoksullaştırılmıştır. Şu anda Ekvatorluların yüzde altmış yedisi yoksulluk sınırının altında yaşamaktadır. Bu oran, 1975 yılında yüzde kırk yedi seviyesindeydi.[29]

---

29 Yoksullukla ilgili istatistikler Judith Kimerling'in *"Oil, Lawlessness and Indigenous Struggles in Ecuador's Oriente"* adlı kitabından ve Helen Collinson düzenlemesiyle yayınlanan *"Green Guerillas"* isimli kitaptan alınmıştır. Diğer bilgiler Judith Kimerling'in *"Amazon Crude"* isimli kitabından alınmıştır.

Oriente'de petrolün çevresel etkisi konulu ilk gerçek çalışma 1989 yılında Judith Kimerling tarafından gerçekleştirilmiştir. Kimerling, her hafta 10.000 galon petrolün ve 30 milyon galon arıtılmamış zehirli atığın doğaya sızdığını veya bilinçli olarak doğaya bırakıldığını belirtmiştir. Petrol üretimi başladığından beri ana boru hattı en az yirmi yedi defa yırtılmış ve 16,8 milyon ton ham petrolün, nehirlere ve orman arazisine dökülmesine neden olmuştur. Bu miktar, Exxon Valdez'inkinden bile daha fazladır. Dökülen ham petrolün temizlenmesi için ise neredeyse hiç çaba gösterilmemiştir.

Hikâye burada bitmiyor. Petrol şirketleri, Andlarda ve sahilde yaşayan insanları bu bölgeye nakletmek için yollar inşa ediyor. Bu insanlar, hükümet tarafından da teşvik ediliyor ve kendilerine, Oriente'de bedava "boş" arazi sözü veriliyor. ABD'nin uyuşturucuyla yaşadığı sorun gibi Ekvator arazisinin yetersizliğine dair bu "çözüm" sadece gerçek sorunun üzerine bir örtü çekiyor. Bu durumda dağlık kesimlerdeki arazilerin dağıtımı konusunda politik zorluklarla karşılaşılıyor. Bu çözüm, aynı zamand, ormanda hâlihazırda yaşamakta olan insanları göz ardı ediyor. Sadece dağlık kesimlere ve kıyı kesimine özgü tarımsal teknikler hakkında fikir sahibi olan göçmenler, toprağı ekebilmek için ormanı kesip biçiyor, karşılaştıkları şey ise Amazon'un kalitesiz toprağı oluyor. Ağaçların, toprağı yerinde tutan kökleri kesilip atıldığı zaman ince üst katman yoğun yağmurlarla sürüklenip gidiyor.

Bu durum, ormanda yaşayan insanları çok kötü etkiliyor. Ekvator'da sadece 600 Cofan kaldı, belki sınırın öteki tarafındaki Kolombiya'da da 2.000 kadar Cofan vardır. Komşu Siecoya, Siona, Huaorani ve Achuar kabilelerinin toplamı birkaç yüzü geçmiyor. Ekvator'un Amazon'daki kabilelerinden sadece Shuar ve Keçuvalar soykırımla karşı karşıya kalmıyor.

Aşk Aygırı

Melissa: "Biliyor musun?" dedi. "Politika, petrol ve bunun gibi konularda geveleyip durmana katlanmamın tek nedeni, büyüleyici bir seks tekniğine ve enerjiye sahip, baş döndürücü bir aşk aygırı olman ve bana, Cameloid ailesinin daha büyükçe birkaç üyesi dışında şu ana kadar tanıdığım tüm adamlardan veya yaratıktan daha fazla zevk vermen." (Yoksa "Çeneni kapat küçük çüklü!" mü dedi? Pek hatırlayamıyorum.)

Şamanın Ağacı

Delfin bizi özel bir ağacın yanına götürdü. Bir söğüt gibi aşağıya doğru sarkan dalları mağaraya benzer bir oyuk oluşturmuştu. Yaşlı şamanın, yirmi gün ve gece boyunca kusturucu ağaç kabukları dışında başka hiçbir şey yemeden burada yapayalnız oturduğunu söyledi. Bu, şamanın akıl karıştırıcı bitkilerden oluşan yağmur ormanları eczanesine girmeden önce uyguladığı bir arınma ritüeliydi. Delfin, yedi yaşındayken diğer çocuklarla kavga ettiği için ceza olarak şamanın ona halüsinojenik bir karışım verdiğini söyledi. O kadar çok korkmuştu ki o günden sonra kimseye kabalık etmemişti. Mark: "Keşke ben öğrenciyken de böyle cezalar olsaydı." diye dalga geçti.

Mark, Delfin'e bitkinin ne olduğunu sordu.

Delfin: "*Ayahuasca*."[30] dedi. "Sanrı bitkisi."

Ne işe yarıyordu? Delfin'in söylediğine göre sanrı görmenizi sağlıyordu. Az da olsa bu bitkiyi deneme şansımız yok muydu? Tabii ki sadece bilim adına deneyecektik. Delfin emin olamıyordu. Daha önce hiçbir turist bu bitkiyi denememişti.

30 Keçuva dilinde "ruh sarmaşığı" veya "ölülerin sarmaşığı" anlamına gelen bir kelime. (Çoğu Kızılderili dilinde, "ölüm", "ruh" ve "gölge" için aynı kelime kullanılır. Ayahuasca, yage olarak da bilinir ve yage adıyla, William Burroughs'un ve Allen Ginsberg'in 1963 basımlı "The Yage Letters" isimli kitabı sayesinde 1960'larda kült statüsüne ulaşmıştır.

Ayrıca hazırlanması da sekiz saat sürüyordu. Laureano ile konuşacağını söyledi.

Delfin: "Artık şamanımız yok." dedi. "Şaman birkaç yıl önce öldü. Yeni bir şaman istiyoruz ama..." Öyle görünüyordu ki kimse şaman olmak istemiyor ya da nasıl şaman olunacağını bilmiyordu.

"Ben yaparım." diyen Mark gönüllü oldu.

Delfin: "*Es muy duro.*" diye açıkladı. "Çok zor. Yıllar boyunca çalışman ve eğitim alman gerekir. Aile hayatından vazgeçmeli ve günlerini, gecelerini ormanda tek başına geçirmelisin. Korkuyla ve kötü ruhlarla yüzleşmelisin. Bitkileri ve güçlerini öğrenmelisin."

Köydeki oğlanlardan bazıları ilaçlar konusunda becerikliydi, dedi. Ancak kusma ve şamanın bakir kalmak zorunda olması, tüm olası adayların kaçmasına neden olmuştu.

"Asıl önemlisi, biri ölürse ve kimse adamın neden öldüğünü anlayamazsa adamın akrabaları, şamanın adama kötü büyü yaptığını söyleyebilir. Sonunda, şamanı öldürürler."

Melissa, "İş hâlâ hoşuna gidiyor mu?" diye sordu.

Zevk Teknisyenleri

Ve Tanrı dedi ki: "Kendi suretimizde kendimize benzer insan yaratalım. Denizdeki balıklara, gökteki kuşlara, evcil hayvanlara, sürüngenlere, yeryüzünün tümüne egemen olsun..."

Yaratılış 1:26

Mark, hoşumuza gitsin ya da gitmesin antropoloji alanında derecesi olduğundan, bize şamanlar hakkında bilgi verdi. Amerika'da, Sibirya'da, Tibet'te, Japonya'da, Endonezya'da, Borneo'da ve Aborjin Avustralya'sında bulunduklarını söyledi. Bir zamanlar Avrupa'da da şamanlık yaygınmış. Örneğin, Keltler arasında.

"Şamanları, animist kültürlerin 'rahipleri' gibi görebilirsiniz."

Melissa:"Animalizm?" diye sordu. "O ne?"

"Tanrı aşkına, Melissa. Bunu daha önce anlattım. Ayrıca, animalizm değil, animizm. Anima kelimesi, Latince 'ruh' anlamına gelir. Artık, anlattıklarımı beni deli etmek için bilerek yanlış anladığını düşünmeye başladım."

"Tamam, o zaman haydi anlat. 'Latince ruh anlamına gelen animadan türeyen animizmin' İngilizcesi nedir?"

"Bak, istediğin zaman dinleyebiliyorsun. Hatırlarsan animizm esasında doğaya tapmaktır. Dünyaya yayılmış ilk din olduğu söylenebilir ama günümüzde sadece doğanın hüküm sürdüğü topraklarda varlığını sürdürmektedir. Avlanma, yanardağlar, kuraklık, seller... Örgütlü bir din değildir, merkezi otoritesi yoktur, kilisesi yoktur; öğretilerden ya da dogmalardan uzaktır ama varlığını sürdürdüğü her yerde belirgin ölçüde aynıdır. Tanımlayıcı inancı: insanlar, hayvanlar, bitkiler dâhil olmak üzere her şeyin bir ruhu olduğu şeklindedir."

"Animistler dünyayı ikiye ayırır: normal fiziki dünya ve -kelimenin tam anlamıyla- ruhanî dünya. Bu, nesnelerin ruhani egoları gibi göründüğü, zaman kavramı olmayan paralel bir boyuttur. Fiziki ve ruhani dünyalar, aynı bozuk paranın farklı yüzleridir. Ruhani dünyanın iç hayatı yansıttığını söyleyebilirsiniz. Örneğin, bir ağacı keserseniz iç "acısı", ruhani dünyadaki sinirli bir ruh tarafından ifade edilebilir."

Melissa:, "O zaman şaman ne?" diyerek Mark'ın sözünü kesti.

Mark sinirli bir tavırla "Şimdi oraya geliyorum." dedi. "Ama az önce animizmin ne olduğunu sordun..."

Mark derin bir nefes aldı.

"Tamam, o zaman... Şaman, normal dünya ile alternatif gerçeklik arasındaki bağlantı görevini görür. Bu iki dünya arasında 'seyahat eder.' Seyahat edebilmesi için gerekli 'kendinden geçtiği' translara girmesini sağlayan şey ise saykodelik bitkileri yemek, durmadan davul çalmak ya da şarkı söylemek, saatlerce dans etmek veya benzeri tekniklerdir. Ben buna 'uçuşa geçmek' diyorum. Bu seyahatlerin amacı, genellikle iyileşmedir zira şamanlar, bir sorunun iç nedenlerini arar. Her ne kadar şamanlar bitkisel ilaçlar kullansalar da ciddi hastalıkların, 'iç nedeni' keşfedilmeden iyileştirilemeyeceğine inanırlar."

"Voodoo'daki ruh medyumları gibi yani." diyerek bir öneride bulundum.

"Pek sayılmaz. Buradaki fark, şamanın etkin olmasıdır. Ruhlarla savaşmak veya yardım istemek için ruhani dünyaya giderler. Medyumlar ise pasiftir. Bir ruhun gelip onları 'ele geçirmesini' bekler."

"Neyse, anlattıklarımı ciddiye almak ya da sembolik kabul etmek size kalmış. Ama bana göre, animistlerin dünya görüşü, 'doğanın "kutsallığı'nı yansıtır. Ruhları ve büyülü paralel gerçekliğiyle birlikte. Buradaki önemli nokta, sadece insanların değil, her şeyin ruhu olmasıdır. Animistlere göre çevremizdeki doğal dünya; büyülü, kutsal bir yaşam enerjisiyle doludur. Kutsal, doğanın içinde yer alır; bizim Tanrı'mızdaki gibi doğadan ayrı değildir. Bu hayati bir farklılıktır. Batılı Tanrı algısı Batı'daki insanların, yaratılan tüm diğer her şeyden üstün olduğu inancını yansıtır: Doğal Dünya, Tanrı tarafından sadece insanoğlunun faydalanması için bizlere sunulmuştur. Bana sorarsanız, günümüzde yaşanan çevresel krizin tohumlarını atan bu inanç oldu."[31]

31 Avrupalılar, Yahudi ya da Hristiyan olmadan önce animistti. Cennet ve cehennem, melekler ve şeytanlar ve haç gibi Hristiyan ögeleri, diğer animist inançlardan türetildi. O zaman, tek tanrılı inançlara geçişin nedeni nedir? Olasılıklardan biri, Orta Doğu'da tarımın gelişmesiyle insanların doğayı egemenlikleri altına aldığını sanması. Diğer yandan, tarım tabii ki Andlarda da gelişti ancak buradaki insanların animizmden uzaklaşmamasının nedeni, onlara doğanın patron olduğunu hatırlatan çok sayıda volkanla ve depremle birlikte yaşamalarıydı.

Ruh Sarmaşığı

"Yage dünyasında bokla kutsallık birbirinden ayrılamaz."

Shamanism, Colonialism and the Wild Man
M. T. Taussig

Laureano, *ayahuasca* denememize izin vermeye karar verdi. Küçük bir çalıdan hazırlandığını, bitkinin toplandıktan sonra sekiz saat boyunca haşlanması gerektiğini söyledi. Delfin, köyde iksiri hazırlamayı bilen yarı şaman (*pocoshaman*) gibi birinin olduğunu ekledi. Herbert'i kolaylıkla ikna ettik.

"Bunun gibi bir şansla her an karşılaşamayız." dedi.

Melissa, "Ben sadece siz üçünüzü izleyeceğim." dedi. "Saykodelik uyuşturuculara karşı olduğumu biliyorsunuz."

Pocoshaman iksiri hazırlarken Laureano'nun evinde bekledik. Delfin ve Laureano, nehrin bir mil kadar aşağısında bizim için birkaç barınak kurmaya gittiler. Akşamın erken saatlerine kadar, nehir yatağına iki barınak kurdular. Barınaklar dallardan, zemini ise devasa yapraklardan oluşuyordu. Yağmursuz dönemde olduğumuzdan nehir alçaktı. Dolayısıyla nehrin her iki yanında, kumla ve ince çakılla kaplı geniş açıklıklar ortaya çıkmıştı.

Laureano: "Çocukları korkutmamanız için köyden uzaklaşmanız gerekiyor." diye açıkladı.

Mark: "Çocukları korkutmak mı?" diyerek dalga geçti. "Bu adam bize ne olacağını sanıyor ki?"

Melissa: "Saykodelik uyuşturucu kullanacağımı hiç sanmıyorum." diye tekrarladı.

Delfin barınaklara kadar bize yol gösterdi. *Pocoshaman*, barınaklardan birinden çıktı. Tüylü bir başlık takmış, dizine kadar uzanan mavi renkli entarisini tüylü süslerle bezemişti. Entarisinin altında ise bir çift Levis vardı. (Misyonerler, Cofanları çıplak gezmektense 1920'lerde *cushus* adı verilen entarileri giymeye ikna etmişlerdi.)

Pocoshaman, şişeyi yere, kumun üzerine yerleştirdi ve bizi teker teker çağırdı. Her zamanki gibi Mark önden gitti. Ardından Melissa bir adım öne çıktı.

"Geride bırakılmak istemiyorum." dedi.

Pocoshaman, bir hindistancevizi kabuğunu, kıvamlı, beyazımtırak bir şurupla doldurdu. İçmemize izin vermeden önce sırayla başımıza birkaç damla su damlattı ve Cofan dilinde birkaç kelime mırıldandı. Delfin, su olmadan iksirin bir işe yaramayacağını söyledi. Her birimiz farklı bir kâseden içtik. Mark, kâse bitmeden önce üçüncü bir yudum almayı başardı. *Pocoshaman* ve diğer bir Cofan, iki kâse içtiler. Delfin ise hiçbir şey içmedi.

"Bir şeylerin ters gitme ihtimaline karşı..." dedi.

Melissa, gergin bir tavırla "Az önce bir şeylerin ters gitmesinden mi bahsetti?" diye sordu.

Mark: "Diğer adam kim?" diye sordu.

"Ah, sadece denemek istedi. Daha önce hiç denememişti."

Delfin, olabilecekler konusunda bizi bilgilendirdi. "Çiçeklerin, bitkilerin ve böceklerin size saldırdığını göreceksiniz."

Balta girmemiş ormanların ortasında olduğumuz ve etrafımızın çiçeklerle, bitkilerle ve böceklerle çevrili olduğu düşünüldüğünde bu hiç de şaşırtıcı gelmedi. Herbert'in beti benzi soldu. Kıvamlı sıvı, artık içimizde hareket ediyordu. Vazgeçme şansımız kalmamıştı.

Bekledik.

Mark, "İçtiğimiz şey meniye benzemiyor muydu?" diye dalga geçti.

Melissa: "Böylece, o boyutta bir kâseyi doldurmak için neden sekiz saat gerektiğini anlamış olduk." dedi.

"En azından tadı meniye benzemiyordu." dedim.

Melissa: "Nereden biliyorsun?" diye sordu.

"...bilmiyorum, sanırım."

Mark: "O kâseyi tek bir seferde doldurabilirdim." dedi.

Hiçbir şey olmadı.

Herbert kumların üzerinde oturuyor ve kaygılı görünüyordu. Bir saat kadar sonra Delfin'e, uzaya doğru bakarak oturan iki Cofan hakkında birkaç soru sordum. "Bir şeyler mi görüyorlar?"

Delfin sorumu onlara tercüme etti.

"Evet, çiçekleri gördüklerini söylüyorlar."

Melissa: "Ona, bitkilere ve böceklere ne olduğunu sor." dedi.

Delfin: "Kusmamaya çalışmalısınız." dedi.

Herbert kustu. Ben de garip bir mide bulantısı yaşamaya başlamıştım. Nedenini bilmediğim bir şekilde, hiçbir şey pek de normal görünmüyordu. Her şey o an başladı. Melissa, tir tir titreyerek diğerlerine bakıyordu.

Melissa: "Sanırım bana bir şeyler oluyor." dedi. Herbert bir defa daha kustu. Mark sırıttı. Ben ise yürüyerek barınaklardan biraz uzaklaştım. Açık nehir yatağında ormanın aksine gökyüzünü görebiliyorduk. Açık, yıldızlı bir geceydi. Bağırsaklarıma bıçak saplanır gibi bir acı hissettim, kahverengi sıvı bok roketini püskürtmeden önce tam zamanında çömelmeyi başardım. Aynı anda kustum. Bu defa ateşlediğim, sarı renkli sıvı kusmuk roketiydi. İçtiğimiz sıvı en azından tüm organlarımı temizliyordu. Hareketlerimi koordine etmekte zorluk yaşamaya başladım. Bacaklarım jöle gibi titriyordu. Koşarak barınaklara ulaştım ve yapraklardan oluşan yatağa kendimi yüz üstü bıraktım.

Saatlerce orada yattım. Yoksa sadece birkaç dakika mıydı? Bir ara Melissa gelip yanıma yattı. Mark ve Herbert'in diğer barınağa ulaştığını zar zor fark ettim.

Sanki ateşim vardı. Her şey dönüyordu. Ben ise, vücudumdaki tüm fiziki enerji boşaltılmış bir halde yere zımbalanmıştım. Gözlerimi kapattım. Kapalı göz kapaklarımın altında, vahşi geometrik desen bombaları patlıyordu. Gizemli bir merkezden sürekli değişen patlamalar yayılıyordu. Elektriksel zikzak dalgaları, ayarlanmamış bir televizyon ekranındaki saykodelik beyaz parazitler gibi acımasızca yanımdan geçip gidiyordu. Organik şekiller de vardı: ormanın şekilleri, dans edip salınan yapraklar ve dallar, açan çiçekler... Hızlı ya da yavaş, yavaş ya da hızlı... Her bir çiçeğin içinden başka bir çiçek çıkıyordu. Çiçeklerin içinden çıkan çiçeklerin içinden çıkan çiçekler.

Çevremdeki her şey hareket halindeydi. Dışarıda biri mi yürüyordu? Yakın mıydı? Uzak mıydı? Yoksa hayal mi görüyordum? Bir hayvan olabilir miydi? Ne olursa olsun, balta girmemiş ormanların ortasındaydık. Sadece birkaç saat içinde kurulan bir barınağın, şimdi bu kadar güvenli ve korunaklı gelmesi çok garipti. Dallardan oluşan incecik duvarları, alışıldık ve güvenli odamızla dışarıdaki vahşi dünya arasında bir sınır görevi görüyordu. Uzanmaya çalıştım; karnımın üzerinde, yanağım devasa yapraklardan oluşan yatağa yapışık bir şekilde yattım. Pürüzsüz gibiydiler, neredeyse plastik olduklarına inanacaktım ama güçlerinden ve yeşilliklerinden hiçbir şey kaybetmemişlerdi.

Aşağı doğru bakan Delfin iyi olup olmadığımı sordu. Mırıldanarak: "Evet." dedim.

Daha da garibi, sanrılar içinde süzülüyordum. Gözlerimi ne zaman kapatsam içine düştüğüm desenlerden her defasında farklı bir sahne oluşuyordu.

Bir yüz.

Bana bakıyordu. Oturan Boğa ve diğerlerinin eski siyah beyaz fotoğraflarındaki gibi yaşlı bir Kızılderilinin yüzüydü. Kızılderililere dair beyaz adamın aklındaki romantikleştirilmiş imge: üzgün, ifadesiz, bilge... Ardından çok uzaklara bakıyordum. Yine bir Kızılderili, tepeye oyulmuş basamakları tırmanıyordu. (Yoksa aynı adam mıydı?) Basamaklar; göz alıcı, zümrüt yeşili ormanın göbeğinden doğuyor ve gökyüzüne doğru uzanıyordu. Basamakları tırmanan adam arkasına baktı. Onu takip etmemi mi bekliyordu?

Gözlerimi açtım. Çevremdeki her şey dönüyor olsa da olabildiğince odaklanmaya çalıştım. Gözlerimi kapattığımda desenler yeniden aynı sahneye dönüştü. Midemde sanki bir yumru vardı. Gittikçe gerginleşiyordum. Bilinçli yanım (egom muydu acaba?) yeniden kontrolü eline geçirmek için savaşıyor ve durmadan uyarı işaretleri veriyordu. Merdivenleri tırmanmalı mıydım? Sanrı kusursuz, doğaüstü ya da korkunç bir şeyi mi gözler önüne serecekti?

Egom çığlıklar atıyordu: "Kendini bırakma!"

Aniden gözlerimi açtım. Bir dakikalığına çevremdekilere odaklanmaya çalıştım. Herbert ve Mark, karşımdaki diğer barınakta yatıyordu. Gözlerimi kapattım. Kızılderili gitmişti ve yerine, daha önce gördüğüm nispeten daha rastgele desenler gelmişti.

Zihnimin bir köşesinde karar verdim. Basamakları tırmanan Kızılderiliyi takip etmeye, kendimi tamamen bu yolculuğa kaptırmaya hazır değildim. Midemdeki yumrunun yok olmaya başladığını hissettim. Duyduğum güven ve rahatlama hissi arttı. Aynı anda, hayal kırıklığına da uğramıştım. Kızılderili beni daha yüksek bir mertebeye mi çıkaracaktı? Uzağa, güvenli, normal dünyadan çok daha uzağa... Geri dönüşün mümkün olmayacağı kadar uzak bir yere...

Şamanlar, bilgiyi arayanların korkuyu fethetmeleri gerektiğini söyler.

Ego kaybına yönelik korku,

"Kendini bırakma!" diye bağıran ego...

Çizgi Filmlerdeki Sarhoş

Delfin yanı başımda dikiliyor ve bir şeyler söylüyordu.

"Laureano'nun evine dönmeliyiz. Yağmur yağacak."

Çizgi filmlerdeki sarhoşlar gibi sağa sola sallanıyordum. Kollarım, hissizce iki yanımdan aşağı sarkıyordu. Çenem hafifçe göğsüme doğru düşmüştü. Vücudumu dik tutamıyor ya da hareketlerimi koordine edemiyor gibi görünüyordum. Mark ve Melissa daha iyi durumda gibiydi. Herbert bile kendini toparlamış görünüyordu. Mark ve Herbert gülüyorlardı.

Mark: "Yıldızlar dönüyor." ya da buna benzer bir şey diyordu. "... dönüüüğğğyooo." Ağzından çıkan kelimeler, yankılanıp uzuyor ve karanlıkta asılı kalıyordu.

Herbert: "Çok hızlı hareket ediyorlaaağğğrrr." diyordu. "Hepsi bulanık... buuuğğğaaanıık."

Başım önüme düşmüş, ayaklarıma ve yerdeki çakıl taşlarına bakıyordum: Pürüzsüz, yumurta şekilli, dairesel çakıl taşları... Yeniden uzanmak istedim. Yürümek çok fazla efor sarf etmeme neden oluyordu. Bunlar kimin ayakları? Melissa'ya dayanıyor ve önden gidenleri izlerken diğer yandan da uzuvlarımı bana tepki vermeleri için zorluyordum. İyi ki Melissa yanımdaydı. Diğerleri bizimle aralarındaki mesafeyi oldukça açmışlardı. Gözden kaybolmak üzereydiler. Kısa zaman sonra ormanda bir başımıza kalacaktık.

Saatlerdir yürüyorduk.

Sonsuzluk boyunca.

Laureano'nun evinin zeminindeki uyku tulumum üzerinde kollarım ve bacaklarım dört bir yana açık şekilde yatıyor, gecenin garip seslerini dinlerken çatıyı, desenlerle ve enerjiyle patlayan duvarları seyrediyordum.

Sabah olmuştu.

Sersem gibi etrafa baktım. Normal dünyaya dönmüştüm. Aslında hâlâ balta girmemiş ormanların ortasındaydım ancak bu bana oldukça normal görünüyordu. Laureano kahvaltımızı getirdi. Kızartılmış pirinç, balık ve muz. Biri, evin önüne bir meyve ağacı dikiyordu. Sessizce kahvaltımızı ettik ve ormanın tadını çıkardık.

Her Şey Büyük Bir Sosisten İbaret

Quito'daki ikinci el kitapçıdan şamanizm konusunda bir kitap almıştım. Kitabın bir kısmını bizimkilere okudum: "Şamanizmin evrensel bakış açısı, evrenin "yaşam kaynağını" hihssetmektir... Evren, enerjiyle doludur. Enerjinin tüm biçimleri, hepsinin altında yatan evrensel yaşam enerjisi sayesinde birbirleriyle bağlantılı olarak algılanır."[32]

Herbert: "Enerciyle dolu bir evren mi? Evet, dün gecenin tam da böyle olduğunu düşünüyorum." dedi.

Mark: "Enerci mi?" diye dalga geçti. "Alman usulü lahana turşusu yaptığınız gibi yeni kelimeler üretmeye de mi başladınız?"

"Ne?"

"Anladığım kadarıyla enerci..." diye başladım. "Pardon, anladığım kadarıyla Doğu dinlerinin tümü birbirinin aynı. Her şeyin bir yanılsama olduğunu ve bu geçici biçimlerin altında evrensel bir yaşam enerjisi olduğunu söylüyorlar."

Mark: "Nesnelerin geçici saf enerji düzenlemeleri olduğu birbirine bağlı bir evrenden bahseden kuantum fiziği gibi." diye ekledi. "Fritjof Capra, *The Tao of Physics* isimli kitabında durumu böyle açıklar."

Melissa: "Fritjof mu?" dedi. "Ne biçim bir isim o? Neyse, tüm bu evrensel zırvalıklar bana Budizm'i hatırlatıyor."

---

32 Nevill Drury, *The Elements of Shamanism*

Mark: "Konu da o zaten." dedi. "Tam olarak o. Şamanizm, Budizm ya da adı her neyse. Doğu dinlerinin kökenleri animisttir ve tıpkı şamanizmde olduğu gibi doğrudan deneyim vurgularlar. Meditasyon ve şaman transları, egolarımızı bastırma ve içimizdeki enerjiyi hissetme tekniklerinden sadece birkaçıdır. Doğa. Boşluk. Atman. Tanrı. Ne derseniz deyin. Ve uçmak. Asit ya da E atıp temizlenmek ve gittikçe güçlenen notalarla dolu hipnotize edici ezgiler dinlemek: işte şamanların kullandığı teknik bu. O koşuşturma, o coşku. Biliyorsunuz, Yahudilik ve Hristiyanlık gibi Batılı dinler, bahsettiğim deneyime dayanmayan yegâne dinlerdir."

Melissa, "O zaman bu dinler neyi temel alıyor?" diye sordu.

"Gizemli Yahudi ve Hristiyan gelenekleri de vardır ancak bunlar hep uç noktalar olmuştur. Esasen, Batılı dinler metinlere dayanır. "Başlangıçta sadece O vardı." ve bunun gibi laflar. Kanın ve ekmeğin, İsa'nın kanı ve bedeni anlamına geldiği Hristiyan ayini ise tamamen içi boş bir ritüeldir: inancın sembolik olarak onaylanmasıdır. Diğer yandan, örneğin ayahuasca kullanılarak gerçekleştirilen şaman ayini, evrenin kutsal, büyülü enerjisiyle doğrudan iletişim kurmak anlamına gelir. Doğayla bağlantı kurulur."

"Belki de İsa'nın bedeni zırvası, şamanlara özgü sihirli mantar ayinlerinden geliyordur?" diye öneride bulundum. "Uyuşturucu olmadan uyuşturucu alma ritüeli olabilir."

"Kesinlikle mümkün. Neyse, herkesin bu enerji dalgalarına çarptığını düşünüyorum. Muhtemelen, yeniden doğan Hristiyanların Kutsal Ruh'la dolu olduklarını söylemelerinin nedeni de bu. Çoğu zaman, ölüme yakın deneyim yaşayan insanların Tanrı'yı gördüklerini sanmalarının nedeninin de bu olabileceğini düşünüyorum. Ölmek üzere olduğumuzu düşündüğümüz zaman belki de egolarımız kontrolü bırakıyordur. Her şey, egonun ortadan kaldırılmasıyla başlıyor. Kendini rahat bırakman ve Sonsuzlukla bütünleşmen gerekiyor."

Diğer Dureno

Cofanlarla kalacağımız sürenin sonuna gelmiştik. Kahvaltıdan sonra Laureano ve Delfin, bizi nehrin aşağılarına kurulmuş diğer Dureno'ya götürdüler. Oluklu malzemeden inşa edilmiş evlerden ve tek bir sokaktan ibaret olan bu kasabada sadece göçmenler yaşıyordu. Herkese bira ısmarlamak istedim ama bakkalda hiç bira kalmamıştı. Zaten Laureano, alkol kullanmadıklarını söylemişti.

Göçmenlerin Dureno'sunda geçicilik havası vardı. Ahşap ve kalay kullanılarak inşa edilmiş kulübeler, iç tasarımdan daha önemli dertleri olan sakinleriyle birlikte buraya rasgele fırlatılmış gibi görünüyordu. Burada yaşayan insanların çoğunluğu, son birkaç yılda Oriente'ye taşınan ve kıyı ya da dağlık kesimlerden gelen ekonomik göçmenlerdi. Cofan köyü de aslında buradan farksızdı; romantik davranıyor olabilirim ama bence Laureano'nun evi, çevresindeki çiçeklerle ve meyve ağaçlarıyla gerçek bir ev hissi yaratıyordu. Cofan köyü göçmen kasabasıyla karşılaştırıldığında ormana çok daha derin bağlarla bağlıydı.

Romantik davranıyordum. 1972 yılında ilk Texaco petrol kuyusu açıldıktan sonra Cofanlar; nehirlerinin zehirlenmesine, avladıkları hayvanların yok oluşuna ve ormanda hareket etme özgürlüklerinin kayboluşuna şahit oldular. Toplulukları, yollar ve bunun gibi yerleşkeler nedeniyle bölündü. Tüm yaşam şekilleri yerle bir edildi.

Sonunda ayrıldık. Delfin ve Laureano bize veda edip botlarına döndüler. Quito için batıya doğru hareket edecek otobüs geldi ve Mark'la Herbert otobüse bindi. Melissa ve ben, Herbert'e veda ettik; onu bir daha hiç görmedik. Mark, onu Gran Casino'da bulabileceğimizi söyledi. Melissa ve ben artık yalnızdık; balta girmemiş ormanın daha da derinlerindeki Cuyabeno'ya gitmek için doğuya doğru hareket edecek otobüsü bekliyorduk.

Cuyabeno

Cuyabeno, zengin ekosistemi ve topraklarında hüküm süren vahşi yaşam nedeniyle doğal parka dönüştürülmüş, sadece birkaç Kızılderili topluluğunun yaşadığı ve esasen yağmur ormanlarından oluşan bir bölgeydi. En gözde noktası, iki günlük bir kano yolculuğuyla ulaşılabilen ve Lagunas Grandes (Bu ad kesinlikle bir emlakçı tarafından koyulmuştu.) adı verilen küçük göllerden oluşan bölgesiydi.

Cuyabeno petrol açısından zengindir ve Amazon'daki en kötü petrol sızıntılarından bazılarına şahit olmuştur. "Koruma altına alınmak" için başınıza daha neyin gelmesi gerekir ki? Diğer yandan bölge bize tertemiz görünmüştü. Eden Bahçeleri bile burası kadar güzel olamazdı.

Dureno'dan gelen otobüs bizi birbirine benzeyen yarım düzine kadar evin ortasında bulunan, sütunlar üzerine kurulmuş ahşap bir kulübenin önünde bıraktı. Çevrede hiç kimse yoktu. Birkaç saat sonra, cipin içindeki iki park görevlisi patika yoldan biz doğru yaklaştı.

"Hayır, burada rehber yok." dediler ve yürüyüp gittiler. Bir saat kadar sonra kırklı yaşlarında, tişört, şort ve plastik bot giyen bir Kızılderiliyle belirdiler.

"Modesto sizi götürecek." dediler. "O, sadece bir balıkçı ama yolu biliyor."

Modesto bize doğru baktı. Yirmi dakika sonra yola çıkmıştık. Yanımızda, birkaç sardalya konservesi ve biraz pirinç vardı. Modesto'nun yanında ise yüzünden gülümsemesi hiç eksik olmayan on sekiz yaşlarında Fernando isimli genç bir çocuk vardı. Akşamüstünün ilerleyen saatlerinde Modesto'nun kütükten oyulmuş kanosuyla nehir boyunca ilerledik ve ırmak kenarında kamp kurduk. Biz, gece kopan fırtınadan korunmak için çadırlarımıza sığınıp yiyeceklerimizi paylaşırken Modesto ve Fernando, bir parça plastikle örtünerek uyudular.

Ertesi gün güneşliydi. Fernando, devrilmiş ağaç gövdelerinin altından geçebilmek için eğilerek nehir boyunca kürek çekti. Dar, çamur kızıllığındaki akıntıyı yanlardan kuşatan yoğun ve yeşil ağaç duvarlarından ötesini göremiyorduk. Her dalda, farklı renklerde farklı kuşlar ötüyordu. Tüyler ürpertici sessizlik anları, viyaklamalarla ve başımızın üzerindeki doğal örtüde yaşayan örümcek maymunlarının heyecanlı çığlıklarıyla kesiliyordu. Ağaçlar, cırcır böceklerinin sağır edici vızıltılarıyla çatırdıyordu.

Bilmek isterseniz, Ekvator'da 1.500'ün üzerinde kayıtlara geçmiş kuş türü bulunur. Seyahat rehberim 45 papağan, 19 farklı tukan, 167 farklı sinekçil, 133 tangara, 110 karınca kuşu, 43 kotinga ve 120 sinek kuşu türüne ek olarak bir maymunu daldan kapıp götürecek kadar büyük bir kartalın bu bölgede yaşadığını söylüyordu. Sadece Cuyabeno'da 400'ün üzerinde kuş türü bulunduğu bildirilmişti. Örümcek maymunları, tapirler, pekariler (bir tür yaban domuzu), jaguarlar, anakondalar, Güney Amerika timsahları, tatlı su yunusları ve ender görülen deniz ayıları da cabasıydı.

Bırakın bir karınca kuşunu diğer 109 karınca kuşu türünden ayırmayı, hayatımız ona bağlı olsa bile ne Melissa ne de ben bir karınca kuşunu bir kotingadan ayırabilirdik. (Karıncayla kuş arasında bir şey olabilirler miydi acaba?) Yine de birkaç kuşu öğrenmiştik. Simsiyah gövdeleri ve olması gerekenden büyük sarı renkli gagalarıyla sarı gagalı tukanlar, papağanlar... Tüneklerinden atlayıp suyun birkaç santimetre üstünde aniden duran hindiye benzeyen büyük kuşlar nehrin diğer tarafındaki alçak dallara konduklarında dallar, ağırlıkları altında iyice yere yaklaşıyordu. Akıntının ortasındaki kayalara konan uzun ince gagalı, çırpı bacaklı yalıçapkınları ve keskin gözlü balıkçıllar da vardı. Bizler nehir boyunca süzülürken her iki yanımızdaki orman, kuşların muazzam enerjisiyle patlayacak gibi görünüyordu. Viyaklamalardan oluşan kakofoni, onların bölgesine girdiğimiz için bizi uyarıyordu.

Modesto, ara sıra bir kuşu ya da örümcek maymununu göstermek için durmak dışında kanonun geçebileceği kadar yer açmak için önümüze çıkan yaprakları palasıyla nefes almaksızın kesiyordu. Bir defasında ırmağın kenarındaki sığ sularda çöreklenmiş bir şekilde yatan devasa bir anakondanın yanına kadar gittik. Yılan o kadar hareketsizdi ki Melissa neredeyse üzerine basıyordu.

Modesto'nun asıl mesleği balıkçılıktı. Nehir, piranalardan iki metre uzunluğundaki devasa turnalara yüzlerce farklı balık türüyle doluydu. Fernando kürek çekerken elinde ahşap mızrağıyla hâlâ kanonun ucunda duran Modesto gözleriyle nehri tarıyordu. Mızrağını ansızın suyun altındaki koyu gölgelerden birine doğru fırlatıyordu. Her ne kadar çoğu zaman ıskalasa da akşam yemeğinde bize yetecek kadar taze balığımız olmuştu.

Nehirde balık avlamakta olan tek bir Kızılderili ailesiyle karşılaştık. O gece göller bölgesine ulaştık. Modesto bizi adadaki ağaçların arasına gizlenmiş, yarım yamalak inşa edilmiş turist kulübelerinin yanına götürdü. Yüzmeye gitmeyi önerdi. Fernando akşamüstünün çoğunu piranaları göstererek geçirirken biz de beklenti ve endişe karışımı bir ruh hâliyle gölün serin siyah sularını seyrettik. Hava sıcaktı. Kirliydik, terlemiştik ve yüzmeye ihtiyacımız vardı. Ama piranalar oradaydı.

Fernando, "Burada pirana yok, burada yüzebilirsiniz." diyerek bizi rahatlattı. Suya girdik. Suya girdiğimiz sırada Fernando, küreğini kanonun diğer tarafındaki suya vurmaya başladı.

"Fernando, ne yapıyorsun?"

Fernando: "Piranalar bu tarafa geliyor." diye açıkladı. O henüz cümlesini bitirmeden kendimizi karaya atmıştık. Fernando buna çok güldü. Onun da yüzmediği gözümden kaçmadı.

Karanlık çöktükten sonra Güney Amerika timsahlarına bakmaya gittik. Modesto, kanoyu hareketsiz duran siyah renkli gölün ortasına kadar getirdi ve suyun üzerinde süzülmemize izin verdi. Sessizlik ve karanlık dört bir yanımızı sardı: Bütüncül, doğal bir sessizlik.

Aysız gecenin karanlığı da bütüncül ve doğaldı: O ana kadar gerçek sessizlik kadar garip bir şeyle karşılaşmamıştım. Biz kürek çekerken varlığımızdan rahatsız olan Güney Amerika timsahları, çamurlu nehir yatağından suya daldı. Fenerlerimizi yakıp kıyıya doğru tuttuk ve bir çift şeytani kırmızı renkli gözün bize bakmakta olduğunu fark ettik.

Aniden yanımızdaki suda muazzam bir karışıklık oldu. Bir şey, sudan Kanomuza doğru hamle etmişti. Göğsüme bir darbe aldım.

Melissa çığlık attı.

O şey, çırpınarak kanonun zeminine düştü. Fenerlerimizi yere çevirdiğimizde, bir uçan balığın umutsuzca çırpınmakta olduğunu gördük. Kahkahalara boğulma sırası bizdeydi.

Ertesi gün akıntının tersine kürek çekmek çok daha zordu. Bu nedenle, Fernando'ya yardım ettim. Modesto, kanonun önündeki balıkçı heykeli duruşundan vazgeçmedi. Öğle yemeğinden sonra yağmur yağmaya başladı ancak ılık tropikal yağmur bile bizi serinletmeyi başaramadı. Nehrin kıyısından Modesto'ya selam veren üç Kızılderiliyi de aldık. Hepsinin kocaman kulakları ve doğuştan dişlek sırıtışları vardı. Üçü de ellerinde eski birer tabanca tutuyordu. Adamlar kanoda oturup bizi izlerken külüstür tüfeklerine endişeli bir şekilde bakıyordum. Bir defa daha hiçliğin ortasında ve silahsızdık. Melissa bu duruma alışıyor gibiydi çünkü bu defa çakımı bile istemedi.

Korucuların kulübesine tam zamanında ulaştık. Boş bir kamyonun arkasına atladık. Kamyon harekete geçtiğinde üzerinde durduğumuz platformun yanlarının açık olduğunu ve tutunacak hiçbir şey olmadığını fark ettik. Her dönemeçte platformun diğer kenarına doğru yuvarlanıyorduk.

Ekvator güneşi yol kenarındaki yoksul, küçük çiftliklerin ve çevrelerindeki balta girmemiş ormanların arkasından göz alıcı bir kırmızılıkla batıyordu. Biz ise kamyondan yuvarlanmamaya çalışmakla o kadar meşguldük ki manzaranın tadını çıkaramadık.

3. Bölüm
KOLOMBİYA

"Latin Amerika'da yoksullukla işlenen cinayetler sır gibi saklanmaktadır. Her yıl, tek bir ses çıkarmadan üç Hiroşima bombası, clenched dişlerle acı çekmeye alışmış insanların üzerinde patlar. Bu sistematik şiddet bir bakışta görülmez ancak gerçektir ve gün geçtikçe artmaktadır. Bu soykırım, sansasyonel basında değil, gıda ve tarım kurumlarının istatistiklerinde yankı bulur."

Latin Amerika'nın Kesik Damarları
Eduarda Galeano

Bölüm 5
Dağlık Kesimler: Kovboylar ve Kızılderililer

Locombia

"Balta girmemiş ormanlar nasıldı?"

Mark, sözünü verdiği gibi Gran Casino 2'deki bilardo masasının yanında istekasına tebeşir sürüyordu. Bizi Campbell isimli, kaba görünüşlü, uzun saçlı Yeni Zelandalı rakibiyle tanıştırdı. Bardan içecek bir şeyler sipariş ettim. Bir anda arkamda büyük bir gürültü koptu. Döndüğümde Campbell'in elinde istekasıyla bilardo masasının yanında bilinçsiz yatmakta olduğunu gördüm. Bardaki diğer herkes de ne olup bittiğini anlamak için dönmüştü. Mark adamı sürükleyerek temiz havaya çıkardı.

Mark: "Çok fazla çekti." diye açıkladı.

Quito'da birkaç gün geçirdik. Mark, bir süre daha Ekvator'da kalmaya karar verdi. O ve Campbell, Ekvator'un güneyindeki Vilcabamba'yı ziyaret etmeyi düşünüyorlardı. Kasaba, halüsinojenik San Pedro kaktüsü nedeniyle gezginler arasında oldukça ünlü bir yerdi. Bir ay sonraki karnaval için Kolombiya'nın kuzey kıyısındaki Barranquilla'da buluşmaya karar verdik.

Melissa'ya: "Kolombiya'ya gidiyoruz." dedim.

Sonunda Melissa'nın daha önce adını duymuş olduğu bir ülkeye gidecektik.

"Kolombiya mı?" diye sordu. "Şey, biraz tehlikeli bir yer değil mi?

Gezegenin en yüksek cinayet oranına sahip ülkesinde yılda 30.000 cinayet işleniyordu. Bu oran, dünyada işlenen cinayetlerin onda birine ve Birleşik Devletlerde işlenenlerin dokuz katına eşitti. Ülke, aynı zamanda kokain ticaretinin yüzde seksenini kontrol ediyordu. Ülkede, bir araya geldiklerinde kıtanın en büyük gerilla hareketini oluşturan on ayrı gerilla grubu vardı. 300.000'in üzerinde insanın öldüğü kıtanın en kanlı savaşı, 1950'lerde ve 1960'larda burada yaşanmıştı. Kokain satıcıları önce size kokain satıyorlar, sonra da polis olduklarını açıklıyorlardı. Hırsızların şekerlere veya sigaralara *burundanga* adı verilen tatsız, kokusuz bir uyuşturucu enjekte ettiği ve bunları hiçbir şeyden şüphelenmeyen turistlere ikram ettiği söyleniyordu. İki gün sonra kendine gelen turist kendini bir hendekte, parası, kredi kartları ve giysileri çalınmış halde buluyordu. Söylentilere göre kurbanlardan bazılarının böbreklerinden biri dahi çalınmıştı. Tehlikeli mi? Melissa neden böyle bir şey dedi ki?

Saldırganların bize yaklaştığını görmek için sınırdan sırt sırta vermiş hâlde geçtik.

Hiçbir şey olmadı. Birbirimize baktık ve nefeslerimizi tuttuk. Sınırdan sonraki ilk Kolombiya kasabası olan Ipiales'e giden bir otobüse bindik ve istediğimiz gibi bir otel bulduk. Otele giriş yaptık ve bir şeyler yemek için dışarı çıktık. Hâlâ hiçbir şey olmadı. Uyuduk ve uyandığımızda organlarımızın tümü yerli yerindeydi. Bir sonraki gün, dramatik vadinin tam ortasına inşa edilmiş gotik taklidi bir kilise olan Las Lajas'ı ziyaret ettik. Kilisenin fotoğrafları tüm yerel posterleri süslüyordu ve tartışmasız, mucizevi bir yerdi. Hâlâ bir şey olmadı. Kimse bizi vurmadı, tehdit etmedi, kaçırmadı ya da bize sigara veya uyuşturucu teklif etmedi.

Yine de Kolombiya farklı bir yerdi.

Ekvator, Peru ve Bolivya'nın dağlık kesimleri bir araya geldiğinde bir bütün oluşturuyordu: Yüksek Andlardaki Kızılderili dünyasının sınırlarını kabaca belirleyen ve tümünü içine alan İnka İmparatorluğu. Ağırlıklı olarak Keçuvalardan oluşan bölgede insanlar, manzara ve kültür açısından devamlılık vardı.

Kolombiya'daki kırsal bölgeler değişiklik gösterir. Andlar gezginler açısından hâlâ aşılması zor bariyerlerdir ancak buradaki hatları daha yumuşaktır: zirveleri karla kaplı dağlardansa inişli çıkışlı, bereketli tepelerdir. Balkonlarda saksılardan sarkan ve her parmaklığın arkasını süsleyen çiçekler her yerdedir ve yanından geçip gittiğimiz çiftlik evleri, beyaz duvarları ve kiremit çatılarıyla İspanyol tarzını yansıtmaktadır.

Dahası, silindir şapkalar ve kat kat etekler içindeki bodur *Campesinolar* yerine daha fazla İspanyol yüzle karşılaşırsınız. Uzun, koyu kirpikleri ve hacimli siyah saçlarıyla kızlar daha zayıf ve güzeldi. (Kuzeye doğru seyahat ettikçe daha da zayıfladılar ve güzelleştiler.) Sonunda kendimizi Latin Amerika'daymışız gibi hissetmeye başlamıştık.

Bu durumun tarihî bir nedeni var. Eski İnka topraklarında bir avuç Avrupalı, büyük arazilere veya değerli madenlere sahipti ancak asla kitlesel bir Avrupalı göçü yaşanmamıştı. Daha ılıman bir iklime, bereketli topraklara ve Avrupa'dan daha kolay bir ulaşıma sahip olan Kolombiya ise daha fazla göçmenin dikkatini çekti. Kolombiya'ya yerleşen göçmenler burada tarım yaptı, buradaki halkla evlendi ve günümüzün ağırlıklı olarak *Mestizolardan* oluşan toplumunu oluşturdu.

Kolombiya daha zengin ve Batılılaşmış görünüyordu. Ipiales'teki insanlar daha güzel giyiniyordu. Daha fazla sayıda araba vardı ve bu arabalar daha iyi durumdaydı. Arkası görülmeyen camlarla süslenmiş cephelere sahip ofis binaları vardı ve dükkânlarda daha kaliteli mallar satılıyordu. Otobüs duraklarında mazlum mazlum bekleyen geleneksel giyimli *Campesinolar* olmadığından zenginlerle fakirler arasındaki ayrım daha belirsizdi. Kolombiya'daki yoksulluk oranı oldukça yüksektir ama bunu görebilmek için biraz daha dikkatli bakmanız gerekir.

Diğer yandan Kolombiyalıların delilikle kutsandığını -ya da lanetlendiğini- görmek için o kadar da dikkatli bakmanıza gerek yoktur. Kolombiya'da delice şeyler yaşanır ve kimse yaşadıklarının delice olduğunu fark ediyor gibi görünmez. Gabriel Garcia Marquez'in, kokainin, romun ve salsanın ülkesidir. Dünya kupalarından birinde topun yarı saha çizgisini geçmesine izin vermeyen ancak insan kaçırmak nedeniyle hapse girdiğinden bir sonraki dünya kupasını kaçıran, İngiltere'yle oynanan bir maçta iki ayağını da kafasının üzerine kaldırarak net bir golü önlediği için ün kazanan milli takım kalecisi Rene Higuita'nın ülkesidir.

And cumhuriyetlerinin soğukkanlı insanlarının aksine Kolombiyalılar; gülmek, bağırmak, tartışmak, eğlenmek, kavga etmek veya sevişmek için hiçbir fırsatı kaçırmaz. Samimi, sıcakkanlı Latin Amerikalılardır. Kimi zaman ülkelerinin adını *Loco*-mbia şeklinde söylerler. Loco, İspanyolcada deli anlamına gelmektedir.

Biraz Coğrafya

Kolombiya'nın Gringo Trail üzerinde durakları vardır ancak yol burada biraz incelir. Güneydeki ülkelerde olduğu gibi bu yol, And omurgasında kuzey-güney yönünde ilerler. Kolombiya'da ise dağlık kesimler Occidental, Central ve Oriental adındaki üç dağ sırasına ayrılır. Dağ sıraları, Magdalena ve Cauca isimli muazzam vadiler ve kuzeydeki Karayip'e doğru akan nehirler tarafından bölünür.

Ortadaki dağlık kesimin her iki yanında sıcak ve gelişmemiş ovalar bulunur. Ağırlıklı olarak siyasi nüfusa sahip Pasifik kıyısında ise balta girmemiş ormanlar ve Choco bahçeleri vardır. Güneydoğudaki Leticia, Amazon'un üst köşesidir. Venezuela'nın hemen altında bulunan kuzeydoğu tarafında ise Los Llanos olarak bilinen devasa, düz bir bozkır bulunur.

Burası Kolombiya'nın sığır cennetidir. Biraz daha kuzeye çıkıldığında dağlık kesimlerin, Gabriel Garcia Marquez'in memleketi olan sıcak Karayip sahiline ve Santa Marta ve Cartagena gibi tarihî şehirlere doğru alçaldığı görülür.

Leticia dışında gerillaların ve uyuşturucu çetelerinin kontrolündeki doğu ve batıdaki ovalar turistler tarafından pek ziyaret edilmez. Yolları kötü durumdadır ve yağmur yağarsa içinden çıkılmaz bir hâl alabilir. Gezginler, bu yolu tercih etmek yerine San Agustin ve Bogota üzerinden kuzeydeki Karayip'e doğru uzanır. Bizim planımız da buydu.

San Agustin

Ipiales'ten hareket eden ekspres otobüs bir devrimdi. Kliması ve pencereleri olan Avrupa'daki denkleri kadar rahat, modern bir Mercedes'ti. Tekerleklerin dişleri aşınmamıştı. Bu durum, Popayan'da otobüs değiştirene kadar devam etti. O noktadan sonra yerel otobüsler koltukları yırtık, pencereleri eksik, tavana kadar bavulla dolu külüstür araçlara dönüştü. Sahne de buna uygundu. İnişli çıkışlı yemyeşil tepeler, *Altiplano* platosunun haşin doğasından daha güzel ve davetkârdı.

San Agustin, yeşil tepelerin arasında kurulmuştur. Kırmızı çatılı, beyaz boyalı, yeşil panjurlu, çiçeklerle süslenmiş balkonlara sahip eski evlerden oluşan sakin bir yerdi.

Sokakları sessizdi. Sokaklarda eski ve külüstür birkaç araba vardı ama insanların çoğu ya yürüyor ya da ata biniyorlardı. Gerçek bir "Vahşi Batı" gibiydi. Pançolu, kovboy şapkalı, yanık ciltli adamlar eyer üzerinde bedenlerini arkaya doğru vererek oturuyor ve bir kovboy misali, dizgini tek elleriyle tutuyorlardı. Barın önünde durup atlarını bir direğe bağlıyor ve bara, çift kanatlı kapıları iterek giriyorlardı. Bir yanınız, adamların kurşun yağmuru altında uçarcasına bardan çıkmasını bekliyordu. Her barın dışında sabırla bekleyen bir dizi at bulunuyordu. Atların sahipleri, çoğunlukla bar sahibinin omzunda bardan çıkarılıyor ve atın sırtına yükleniyordu. Bağları çözülen atlar ise binicileri eyerin üzerinde baygın bir şekilde yatarken evlerine doğru tırıs gidiyorlardı.

Otobüsten indiğimizde yerel bir turist rehberi tarafından karşılandık. Adı, Stefano'ydu ve bize her yeri gösterebileceğini söyledi. Bavullarımızı otobüsün tavanından indirmemize yardım etti.

"At ister misiniz? Heykelleri görmeye ne dersiniz?" diye sordu. San Agustin, çevresindeki tepelerde bulunan yüzlerce gizemli heykeliyle ünlüydü. Turistlerin buraya gelmelerinin nedeni de bu heykellerdi.

Belki, dedik.

"Ot ister misiniz? Kokain? Kadın? Sihirli mantar? Size güzel bir otel bulabilirim."

Yüzünden gülümsemesi eksik olmayan, otuzlu yaşlarındaki Stefano arkadaş canlısı bir adamdı. Cali'den buraya taşınmıştı.

"Arkadaşlarım delirdiğimi söyledi. 'Stefano, sen delisin. Orada hiçbir şey yok. Sadece birkaç köylüden ibaret bir yer.' dediler. Ama şimdi beni ziyaret etmeye geliyorlar ve Cali'ye dönmeyi istemiyorlar."

San Agustin böyle bir yerdi. Birkaç gün için geliyordunuz ve birkaç hafta kalıyordunuz. Sırt çantalı gezginler için popüler bir duraktı. Stefano, gelen turistleri heykelleri görmeye atla götürerek hayatını kazanabiliyordu. İşini seviyordu. Ata binebiliyordu. Yabancı kadınlarla tanışabiliyordu. Mutluydu.

Stefano'ya atları ondan kiralayacağımıza dair söz verdik ancak bizi götürdüğü otel, bir marketle bir gece kulübünün arasında sıkışıp kalmıştı. Bunun yerine Posada Campesino'da kaldık. Genel hatlarıyla "Sorunlu Çocuklara Yönelik Donald Duck Evi" olarak tercüme edilebilecek Hogar Donaldo olarak da biliniyordu.

Sorunlu Çocuklara Yönelik Donald Duck Evi, kasaba merkezinden yürüyerek yirmi dakika uzaklıkta küçük bir çiftlik eviydi. Diğer çiftlik evleriyle aynı hizadaydı. Ön kapısından rengârenk çiçekler sarkıyordu.

İçeri girdiğimizde avludaki masada oturmakta olan Susie isimli Kanadalı kız: "Annenizi özlediyseniz ve kalacak yer arıyorsanız burası tam size göre." dedi. Ev, arkasındaki üç cepheli avluya doğru açılıyordu. Bahçedeki kediler, köpekler, tavuklar ve domuzlar yiyecek bir şeyler arayışındaydı. Yatak odalarında yüksek, antika yataklar ve çiçekli perdeler vardı. Çiftlik evinin sahibi, avludaki odun ateşinde pizza ve ev yemeği hazırlayan Dona Silviana isimli anaç, hayat dolu bir kadındı.[33] Yürüyüşe çıktığımız zaman Dona Silviana telaşlanıyor, elimize hazırladığı sandviçleri tutuşturuyor, kaybolmayacağımıza dair söz vermemizi istiyor ve yeterince sıkı giyinip giyinmediğimizi kontrol ediyordu. Susie haklıydı. Burada kalmak tıpkı annenizle kalmak gibiydi. Bir çiftlik ve konuk evi işletmekle yetinmeyen Dona Silviana, "sorunlu evler" olarak adlandırıldığı yerlerdeki sorunlu çocukları da evine kabul ettiğinden mekân, Hogar Donaldo olarak anılmaya başlamıştı. Her sabah düzinelerce çocuk geliyor, ürkek bir tavırla oturuyor ve anneleri gittiği zaman gözyaşlarına boğuluyorlardı. Öğle saatlerinde ise bahçenin altını üstüne getiriyor, birbirlerini ve tavukları kovalıyorlardı. Anneleri onları almaya geldiğinde bir defa daha gözyaşlarına boğuluyorlardı.

Bir akşam Melissa bilardo salonunda bilardo oynayarak değil de topları deliğe sokarak küçük bir sansasyona neden oldu. Neticede seyircilerin sayısı sinirlerinin bozulmasına neden oldu.

"Elli tane adamın önünde bilardo oynayamam." diye şikâyet etti.

33 İspanyolca'da, Dona ve Don, isim değil, saygı ifadesidir.

Hiç kimse bir kadının bilardo oynayabileceğine inanmıyordu. Kolombiya'daki bilardo salonları, pisuvarların hemen masaların yanında bulunduğu eril bölgelerdi. Sırtınız masaya dönük vaziyette atış yapabilirseniz aynı anda hem atışı yapar, hem de işeyebilirdiniz. En azından tuvalete gittiğinizde rakibinizin hile yapmasından endişelenmenize gerek kalmıyordu. Kolombiyalı erkeklerin her atışta topa olabildiğince güçlü vurmaya çalıştıklarını fark ettik. Sanırım maçolukla ilgili bir durumdu. Küçük vuruşlarla topu deliğe göndermek varken topun cebin üzerinden uçarak geçmesine neden oluyorlardı.

Heykeller

Bazı günler heykelleri görmek için Stefano'yla birlikte ata bindik. Çevredeki tepelerde yüzlerce heykel vardı. Komik hayvanların ve hayalî canavarların hoş bir şekilde betimlendiği heykeller, Amerika'nın arkeolojik hazinelerinden biriydi. Buna rağmen, kültürlerinin uzun yüzyıllar boyunca sürdüğü gerçeği dışında bu heykelleri yaratanlar hakkında hâlâ hiçbir şey bilinmiyordu. Heykeller sadece boş yere umut veren ipuçlarını gözler önüne seriyordu. Örneğin, erkeklerin çoğu jaguar dişleriyle betimlenmişti. Bazılarının penisleri üzerine kılıflar geçirilmişti. Andlarda bulunan diğer kazı alanlarında da bulunan "yağmur ormanı" sahneleri, İnkaların doğmasına neden olan Andlara özgü dağ kültürünün aslında Amazon'dan gelmiş olabileceğini ima ediyordu.

San Agustin, Güney Amerika'da eşi benzeri olmayan üç yönlü bir su boşaltma havzasının hemen yanında bulunur. Burada doğan nehirler, Magdalena boyunca kuzeydeki Karayip'e, batıdaki Pasifik Okyanusu'na ve Amazon'u takip ederek doğudaki Atlantik Okyanusu'na doğru akar. Karayip'ten başlayan ve kuzey-güney yönünde uzanan göç yolu, Rio Magdalena Vadileri'ni izleyerek San Agustin'e uğrar, su boşaltma havzasından geçer ve güneye doğru yönelerek

Amazon Akarsuları'na veya Ekvator Ovası'na ulaşır. Bu nedenle kıtanın başlıca ticaret yolları San Agustin'in kontrolündedir. Buradaki gizemli uygarlık ise kıtanın tarihinin başlarında önemli bir rol oynamış olabilir.

İşte bunlar, Güney Amerika'nın fetihten önceki tarihinin çoğunu oluşturan küçük bilgilerdi.

Görselleştirme

Hogar Donaldo'nun bahçesinde otururken Melissa'ya kanseri nasıl yendiğini sordum.

Melissa: "Görselleştirme." diye açıkladı.

"Ne?"

"Kendini, hastalığı yenebileceğine ikna etmelisin. Ondan sonra neredeyse her şey kendi kendine olup bitiyor. Bilmiyorum. Ama sadece istemek yeterli değil. Buna inanmalısın. Bir şey..." Melissa durakladı. "Bir şeyi bir diğeriyle karşılaştırırken kullandığımız kelime neydi? Antoloji miydi?"

"Analoji."

"Evet, anomali. Vücudundaki iyi hücrelerin, kanserli hücrelerle savaşan bir ordu olduğunu hayal etmek gibi. İyileştiğini gözlerinin önüne getirmelisin. Tabii ki yapman gereken başka şeyler de var. Sayısız akupunktur ve meditasyon seansına katıldım, özel beslenme programları uyguladım ama bence işin aslı görselleştirmekte yatıyor."

"Kolay görünüyor." dedim.

"Hayır, zor. Çoğu insan kendini hastalığı yenebileceğine ikna edemez. İçlerinde bir yerde, bilim ya da doktorlar olmadan bir hastalığı gerçekten yenebileceklerine inanmazlar. Zihnin ve bedenin kendini iyileştirme gücünün farkına varamazlar. Belki de herkeste işe yaramıyordur ancak iradenin gücüyle neredeyse istediğin her şeyi başarabilirsin."

Melissa başarmıştı.

Tierradentro

Yakınlarda Tierradentro isimli başka bir arkeolojik alan daha bulunuyordu. Köy, en az 2.000 yıllık olduğuna inanılan düzinelerce mezar odasıyla çevriliydi. Bilinmeyen bir diğer kültüre ait bir diğer gizemli miras. Adı bile gizemliydi: *tierra-dentro*. (Aradaki yer.) Mezarlar, devasa spiral basamaklar vasıtasıyla girilen mağaralardı. Duvarlar, geometrik desenlerle süslenmişti. Köy, kesişen iki sokaktan ibaretti. "Restoranın" köylülerden birinin oturma odası olduğu gerçeği, burayı çekici kılan etmenlerden biriydi.

San Agustin'de olduğu gibi çevredeki tepelerin güzelliği bizi burada birkaç gün daha kalmaya zorladı. Tierradentro'nun çevresindeki tepeler, San Agustin'dekilerden daha kayalıktı ve mezarları ziyaret etmek için at yerine eşek kiralamak zorunda kaldık. Eşeğime ne kadar sert vurursam vurayım yürüme hızından öteye geçmedi. Sonunda tamamen durdu. Yolun geri kalanında eşeği çekmek zorunda kaldım.

Melissa, çok fazla ata binmekten mustaripti. Doğal duruşunu kaybeden sırtı, eyer üzerinde geçirdiği birkaç gün nedeniyle tahriş olmuş, kızışmış bir şempanze gibi dairesel bir şekilde kızarmıştı. Tierredentro'dan ayrılırken Melissa, eline geçen tüm giysileri sırtını desteklemek için kullanmak zorunda kalmıştı. Sonraki birkaç gün boyunca yüzüstü uyudu. Bu sayede, kendimize birer at satın alıp Ekvator'a kadar at üzerinde gitme fikrinin romantizmine yenik düşmekten kurtulduk. San Agustin'deki rehberimiz Stefano, bir yıl kadar önce iki İngiliz kızın aynı şeyi yapmasına yardımcı olmuştu. Kızlar Quito'ya ulaştıklarında ona bir mektup yazıp sağ salim ulaştıklarını ve atları oldukça yüksek bir fiyata sattıklarını haber vermişlerdi.

Tierradentro, *muy tranquillo*ydu (Çok huzurluydu.) Karnaval için Mark'la Barranquilla'da buluşmak üzere söz vermiş olmasaydık rahatlıkla birkaç gün daha kalabilirdik. Her seyahat, kendisine özgü bir momentuma sahipti ve dizginleri ele almanın zamanı gelmiş gibiydi. Bogota'ya gidecek otobüse binmeyi başardık.

Bogota

Kolombiya'nın başkenti oldukça kötü bir üne sahiptir. Çoğu insana uyuşturucuyu ve cinayeti hatırlatır. Melissa da ben de büyük şehirleri zaten sevmiyorduk. Bogota'da durmamızın tek nedeni, biraz daha kuzeydeki Cocuy ve Santa Marta Sıradağları için hazırlanmış doğa yürüyüşü haritaları almaktı.

Bogota, ülkenin ortasındaki geniş bir vadide yer alır. Hoş bir iklimi vardır. Yeşil tepeler şehrin dört bir yanını sarar. Yüksek apartmanları, ofis binaları, alışveriş merkezleri ve trafik sıkışıklığıyla neredeyse Avrupai bir yapıya sahiptir. Pek de tehlikeli görünmez.

Bizi otobüs terminalinden alan taksi şoförü ise bunun tam tersini düşünüyordu. Adama gitmek istediğimiz otelin adresini gösterdik. Bizi oraya götürmeyi reddetti.

"Hayır. Oraya gidemezsiniz. Sizi oraya götürmeyeceğim. Orada öldürülürsünüz."

Israr ettik. Adam sinirlenmeye başladı.

"Sizi oraya götüremem." diye tekrar etti. Onun yerine bizi, seçtiğimiz otelden en az beş kat daha pahalı, şehrin diğer tarafındaki otellerden birine götürdü. Çok pahalı olduğunu söyledik. Bizi yine bir o kadar pahalı olan başka bir otele götürdü. Adresini gösterdiğimiz otele gitmek istediğimizi sabırla anlattım.

"Ah, bir tane daha otel biliyorum. Hem güzel hem de güvenli."

Saat geç oluyordu ve biz de sinirlenmeye başlıyorduk.

"Bak!" dedim. "Bizi sadece istediğimiz otele götür yoksa sana tek bir kuruş bile ödemeyeceğiz." Bu cümle işi gördü.

Somurtarak bizi istediğimiz otele götürdü, başımıza gelecekleri hatırlatmak amacıyla da boğaz kesme hareketlerini eksik etmedi. Arabadan indik ve adamın parasını ödedik.

"Sizin için doğru düzgün bir otel bulmaya çalışırken harcadığım zaman ne olacak?" diye şikayet etti.

Adam gazı köklerken Melissa: "Kolombiya'da kriket oynuyorlar mı?" diye sordu.

"Sanmıyorum, neden?"

"Bunun, kaleden önce bacağa çarpma için iyi bir sinyal olabileceğini düşündüm."

Otel, şehrin göbeğindeki ucuz yerlerin çoğu gibi tam bir çöplüktü. En azından henüz soyulmamış ya da öldürülmemiştik. Diğer yandan ihtiyacımız olan haritalar felaket durumdaydı. Kolombiya'da, doğa yürüyüşleri için kullanılabilecek haritalar -kontur hatları olup benzeri ayrıntılar içerenler- askerî haritalardı. Bunlar bile kusursuz değildi. Havadan çekilmiş fotoğraflara dayanarak hazırlanmışlardı. Fotoğraf bulutlu bir günde çekilmişse bulutların gizlediği yerlerde haritada beyaz boşluklar vardı. Yine de mümkün olan en detaylı haritalardı. Sipariş vermek için özel bir ofise gitmemiz ve fotokopisini almak için ertesi gün aynı ofisi yeniden ziyaret etmemiz gerecekti.

Ofis taşınmıştı. Kimse nereye taşındığını bilmiyordu. Bütün günümüzü ofisi arayarak geçirdik ve ancak ofis kapandıktan hemen sonra yerini bulabildik. Ertesi gün erken bir saatte ofise gittik. İstediğimiz haritaları alıp da masaya serdiğimiz zaman orada çalışan görevli bunların gizli alanlar olduğunu ve bize verilebilmeleri için özel bir izin almamız gerektiğini söyledi. İzin için başvuruda bulunmamız gereken ofis ise şehrin diğer tarafındaydı.

Kasabanın diğer tarafında ben ceket giyip kravat takana kadar bizi içeri almayacağını söyleyen bir askerle uğraştık. Ne ceketi giydim ne de kravat taktım. Asker, üstlerinden birini çağırdı. Gelen adam kuralların böyle olduğunu söyledi. Ceket giymezsem içeri giremeyecektik.

İçeri girmezsek haritalara ulaşamayacaktık.

Haritaları alamadığımız için Sierra Nevada de Santa Marta'yı ziyaret etmek için gerekli izni almak üzere ulusal parkları işleten bir devlet kurumu olan Inderena'nın nerede olduğunu bulmaya çalıştık. Ofis taşınmıştı. Kimse nereye taşındığını bilmiyordu. Bütün günümüzü ofisi arayarak geçirdik. Sonunda ofisin başbakanın evinin yanında olduğunu öğrendik. Askerler ve polisler sokak boyunca dizilmişti.

Ofisteki adam, "İzni Santa Marta'dan almanız gerekiyor, buradan değil." dedi.

O akşam gazete okuyordum. Başlıklardan biri şöyleydi: "Bogota'daki taksi şoförleri ücretleri konusunda çıkan tartışmalarda bu ay beş yolcuyu silahla öldürdü."

El Dorado

Bogota'daki en güzel şey Altın Müzesi'dir. Çok güzel parçaların sergilendiği bir yer olmasının yanı sıra -Eski Kolombiyalılar altın işlemeciliğinde ustaydı.- Kolombiya'nın Kolomb öncesi dönemdeki tarihini de açıklamaktadır.

Kolombiya, iki muazzam kültür merkezi olan Peru ve Mezoamerika'nın (Meksika/Guatemala) arasındaki bölgenin bir parçasıydı. Ülkenin parçalı coğrafyası, tek bir imparatorluk yerine bölgesel kültürlerin oluşmasına yol açtı: San Agustin, Santa Marta'nın yakınlarındaki Tayrona Kızılderilileri ve Bogota çevresindeki Muisca Kızılderilileri bunlardan bazılarıydı.

El Dorado -kelimenin tam anlamıyla "altın olan"- efsanesi Muisca'dan çıkmıştır. Bogota'nın kuzcyine doğru bir saatlik mesafede bulunan meteor krater gölü Laguna de Guatavita'da Muisca şefleri baştan ayağa altınla boyanıyor ve gölün ortasına bırakılıyordu. Şefler, kutsal güçlerle onurlandırılmak için buradan göle atlıyorlardı. 1578'de Antonio de Sepulveda isimli bir adam, yıllar boyunca Muisca şeflerinin üzerinden akıp giden altınlara ulaşmak için kraterin bir kısmını kesmiş ve gölü boşaltmıştı. Adam sadece 10 gram altın bulduktan sonra iflas edip öldü. Biri on dokuzuncu yüzyılda ve diğeri bir İngiliz şirketi tarafından yirminci yüzyılın başlarında olmak üzere iki başarısız deneme daha yapıldı.

Bogota'dan ayrıldık ve kuzeye doğru yola çıktık. Şehir tehlikeli değildi. Çirkin bir şehir bile değildi. Ancak sanki herhangi bir Avrupa şehrinin taklidi gibiydi. Büyüleyici bir şehre gitmek istiyorsanız Paris'i, Roma'yı, Berlin'i ya da Prag'ı deneyin. Güney Amerika'nın zenginlikleri şehirlerinde değil, devasa dağlarında ve balta girmemiş ormanlarında. Bu baş döndürücü vahşi yerler, bizim kişisel El Doradolarımızdı.

Güican

Yeşil Kolombiya Andları, yaz ya da kış demeden karla kaplı aşılmaz dağlık bölgelere ayrılır. Bogota'nın birkaç yüz kilometre kuzeyindeki Sierra Nevada del Cocuy da böyle bir bölgeydi. Sierra boyunca altı gün sürecek dağ yürüyüşü, dağlık kesimin iyice yükseklerindeki sevimli bir kasaba olan Güican'dan başlıyordu.

Güican'daki herkes akraba evliliği sonucu doğmuş gibi görünüyordu. İnsanlar, bunun gibi şehirden uzak köylerde akrabalarla çiftlik hayvanları arasında seçim yapmak zorunda kalırlar. Akrabalar ise daima ilk tercih olmaz. Köylü-eşek ilişkisi, Galler köylüsü ve koyun şakasındaki gibi bir Kolombiya esprisidir.

Köyün arkasındaki devasa yekpare yamaç, Sierra'nın kuzey-güney yönünde uzanan başlıca sırtıyla son buluyordu. Daha da uzakta devasa bir sarplık, gizli bir vadinin devasa duvarını oluşturmak üzere alçalıyordu. Yürüyüş sırasında kuzeye doğru uzanan bir geçitten ilerleyerek sarp kayalıkların altındaki vadiden geçecek ve yeniden güneydeki geçide tırmanacaktık. Bu rotanın Kolombiya'daki en iyi doğa yürüyüşü rotası olduğu söyleniyordu.

Tek bir sorunumuz vardı: Gerillalar.

Gerilllalar, kuzeydeki geçidi, dağlık arazilerden Kolombiya-Venezuella sınırında olan doğudaki Los Llanos'a arasında gidip gelmek için kullanıyorlardı. Birkaç hafta önce Güican kasabasına saldırmış ve bir dükkân sahibini öldürmüşlerdi. Askerler kasabada nöbet tutuyordu. Komutanları gerillalardan pek çekinmiyordu. Bize güven vermeye çalıştı.

"Bu *banditolar* altı üstü birer köylü. Evet, bazen geçidi kullanıyorlar. Ama endişelenmeyin. Onlarla karşılaşırsanız muhtemelen sizi öldürmeye kalkmazlar. Sadece varınızı yoğunuzu çalarlar."

Her geçen gün, Güney Amerikalıların güven vermek konusunda pek başarılı olmadıklarını öğreniyordum.

Gerilla Kuşatmasının Altında

Peru'daki Aydınlık Yol'un çöküşünün ardından Kolombiya, kıtanın son gerilla uyuşmazlığını tetikleyebilir. Her şey 1948 yılında liberal politikacı Jorge Eliecer Gaitan'ın öldürülmesiyle başladı. Sonraki dokuz yıl boyunca güçlü siyasi partilerden liberaller ve muhafazakârlar arasında yaşanan La Violencia sivil savaşı sırasında 300.000 insan öldürüldü. Aslında kanın çoğu, yerel gücün elde edilmesine yönelik çatışmalar sırasında döküldü. İdeolojik açıdan partilerin sadece isimleri farklıydı. Her ikisinin de lideri elit gruptan geliyor ve statükoyu destekliyordu. Diğer yandan, sayıları gittikçe artan bazı liberaller gerçek bir reform talebinde bulunmaya başladı. Kendi partilerinin kontrolünü kaybetmekten korkan Liberal liderler, Muhafazakârlarla farklılıklarını alelacele ortadan kaldırdı ve 1957 yılından -her ne kadar resmi olarak 1974 yılında son bulmuş olsa da- 1986 yılına kadar süren bir güç paylaşımı anlaşması olan Ulusal Cephe'yi oluşturdu. Daha radikal liberal destekçiler ise binlerce kişinin bir hiç uğruna ölmesini kabul edemedi. Böylece gerilla hareketi doğdu.

Kolombiya, izole bölgelerin ülkesidir. Dolayısıyla gerilla hareketi de parçalara ayrılmıştır. M-19, Maocu EPL, (Ejercito Popular de Liberacion) Marksist-Hristiyan ELN (Ejercito de Liberacion Nacional) ve 12.000 ila 17.000 savaşçısı olduğu tahmin edilen Kolombiya'nın en büyük gerilla grubu FARC (Fuerzas Armadas Revolucionarias de Colombia) bunlardan bazılarıdır. Gerillalar, turistlere veya sivillere nadiren saldırır. Daha ziyade ordu birimleri, petrol kuyuları veya iş adamları gibi "stratejik" noktaları seçerler. Bazı gözlemcilerin siyasi gündemi değiştireceğinden endişelendiği uyuşturucu trafiği sayesinde geliri gittikçe artan gerillalar, kolaylıkla mağlup edilemeyecek kadar yerel kalelerine bağlıyken devleti tehdit edemeyecek kadar bölünmüşlerdir.

Öte yandan terörizm vesvesesi, şoke edici insan hakları ihlallerini meşru kılmak için kullanılmaktadır. Ordu veya ordu destekli ölüm timleri tarafından her yıl Kolombiya'da öldürülen insan sayısı, Pinochet'in Şili'deki yedi yıllık diktatörlüğü boyunca öldürülen insan sayısından daha fazladır. 1996 yılında Birleşmiş Milletler tarafından hazırlanan bir rapor, Kolombiya'yı "ordunun sivilleri istediği gibi öldürdüğü bir cinayet ve işkence ülkesi" olarak tanımlamıştır.

1986 yılında FARC ateşkesi kabul etmiş ve Ulusal Kongre'de on dört koltuk kazanan Union Patriotica (UP) isimli partiyi kurmuştur. Bu on dört senatörün dördü, henüz birinci yıllarında öldürülmüştür. Şu ana kadar başkan adayları dâhil olmak üzere 2.500'ün üzerinde UP üyesine suikast düzenlenmiştir.[34]

34 CUT, (Kolombiya'nın TUC'si) aynı dönemde 1.542 ticaret odası üyesinin öldürüldüğünü ve katillerden hiçbirinin yakalanamadığını bildirmiştir. Gazetecileri Koruma Komitesi, son yirmi yılda doksan sekiz gazetecinin öldürüldüğü Kolombiya'yı habercilik yapmak açısından dünyanın en tehlikeli ülkesi olarak değerlendirmektedir.

Çoğu Latin Amerika ülkesinin artık "demokratik" olduğu göz önünde bulundurulduğunda halkın, yoksul Kızılderili azınlıkları temsil eden partilere neden oy vermediğini düşünüp duruyorum. UP'nin geçmişi bunun nedenini gözler önüne seriyor. Gücü temsil eden elitleri, oy sandığında yerle bir etme çabaları her defasında şiddetle karşılık buluyor. UP gibi bir partiyi temsil etmek veya oldukça fazla sayıda insan, oylarının gerçekten gizli kalmadığına inandığından partiye oy vermek) isteyen kişinin çok cesur olması gerekiyor. Şiddet, fetihten bu yana olduğu gibi, Latin Amerika'daki güç yapısını belirlemeye devam ediyor.

Hans, Fritz ve Yetmiş

Otelimizde, gerillaların beni asker sanıp vurmasından endişe ettiğimden askerî desenli pançomu beyaza boyuyordum. Sırt kısmına kocaman beyaz bir barış işareti çizdim. Melissa'yı ve kendimi teröristlerle karşılaşma ihtimalimizin oldukça düşük olduğu konusunda ikna etmeye çalışırken kapıdan dev gibi sekiz Avusturyalı girdi. Adamların hepsi 1.98 - 2.00 metre boylarındaydı ve ancak Melissa'nın omzuna kadar gelen Kolombiyalı çıtı pıtı bir kadını takip ediyorlardı. Avusturyalılar, sanki Avrupa'daki bir kayak merkezindeymişçesine pahalı Gore-tex ceketler ve renkli muflon süveterler giyiyorlardı. Otelin yegâne misafirleri olduğumuzdan kadın kendini tanıttı. Adı Gloria'ydı. Sıradağlardaki en yüksek zirve olan Ritacuba Blanco'ya tırmanmaları için Avusturyalılara rehberlik yaptığını söyledi ve onlara katılmamızı teklif etti.

Avusturyalılar, emeklilere özel bir dağcılık kulübünün üyeleriydi. Her hafta Avusturya'da tırmanışa gidiyorlardı. Bu ise yılda bir kere yaptıkları yurt dışı seyahatleriydi. Macerasever bir seçimdi. Kendilerini tanıttılar:

"Benim adım Thomas. Bu Hans, bu da Fritz." Avusturya'da Hans ve Fritz gibi isimlerin kullanılmadığını düşünüyordum.

Ben "Achtung" ya da "Wunderbar" gibi bir şeyler söylemesini beklerken grubun son üyesini bize tanıttı:

"... ve bu da Yetmiş."

Sanki adıymış gibi söylemişti. Yetmiş durumu bizim için onayladı.

"Evet, benim adım Yetmiş." diyerek gülümsedi.

Yetmiş, her on senede bir kendisine özel bir hedef belirlediğini söyledi. Altmış yaşındayken Himalaya'da 7.000 metre yüksekliğinde bir tepeye tırmanmıştı. Yetmişinci doğum günü için ise biraz daha alçak bir yere tırmanacaktı. Hedefi, Sierra'nın en yüksek tepesi olan 5.330 metre yüksekliğindeki Ritacuba Blanco'ya tırmanmaktı. Artık eskisi kadar genç olmadığını söyledi.

Tırmanış iki gün sürecekti. Yol üzerindeki bir dağ evinde kalacaktık. Tırmanıştan ziyade yürüyüş şeklinde geçecekti ancak son bölümde buzulları aşmamız gerekecekti ve bunu daha önce hiç denememiştim. Avusturyalıların aksine buz kazmamız ya da kramponlarımız yoktu. Ama Yetmiş bile bunu başaracaksa ben de başarabilirdim.

Avusturyalıların elinde sadece buz kazmaları ya da kramponları yoktu. Anı zamanda kalp atış hızlarını, rakımı, yürüdükleri mesafeyi ve son beş dakikada harcadıkları enerjiyi ölçecek ölçüm cihazları vardı. Ölçüm cihazlarına bakmaları gerektiğini hatırlatan başka ölçüm cihazlarının olması da muhtemeldi. Gloria en önde hızla ilerliyordu. Yolun çoğunluğunda onunla yarışırcasına yürüdük ama zirveye yaklaştıkça güçten düştüm ve her adımım işkenceye dönüştü. Kendimi iki mola arasında otuz adım atmaya zorladım; sonra yirmi, sonra on. Adım sayım düştükçe mola süresi uzadı. Ben soluk soluğa nefes almaya çalışırken Avusturyalılar yanımdan geçip gitti. Yine de hiç bu kadar yükseğe tırmanmamıştım ve başarının sıcaklığını hissediyordum. Melissa zirvede beni bekliyordu.

"Bu manzara her şeye değer." diyerek güldü.

Çevreme baktım. Buluttan başka bir şey göremiyorduk. Sadece Melissa'yı görebiliyordum. Biz zirveye ulaşır ulaşmaz sis inmişti. Açık bir günde, Los Llanos düzlükleri boyunca uzanan 100 km'lik bir alanı görebilirdik.

Bilgelik

Melissa mutluydu. Her zaman dağlardaydı. İnceliğine ve yardıma muhtaç tavırlarına rağmen -Bilerek yaptığından şüpheleniyordum.- Melissa oldukça dayanıklıydı. Hayatta kalmayı bilirdi. Hayatın karşısına çıkardıklarını alır ve gülümserdi. Ciddi hastalıkları, eroin bağımlılığını ve sadakatsiz erkeklerle olan ilişkilerini atlatırdı.

"Ama hiçbiri beni terk etmedi." diye vurguladı. "Ve hepsi onlara geri dönmem için bana yalvardı."

Melissa her zaman hayat dolu, sağlıklı ve sakindi. Çoğundan en az on yaş büyük olmasına rağmen karşılaştığımız diğer sırt çantalı kadınlardan daha parlak ve genç görünüyordu. Belki de bodrumunda tehlikeli bir portresi vardı.

Melissa bu durumu: "Şu çocuklar kötü besleniyorlar, uyuşturucu kullanıyorlar, hiçbir şey yapmıyorlar. Tabii ki bok gibi görünürler." diye açıklıyordu. "Ben ise vücudumla ilgilendiğim için bu kadar iyi görünüyorum. Bu ve plasenta cilt kremim sayesinde."

Bence Melissa, ender bulunan, bilardoda çoğu erkeği yenebilen ve dağlara tırmanabilen bir kadındı. Belki de Mark dışında ondan daha hızlı ve güzel cigaralık sarabilen kimseyle karşılaşmamıştım. Benimle çıkmaya hazırdı.

Melissa: "Bizim aramızdaki fark şu:" diye açıkladı. "Sen hayatını kitaplar ve kelimeler aracılığıyla yaşıyorsun. Her şeyi kitaplardan öğrenebileceğini düşünüyorsun. Bilgelik ve bilginin aynı şey olmadığını öğrenmelisin. Bu, sen ve Mark gibi insanların yaptığı en büyük hatalardan biri. Her konu hakkındaki gerçekleri biliyorsunuz ancak bilgi, onu doğru kullanmak için gerekli bilgeliğe sahip olmadığınız sürece hiçbir değer taşımaz. Bilgelik neyin önemli olduğunu bilmek, içindeki seni dinlemek ve ne zaman sakin olman gerektiğini bilmek demektir. Bahsedebileceğin istatistik sayısıyla ya da en son teknoloji ürünü bilgisayarları kullanabilmenle hiçbir alakası yoktur. İşte böyle." dedi ve bana dil çıkardı.

"İstediğin zaman oldukça konuşkan olabiliyorsun." diye yorumda bulundum.

Öğretmeninden övgü almış bir kız çocuğu gibi sırıtan Melissa, "Evet." dedi. "Olabiliyorum."

"Belki sana 'Bimbo' diye seslenmekten vazgeçerim." diyerek onunla dalga geçtim.

Melissa mutlulukla "Evet." dedi. "Vazgeçeceksin."

"Neyse, kendimizi durumun rehavetine kaptırmayalım." diye karar verdim. "Şu ana kadar sadece tek bir akıllıca şey söyledin... Bimbo."

Melissa soymakta olduğu portakalı bana doğru fırlattı. Uçan portakal, beni burnumun tam üzerinden vurdu.

Gözlerim sulanmayı kestiğinde Melissa'nın endişeli bir tavırla önümde dikilmekte olduğunu gördüm.

"Özür dilerim. Hedefi tutturacağımı sanmamıştım." dedi.

El Lechero

Avusturyalılar diğer zirveleri fethetmek ve kendi rekorlarını kırmak için ölçüm cihazlarıyla birlikte bizden ayrıldı. Sierra'da doğa yürüyüşü ve kamp yaparak birkaç gün daha geçirdik. Manzara büyüleyiciydi. Kendimizi, devin kalesindeki Jack gibi hissediyorduk. Farklı ölçekteki bir dünyaya adım atmış, devasa tepelerin ve ev kadar büyük kaya parçalarının yanından geçip giden, insan boyutundaki ananaslara benzeyen *frailejones* isimli garip bitkilerin altından geçen davetsiz misafirlerdik.

Tek bir çimenin büyümediği buzullarla kaplı göllerin yanında kamp yaptık. Gördüğümüz renkler, kar ve bulut beyazı, kara grisi, gök ve göl mavisi ile sınırlıydı. Arada sırada başımızın üzerinden geçen tek bir kuş dahi yoktu. Sadece rüzgârın etkisiyle çadırımızın çıkardığı sesi ve buzullardan kopan devasa bir parçanın aşağıdaki kayaların üzerine düşerek parçalanma sesini duyuyorduk. Parçalanma sesi, sanki çağlar boyunca dağların arasında yankılanıyor gibiydi.

Tıpkı Bolivya'daki doğa yürüyüşümüz sırasında olduğu gibi sabahları çadırımızı buz içinde buluyorduk. Melissa tam havasındaydı. Sırta doğru uzanan başka bir buzula tırmanmama yardımcı oldu. Kramponlarım olmadığından Taş Devri teknolojisine geri döndüm ve düşme ihtimalime karşı buz kazması olarak kullanabilmek için birkaç tane keskin taş topladım. (Buz kazmaları, düşmeniz halinde karın içine saplanmak ve buzlu yamaç boyunca kaymanızı engellemek için kullanılır.) Melissa önden girip gün ortası karını yumuşatarak benim için basamaklar açıyordu. Arkasını dönüp, onun açtığı yoldan elimde sivri taşlarımla emeklediğimi görünce bana güldü.

"Bütün hayatını, düşmekten korkarak geçiremezsin." diye bağırdı.

Kelimeleri dağlarda yankılandı. Sırta ulaştım. Bu defa, ayaklarımızın altındaki vadinin üzerini örten bulutların üzerindeydik. Sırt üzerindeki tepeler ve zirveler, bu pamuk denizinin üzerinde süzülüyordu. Arkaya doğru baktığım zaman bir dizi gölün, kayalara gömülmüş yeşil zümrütler gibi parladığını gördüm.

Geceyi geçirmek için uzak bir çiftlik olan La Esperanza'ya gittik. Sabah, çiftliklerden süt toplayan süt kamyonu *el lechero* ile Güican'a döndük. Her durakta çiftçinin karısı ve kızları ellerinde plastik kaplarla bekliyordu. Genç sürücü araçtan atlıyor ve sütü kamyonun arkasındaki metal haznelere döküyordu. Kızların güzelliğine göre çiftlik evlerinde geçirdiğimiz zaman değişiyordu. Sütün hoş kokusu bana çocukluğumu hatırlattı. Süt hanelerinin üzerine tünedik ve zeminde bir o tarafa bir bu tarafa akan süte dokunmamaya çalıştık. *El lechero* sadece süt toplamıyordu: mektuplar, koliler, yumurtalar, tavuklar ve yolcular da şoföre emanet ediliyordu. Hatta bir inek bile... Kamyonda rampa olmadığından, korkan hayvanı kamyona bindirmek için sürücü, çiftçi ve bir düzine yolcu gerekti. Şaşkına dönmüş olan inek gidip Melissa'nın yanına oturdu.

Capitanejo

Bir sonraki durağımız Sierra Nevada de Santa Marta'daki Arhuaco Kızılderili köyü Nabusimake olacaktı. Güican'ın altındaki Capitanejo vadisinde otobüs değiştirmek zorunda kaldık. 50 km uzaklıkta olmasına rağmen Capitanejo, tamamen farklı ve sıcak iklimiyle 2.000 metre daha alçaktaydı.

Otobüsümüz gece saat 3'te Capitanejo'dan ayrılacaktı. Çevrede otobüs durağı namına hiçbir şey yoktu dolayısıyla çantalarımızı yere koyup bir duvara dayanarak uyumaya çalıştık. Diğer yolcular da oturup bekliyordu. Gece saat 2 sularında karşımızdaki kafenin kapalı kapılarının altından duman sızmakta olduğunu fark ettim. Kimsenin dikkatini çekmemiş biri görünüyordu. Duman gittikçe yoğunlaştı. Yanımdaki adamı dürttüm.

"Sanırım şurası yanıyor." dedim.

Uykulu bir hâlde parmağımı takip etti ve birkaç saniye boyunca dumana baktı. O anda jeton düştü. Aniden ayağa kalkıp yola doğru koştu. Dakikalar sonra başka bir adam koşarak kafeye yaklaştı. Sarhoş gibi sallanıyordu, kilitle uğraştı ve kapıyı savurarak açtı. Kafeden bir duman bulutu çıktı. Alevler ızgaranın ya da tost makinesinin üzerinde dans ediyordu. Adam doğrudan arka odaya daldı, sürükleyerek ucundan tuttuğu kasayı dışarı çıkardı ve alevleri Coca-Cola ile söndürmeye başladı. Yaklaşık otuz şişeden sonra yangın söndü. Ayakta durmakta zorluk çeken adam, elinde birkaç boş Coca-Cola şişesiyle önündeki kargaşayı seyretmeye başladı.

Nabusimake

Kolombiya'nın en yüksek tepesi olan Pico Simon Bolivar'ın zirvesinde 5.775 metreye ulaşan Sierra Nevada de Santa Marta, Andlardan kopuk devasa bir dağ kitlesidir. Karayip'e bakan bu bölge, dünyanın en yüksek kıyı kesimidir. Kuzey tarafındaki 6.000 metre yükseklikten deniz seviyesine iniş sadece 45 km uzunluğundadır ve bu rakam, Everest Dağı'nın tabanından zirvesine kadar olan yüksekliğinden daha büyüktür. Aynı zamanda Everest'ten bile daha diktir. Denize doğru alçalan kuzey kesimi, nemli ve yoğun ormanlarla kaplıyken yağmur bulutlarının gölgesindeki güney yamaçları kuru ve kahverengidir.

Nebusimake, güney yamacındaki uzak bir vadiye gizlenmiştir. Kasaba, haritamızda hâlâ San Sebastian de Rabago olarak gösteriliyordu ancak isim değişikliği çok önemliydi. Nebusimake, Kolombiya'daki son birkaç yerli topluluğundan biri olan Arhuaco Kızılderililerinin ana köyüdür. Bir zamanlar çok daha geniş bir alanda yaşıyorlardı ancak İspanyol göçmenler, *marimbolar* (uyuşturucu imalatçıları) ve gerillalarla ordu arasındaki savaş nedeniyle daha yüksek kesimlere yerleşmek zorunda kaldılar. Burada bile huzur içinde yaşamalarına izin verilmedi ve misyonerler, Kızılderililerin ruhlarını kurtarmakta ısrarcı davrandı.

1982 yılında Arhuacolar bu durumdan bıkıp usandı. Misyonerleri köylerinden attı ve köyün adını eski adıyla değiştirdi.

Yine de sorunları yok olmadı. 1990 yılında, Arhuaco mamoları (yaşlıları) ordu mensuplarının tacizlerini protesto etmek için Bogota'ya giderken askerler tarafından durduruldu, otobüsten indirildi, işkenceye maruz kaldı ve öldürüldüler. Bu durum, protestolarının nedenini haklı çıkarıyordu. Yapılan soruşturma sırasında taburdaki iki asker suçlandı ancak hiçbiri ceza almadı.[35]

Nabusimake'ye ulaşmak tahmin ettiğimizden daha zordu. Sierra'nın eteklerindeki Los Llanos'un kuru düzlüklerinde kurulmuş Valledupar adlı kalabalık bir kasabaya giden otobüse bindik. Yoksul, nadiren ziyaret edilen köy genellikle *vallenato* olarak adlandırılan canlı Kolombiya folk müziği sayesinde tanınıyor. Valledupar'da bir gece geçirdik. Kalmamız için çok az nedenimiz vardı. Gördüğüm ilgi çekici tek şey, beş yüz kadar kaçak elektrik kablosunun bağlanmış olduğu bir elektrik direğiydi. Bunun neden aklımda kaldığını bilmiyorum çünkü bu sahne, Güney Amerika'da sıklıkla karşılaşılan bir manzaraydı.

Bir Land Rover *collectivo* (ortak taksi) bizi Valledupar'dan Sierra'nın eteklerindeki Pueblo Bello'ya getirdi. Uzun ve tozlu tek bir sokaktan ve sokağa bitişik birkaç dükkândan oluşan kasaba, adını neredeyse hiç hak etmiyordu. Hudut bölgesi hissi veren bir kasabaydı. Kasabadaki erkekler kovboy şapkası takıyordu.

İlk Arhuacolarımızı Pueblo Bello'da gördük. Şu ana kadar gördüğüm en dikkat çekici insanlardı. Dalgalı siyah saçlı, uzun boylu adamlar tozlu yolda neredeyse ukalaca bir küçümsemeyle yürüyorlardı. Hayatım boyunca Anglosaksonları veya Kelt Britonları hayal ettiğim giysiler içindeydiler. Deri sandaletleri, boyanmamış pamuktan imal edilmiş tunikleri, pantolonları ve kemerlerine sıkıştırılmış deri kılıf içindeki

35 Survival International'ın bülteni, no 32, 1993. Bu kişilerin isimleri Luis Napoleon Torres, Angel Maria Torres ve Antonio Hugues Chaparro idi.

kısa bıçaklarıyla göz alıcıydılar. Arhuacolar, kendilerini "ağabey" olarak adlandırırken geri kalanımızı "küçük kardeş" olarak görürler. Nasıl yaşayacakları konusunda hiçbir fikri olmayan çocuklar olarak gördükleri küçük kardeşleriyle ilgilenmeyi görev bilmişlerdir. Pueblo Bello gibi toz içindeki göçmen kasabaları ise bu inancı güçlendirmekten başka hiçbir şeye yaramaz.

Pueblo Bello ile Nabusimake arasındaki mesafe arabayla üç saatti ya da yürüyerek sekiz saat. Her üç ya da dört günde bir cipler Nabusimake'ye doğru yola çıkıyordu ve bunlardan birinin yarın yola çıkacağına dair bir dedikodu dolaşıyordu. Devonlu genç bir İngiliz olan Robert, Kolombiyalı eşi Marcela'yla birlikte bizim konuk evinde kalıyordu. Adam Cartagena'daki bir otelde aşçı olarak çalışırken tanışmışlardı.

Biz onlarla konuşurken içeri dört adam girdi: Genç bir Kolombiyalı ve nispeten daha yaşlı üç Gringo. Kolombiyalı kasıla kasıla yürüyordu. Kendisini tanıttı:

"Benim adım Raphael. Yarın, bu Kanadalı turistleri Nabusimake'ye götüreceğim. Araca ihtiyacınız varsa sizin için bir şeyler ayarlayabilirim."

Kanadalılarla sohbet ettik. İyi adamlardı. Pierre ve Jean Fransız asıllı Kanadalılardı. Diğerinin adı Randy'ydi. Taşralı adamın uzun bir bıyığı vardı ve genzinden konuşuyordu. Bugs Bunny'yi bir türlü vuramayan çizgi film karakteri kovboya benziyordu. İlk defa Kanada'dan ayrılmışlardı ve tam bir şok içindeydiler. İlk yurtdışı seyahatleri için cesurca bir seçim olan Kolombiya'ya nasıl olup da geldiklerini sordum. Montreal'den Cartagena'ya ucuz bir uçuş reklamı gördüklerini söylediler.

Randy, "Neden Kolombiya'ya gitmeyelim ki, diye düşündük." dedi.

Aklıma oldukça fazla sayıda neden geliyordu.

Pierre, Raphael'in onlardan fazla para koparmaya çalıştığını düşünüp düşünmediğimizi sordu. Raphael'e, onları sadece buraya getirmesi için Santa Marta'dan buraya gelen otobüsün bilet ücretinin üç katını ödemişlerdi.

"Saçma olan şey, yine de otobüse binmiş olmamızdı. Bize bir araba alacağını sandık."

Kanadalılar, yolculuğun tümü için her şey dâhil ücreti ödemişlerdi. Ne kadar az para verirse o kadar çok parası kalacaktı. İşin en garibi Raphael, Nabusimake'ye daha önce hiç gitmemişti. Unvanının karşılığını veremeyen bir kovboydu. Yakışıklı bir delikanlı olduğundan Raphael'in Pueblo Bello'daki hödüklerin arasından sıyrıldığı aşikârdı. Onları küçümsediğini ya da kendisini büyük gördüğünü saklamak için neredeyse hiç çaba harcamıyordu.

Raphael: "Ben Raphael." dedi. "Yarın sabah saat dokuzda kalkacak araçta yer ayarladım. Şoför saat yedide yola çıkmak istedi. Yedinin çok erken olduğunu söyledim. Dokuzda yola çıkacağız. Bunun için para veriyorsak kaçta yola çıkmak istiyorsak o zaman yola çıkarız. Bu köylüler..." Kafasını salladı.

Ertesi sabah sekiz buçukta buluştuk ve cipi aramaya koyulduk. Araç yedide kasabadan ayrılmıştı. Önümüzdeki üç gün boyunca kimse Nabusimake'ye gitmeyecekti.

Raphael özgüvenli bir tavırla: "Endişelenmeyin." dedi. "Başka bir cip bulacağım." Boş bir kamyon vardı ama kamyon şoförü, cip şoförünün istediği ücretin üç katını talep etti. Raphael ödemeyi, şoför de istediği ücreti indirmeyi reddetti. Şoför: "Tabii ki daha pahalı olacak." diye açıkladı. Başka yolcusu ya da Nabusimake'ye götürüp satacağı hiçbir şeyi yoktu. Bu nedenle Nabusimake'ye sadece bizim için gidecekti.

Kanadalılar: "Hadi yola çıkalım Raphael." dediler. "Adamın parasını öde." Raphael bu teklifi de geri çevirdi. Herkesin tepesi attığında saat on birdi. Pierre, Raphael'e "ödemeyi yapma ya da aldığı parayı iade etme" zamanının geldiğini söyledi. Raphael sonunda pes etti. Robert, Marcela ve Melissa'yı almak için koşturdum ama geri döndüğümüzde kamyonun çoktan kasabadan ayrıldığını öğrendik.

Yürümeye karar verdik. Sonuçta bedenen iyi durumdaydık. Sadece bir hafta önce Güican'da 5.000 metre yüksekliğinde bir dağa tırmanmıştık. Ancak güneş tepedeydi ve sıcakta yürümek, serin dağlık kesimlerde yürümekten çok farklıydı. Birkaç saat sonra bitip tükenmiştik. Geri dönemeyecek kadar uzaklaşmıştık. Sıcağa karşı savaş verirken havanın değişmesi için dua ettik. Akşama doğru yağmur yağmaya başladı. Oldukça şiddetliydi. Robert ve Marcela, yanlarında ceket getirmediklerinden sırılsıklam oldular.

Melissa: "Yağmuru biz istedik." dedi.

Yağmurun durması için dua etmeye başladık ancak bu defa dualarımız kabul olmadı. Patika istikrarlı bir şekilde ormanın içine doğru tırmanıyordu. Sırılsıklam olmuştuk ve hava soğuyordu. Ayak başparmağımın ucu su toplamıştı. Canım yanıyordu. Saat ilerliyordu ve tek bir küçük çadırımız vardı.

Arkamızda at sesi duyduğumuz zaman ne yapacağımızı düşünüyorduk. Arkamıza baktık. Bizimle karşılaştıkları için şaşırmış olan iki Arhuaco, sulu sepkenin altında dikiliyordu. Pek İspanyolca konuşamıyorlardı ancak bir sığınak aradığımızı anladıkları için onları takip etmemizi işaret ettiler. Birkaç kulübeye ulaşana kadar adamları takip ettik. Adamlar, kulübelerden birini gösterip orada kalabileceğimizi söylediler.

İki adam yağmurun içinde gözden kayboldu. Küçük ve dairesel kulübe sazlardan yapılmıştı. Sadece çatı değil, duvarlar da sazdan yapılmıştı; ince dallarla ve çalılarla doldurulmuş ahşap bir iskelet kulübeyi ayakta tutuyordu. Kulübenin tek odası ahşap bir bank, birkaç odun ve zeminin ortasındaki ocak dışında bomboştu. Civardaki kulübelerde kalan birkaç kişi gördük ama kimse bizimle ilgilenmediğinden kulübeye girdik ve ıslak eşyalarımızı kurumaları için astık.

Daha sonra ateş yaktık. Az sonra küçük kulübemiz boğucu dumanla dolmuştu. Gözlerimizden yaşlar akıyordu. Gözlerimin acısını dindirmek için kafamı kulübeden çıkarmak zorunda kaldım. Biz biraz pirinç pişirebilmek için ateşe mümkün olduğunca yaklaşmaya çalışırken sekiz yaşlarında küçük bir kız kafasını kulübeden içeri soktu ve içerideki garip Gringolara kocaman gözlerle baktı. Kıza gülümseyip el salladık. Melissa, kıza bir parça çikolata uzattı. Kız önce çekindi, kafasını kulübeden çıkardı; yeniden kapıda belirdi ve sonunda içeri girecek cesareti gösterdi. Kuşku dolu gözlerle bize baktı. Uyku tulumlarımıza, çakılarımıza, sırt çantalarımıza, muflon süveterlerimize, su geçirmez ceketlerimize ve botlarımıza göz gezdirdi. Seyahat kitabımızdaki Nabusimake fotoğraflarına büyülenmişçesine baktı. Umut dolu gözleri; pirincimize, ekmeğimize, balığımıza ve çikolatalarımıza takıldı.

Yaktığımız ateşi gördüğündeyse bakışları tiksintiyle doldu. Tüm bu garip şeylerle çok uzaklardan gelen bu Gringolar kimdi ve neden bir ateşi bile doğru düzgün yakamıyorlardı? Kız öne doğru eğildi ve birkaç hızlı hareketle ateşi adam etti. Alevler düzgün bir şekilde yukarı doğru yükselmeye başladı. Duman ince bir çizgiye dönüşüp çatıya doğru gözden kayboldu. Kulübe dumandan kurtulmuştu. Küçük kız ağzında bir şeyler geveledi ve oynamak için dışarı çıktı.

Sabah saatlerinde yağmur durdu. Nabusimake'den sadece birkaç saat uzaktaydık. Patika yüksek bir noktaya ulaşıyor ve ardından vadiye doğru uysalca iniyordu. Kayıp Shangrilla'ya girmek gibi bir histi. Sierra'nın bulutlarla kaplı zirveleri önümüzde uzanıyordu. Geceyi geçirdiğimiz kulübeye benzer birkaç kulübenin yanından geçtik. Atlar, domuzlar, tavuklar ve sığırlar çitsiz bahçelerde özgürce dolaşıyordu. Birkaç ağacının ve çalılığın arasından aheste bir ırmak akıyordu. Sanki bir parktaydık.

Nabusimake bu vadinin ucunda bulunuyordu. Saz çatılı taş kulübeler ve çakıl taşlı dar sokaklar alçak bir taş duvarla ve kuru bir hendekle çevrelenmişti. Meydanın ortasına dikilmiş 6 metre yüksekliğindeki anten dışında her şey tıpkı Asteriks kitaplarındaki gibiydi. Birkaç bin yıl geriye gitmiş gibi hissediyorduk. Arhuacolar esasen köyde yaşamadıklarından çok az hareket vardı. Her ailenin köyde bir evi vardı ancak sadece festivaller ve toplantılar için köye iniyorlardı.[36]

Bir adam elinde deri kaplı bir su kabağıyla büyük evlerden birinden çıktı. İnce bir çubukla su kabağının içinde bir şeyler yapıyordu. Civarda dolaşan bir düzine kadar adam bize karşıdaki duvarın dibinden bakıyordu. Hepsinin elinde ince bir çubuk ve su kabağı vardı.[37] Akılları sanki başka bir yerdeymişçesine ellerindeki işle meşgul oluyorlardı. Sonunda, büyük evden yaşlı bir adam çıktı ve vadide kalabileceğimizi ancak yüksek dağlara tırmanmamızın yasak olduğunu söyledi.

Hayal kırıklığına uğramıştık ama şaşırmamıştık. Arhuacoların zirvelerin kutsal olduğuna inandıklarını duymuştum. Tanrılarına yaklaşmak için yükseklerdeki vahşi yaşama katılıyor ve dağcılarla doğa yürüyüşçülerinin ayinlerine burunlarını sokmalarını istemiyorlardı. Tüm yaşam formlarının, doğanın dengesini bozduğuna ve bu rahatsızlığı ortadan kaldırmak için bir kurban verilmesi gerektiğine de inanıyorlardı. Sanırım, bizim gibi "küçük kardeşlerin" bu dengeye özen göstermeyeceğini düşünüyorlardı. Sonuç olarak zirvelere çıkmamıza izin yoktu.

---

36 Aslında tepelere serpiştirilmiş gibi görünen çiftliklerde yaşarlar. Çoğu ailenin, biri kış ayları için vadide ve diğeri yaz ayları için dağın yüksek kesimlerinde olmak üzere iki çiftliği vardır.

37 Bunlara poporo adı verilir. Deniz kabuklarını parçalayarak bir alkali tozu elde ederler ve bu toz, kokayla karıştırılarak daha güçlü etkinin elde edilmesi için kullanılır. Arhuacolar için koka bereket sembolüdür. Çubuk ve poporo sırasıyla penisi ve rahmi temsil eder.

Yine de vadi büyüleyici bir yerdi. İspanyol bir kadın, ırmağın hemen yanında bulunan sevimli çiftliğinin odalarını pansiyon olarak kiralıyordu. Dağların eteklerini ve köyü keşfettik. Kayaların arasındaki göllerde yüzdük. Şeker hastası olan Robert, ırmağın ortasında bayılıp durdu. Raphael ve Kanadalılar, her defasında bayılan adamı Raphael'in temin ettiği altının sırtına yüklediler.

Arhuacolar esrarengiz ve mesafeli tavırlarını korudu. Bizi kibar bir şekilde selamladılar ama konuşmaya pek de istekli değillerdi. Köyün bakkalına gittiğimiz zaman adam bizimle ilgilenmeden önce yarım saat kadar hiç istifini bozmadan koka soymaya devam etti. Çantalarından birini satın almak istediğimizi söylediğimiz zaman ise bizimle daha çok ilgilendiler. Arhuacolar, erkekler tarafından örülen ve Bogota'da oldukça rağbet gören mochila isimli omuz çantalarıyla ünlüydü. Melissa çantaları çok beğendiğinden iki tane aldı. O andan sonra yanından geçtiğimiz tüm Kızılderililer bize *mochilalarını* gösterdi ve satın almak isteyip istemediğimizi sordu. Seyahat kitabımız, Arhuacoların fotoğraflarını çekmeye ve onlara alkol sunmaya kesinlikle kalkışmamamız gerektiğini söylüyordu. Kurallara uyduk.

Bir şelalenin peşinde iki gün geçirdik.

Şelaleden dönerken karşılaştığımız yaşlı bir adam "Şelale size ne verdi?" diye sordu.

Marcela: "Sevgilerini sundu." dedi.

Yaşlı adam Marcela'nın cevabını değerlendirdikten sonra düşünce dolu bir tavırla kafasını salladı.

Bir hafta kadar sonra Pueblo Bello'ya doğru bir araç hareket edecekti. Buraya geldiğimizden beri gördüğümüz ilk araçtı. Kanadalılar çoktan arabaya binmişlerdi. Raphael ortalıkta görünmüyordu.

Randy: "O delikanlı, lanet olasıca sahtekârdan başka bir şey değildi. Lanet olasıca hizmetini neresine sokması gerektiğini söyledik. Başımızın çaresine onsuz da bakabildik." dedi.

"İsa aşkına! Bu adamlar çok iyi görünüyorlar, değil mi?" diye ekledi. "Umarım fotoğraflar güzel çıkar."

"Ahuacoların fotoğraflarının çekilmesinden hoşlanmadığını duymuştum." dedim.

"Bize kimse böyle bir şey söylemedi. Ayrıca fotoğraflarının çekilmesinden gayet memnundular."

Sadece bu kadarla kalmamışlardı. Dün gece kamp ateşinin etrafında hep beraber oturmuş, sarhoş olmuş ve cigaralık içmişlerdi. Arhuaco yaşlılarından bazılarını Kanada'ya davet bile etmişlerdi.

Araçla dönüşümüz yürüyüşten de beterdi. Midem bulandı. Her nedense hep uzun otobüs yolculuklarından önce hasta oluyordum. Yol çok engebeliydi. Sanki bir depremde parçalanmış gibiydi. Aslında gerçekten iki hafta önce büyük bir deprem olmuştu. Yol boyunca içine bir araba düşebilecek genişlikte yarıklar vardı. Bir zamanlar yolun yüzeyi neyle kaplanmış olursa olsun artık sadece kayrak taşlardan ibaretti. Sürücü, üzerinden geçmek zorunda olduğumuz yarıkları aşabilmemiz için iki büyük tahta parçası taşıyordu. Cip tıka basa doluydu. Ne zaman bir yükseltiye denk gelsek -ki bu her on saniyede bir oluyordu.- kafam metal tavana çarpıyordu. Üç saat boyunca saf acıyla karşı karşıyaydım.

Bölüm 6
Karayip: Karnaval!

Santa Marta

Sahile doğru hareket eden otobüs düpedüz lükstü. İlk yolculuğuydu ve otobüs durağının her bir yanına süsler asılmıştı. Birileri bir kurdele dahi kesti. Koltuğuma yerleşip gizliden gizliye burnumu karıştırdığım bir anda otobüse binen fotoğrafçı gazetelerde yayınlamak için fotoğrafımızı çekti. Kolombiya'ya döndüğümde parmaklarımdan biri sol burun deliğimin içindeyken çekilmiş fotoğrafımı her otobüs durağına yapıştırılmış bulacağımı düşünerek kâbuslar gördüm.

Şafak sökerken Santa Marta'ya ulaştık. Bu defa dağlardan sonsuza dek ayrılmıştık. Saat sabahın yedisiydi ve Karayip kıyıları çoktan ısınmıştı. Miramar Oteli'ne gitmek için bir taksiye bindik.

Taksi şoförü: "*Costena* kızları Kolombiya'daki en güzel kızlardır." dedi. Hemen sonra elini görkemli bir şekilde salladı ve "Aslında dünyadaki en güzel kızlardır." diye ekledi. İngiliz olduğumuzu öğrenen adam, 1965 yılında Kolombiya ile İngiltere arasında oynanan bir futbol maçı ve maçta yaşananlar konusunda bitmek bilmeyen bir vaaza başladı. Kolombiya'nın, Bobby Charlton'un golüyle mağlup duruma düştüğü maçı 1-1'e taşıdığını söyledi. Kolombiya'ya beraberliği getiren gole yaklaştıkça heyecanlandı. Karşıdan gelen araca çarpmamak için direksiyonu son anda yakaladığı sırada "Gooool!" diye bağırıyordu.

Miramar, Gringo yolul üzerinde bulunan ucuz otellerden biriydi. Her ne kadar kasabada en az Miramar kadar temiz, sessiz ve ucuz yaklaşık yirmi otel olsa da Santa Marta'daki tüm sırt çantalılar burada kalıyordu. Miramar hapishane gibi görünüyordu. Gringoların kaldığı bir hapishane. Ön kapı, yerel halkı dışarıda ya da Gringoları içeride tutmak için gece saatlerinde kilitlenen demir parmaklıklarla korunuyordu. "*Mar*'ı" "*mira*" etmek -denizi görmek- için sokağın sonuna kadar yürümek gerekiyordu. İçeride yarı açık bir avlu vardı. Birkaç külüstür sandalye ve ABD uydu kanalına ayarlanmış bir televizyon dışında avluda hiçbir şey yoktu. Resepsiyon masasının çevresinde devamlı bir uğultu hüküm sürüyordu. Sırt çantalılar otele giriş yapıyor, otelden çıkıyor ya da telefon etmek için bekleşiyorlardı. İnsanlar müdürle sohbet ediyor veya Tayrona Park'ı ziyaret etmek için toplanıyorlardı. Miramar, yerel turizm acentesi gibi çalıştığından çevrede çığırtkanlar ve rehberler fink atıyordu. Bir şey öğrenmek istiyorsanız veya bir yere gitmek için rehbere ihtiyacınız varsa Miramar sizin için tüm düzenlemeleri yapıyordu.

Miramar'ın şişko müdürü; bitmek tükenmek bilmeyen canlılığın içinde kasırganın gözü gibi oturuyor, hızla satranç oynarken hiç bitmeyecekmiş gibi görünen sorulara cevap verip çalışanlarına emirler yağdırıyordu. Satranç oyununun kalitesi yüksekti. Kolombiyalılar, satranç kadar beyin gerektiren ve oturaklı bir şeyi bile maçoluk sınavına döndürmüşlerdi. Hamleler hiç duraksamadan yapılıyordu. Satranç taşları gösterişli hareketlerle devriliyordu. Satranç tahtasının etrafında toplanan insanlar her hamleden sonra fısıldayarak görüş bildiriyorlardı. Oyuncular sanki bir ödül uğruna savaşıyorlarmış gibi rakiplerini mesafeli bir tavırla takdir ediyorlardı.

Binanın derinliklerindeki avlunun açık kısmında meyve suyu, bira ve omlet satan, The Doors ve Bob Marley çalan bir kafe bulunuyordu. Burası, kasabadaki diğer sırt çantalılarla tanışıp gezgin hikâyeleri anlatabileceğiniz buluşma noktasıydı. Tabii, bir de kokain çekebiliyordunuz. Odalarına doğru gözden kaybolan insanlar göz bebekleri büyümüş ve burunları akar durumda yeniden ortaya çıkıyorlardı. Giriş kapısının yanında oturan şık giyimli, kır saçlı Kolombiyalı, siz oradan geçerken imalı bir biçimde burun deliklerini açıp kapatıyordu.

Miramar'ın iki dezavantajı vardı: Uyumanız mümkün değildi ve daima doluydu. Melissa ve ben, bir üst sokakta başka bir otel bulduk. Sokağın köşesinde bulunan tek katlı El Prado boyaları dökülmeye yüz tutmuş bir oteldi. Kartondan yapılmış gibi görünen sadece dört odası vardı ve mutfağı karıncalar istila etmişti. Bir otelden ziyade ev gibi görünüyordu. Pek konuşmayan yaşlı bir adam, bir kedi ve kapıdan her girişimizde bizi, uzun zamandır görüşmemişiz gibi karşılayan genç Alberto tarafından işletiliyordu. Alberto, Melissa'ya ilk görüşte âşık olmuştu. Delikanlı, arka bahçedeki hamakta yatıp askıdaki çamaşırların arkasına saklanarak Hare Krishna kitapları okuyarak günlerini geçiriyordu. Hare Krishna tutkunu falan değildi, parası ancak bunlara yetiyordu.

Satranç El Prado'da da popülerdi. Yaşlı bir adama karşı oynadım. Adam, o kadar hızlı ve meydan okuyucu bir tavırla öyle garip hamlelerde bulunuyordu ki ya bir deha ya da bir aptal olmalıydı.

Şansıma, adamın aptalın teki olduğu ortaya çıktı.

Jugo de Maracuya

1525'te kurulan şehrin Kolombiya'nın en eski kasabası olmasına rağmen Santa Marta'da yapılacak ya da görülecek pek fazla bir şey yoktu. Simon Bolivar, 1830 yılında burada ölmüştü. Miramar ve El Prado, iki ana yol ve tren yoluyla şehrin geri kalanından ayrılan ve on blok genişliğindeki deniz manzaralı ağaçsız sokaklardan oluşan eski kolonyal merkezde bulunuyorlardı. Kasabadaki ticari faaliyetler, denizden nispeten daha uzak olan yeni merkeze taşınmış ve eski meydanı sıcakta huzur içinde pineklemesi için kendi haline bırakmıştı. Sokak çocukları kaldırımlarda yatıyorlardı. Tiner çektikten veya sahil boyunca uzanan restoranlardan koparabildiklerini yedikten sonra uykuya dalmışlardı. Gündüz sokak çocuklarının serildiği kapı eşikleri, geceleri hayat kadınlarının eline geçiyordu.

Sahil boyunca uzanan yürüyüş yolu akşam saatlerinde hayatla doluyordu. Genç çiftler, sahilin arkasındaki palmiye ağaçlarının sınırladığı caddede dolaşırken kokain satıcıları, müşterilerini beklerken sağa sola bakıyorlardı. Palmiye ağaçlarının arkasındaki kafelerden ve restoranlardan salsa sesi geliyordu. Önü açık barlardan birinde her gece canlı *vallenato* performansları sergileniyordu. Akordeon ve keman eşliğinde sahne alan vokal, hüzünlü şarkılar söylüyordu.

Bir Kolombiyalı: "Dans etmek istersen salsa yaparsın." dedi. "Ama kız arkadaşın çekip giderse sarhoş olup vallenato dinlersin." Yetmişli yıllarda Santa Marta'yı canlı bir kasabaya çeviren marimbero adı verilen marihuana yetiştiricileri ve kaçakçılarının müziğiydi.

Santa Marta'da yaşayan insanların çoğu Afro-İspanyol asıllı *Mulatolardı.*[38] Karayip'te herkes herkesle karışmış gibi görünüyordu: İspanyollar, Kızılderililer ve Afrikalılar. Sonuçta arkadaş canlısı, hayat dolu ve biraz deli *Costenolar* oluşmuştu. *Costena* kızları gerçekten güzeldi; uzun boylu, zayıf, baş döndürücü koyu renkli gözlere, pürüzsüz kahverengi bir tene ve koyu renkli uzun saçlara sahip güzel kızlardı.

Sahildeki yürüyüş yolunun önündeki dar kumsal, şaşırtıcı biçimde temizdi. Oraları buraları sarkmış orta yaşlı adamlar ve güzel genç kızlar kumsal boyunca koşarken bir grup genç, Brezilya'ya özgü akrobatik bir dövüş sanatı olan *capiera* çalışıyorlardı. Deniz ise iki devasa petrol tankeri tarafından istila edilmişti.

38 Mulato kelimesi, Afrikalı-Kızılderili veya Afrikalı-İspanyol (ya da üçü bir arada) asıllı kişiler için kullanılır. Mestizo ise Kızılderili-İspanyol asıllı kişilere verilen addır.

Santa Marta'nın en güzel yanı, Charles Nicholl'un kitabındaki Meyve Sarayı'nı andıran meyve tezgâhlarıydı. Miramar'ın hemen yanındaki meyve tezgâhında çalışan kız göz alıcı vücudunu, daracık bir kot pantolonun ve çok dikkatli bakarsanız migreninizin tutmasına neden olacak gibi görünen eciş bücüş siyah beyaz karelerle süslenmiş likralı bir badinin içine sıkıştırmıştı. Fakat kendimi kız hakkında değil de içecekler hakkında fantezi kurarken buldum. Tezgâhlarda varlığından bile haberdar olmadığım tropik meyveler satılıyordu. Her tezgâhta muz ve ananas gibi bildiğim meyvelerin yanı sıra mor golf topları, daha uzun tüylü kiviler, sarı renkli yıldız meyveleri ve karpuza benzer büyük yuvarlak meyveler gibi gizemli hazinelerin içinde bulunduğu sepetler dizilmişti. En sevdiğim içecek Jugo de Maracuya idi. Kaldırımın üzerinde erimekte olan büyük buz kütlesinden kırılan buzlarla, çarkıfelek meyvesinin, sütün ve şekerin karıştırılmasıyla hazırlanıyordu. Tezgâhlar, mikserleri çalıştırmak için gerekli elektriği elektrik direklerine bağladıkları kaçak kablolarla alıyor ve lezzetli karışımlarını kocaman, parlak renkli bardaklar içinde sunuyorlardı. İçeceklerin her biri cennetin sıvılaşmış hali gibiydi ve Santa Marta'daki günlerimiz sık sık meyve tezgâhlarında durarak geçti.

Kahve içmek istersek kahve satıcıları, termosların içinde *tinto* satarak gün boyu sokaklarda dolanıyordu. Tinto; sabah hazırlanıp gün boyu demlenen, küçük plastik bardaklar içinde satılan, ılık ve şekerli bir tür espressoydu.

Kahve

Melissa: "Kolombiya'da doğru düzgün tek bir fincan kahve içemediğimize inanamıyorum." dedi.

Yeniden saçmalamaya başlamamın zamanı gelmişti.

"Aslında bu o kadar da şaşırtıcı değil. Kahve ihraç edilmek üzere yetiştirilen bir bitkiden elde ediliyor.[39] Kaliteli olanları doğrudan yurt dışına gönderiliyor. Bu, yerel halkın refahından ziyade Batı'nın çıkarlarını gözeten ekonomik sistemlerin belirtilerindendir. Kolombiyalıların çoğu kahve ihracatından ekonomik açıdan hiçbir şey kazanamamaktadır. Yerel kahve üreticileri satın aldığımız kahveye ödediğimiz paranın onda birini bile görememektedir. Paranın geri kalanı; ihracatçılara, nakliyecilere, kavuruculara ve perakendecilere kalmaktadır. Bunların çoğu aslen Batılıdır."

"Kahve tipik bir örnektir. Fetih sonrasında kurulan sistem hâlâ varlığını sürdürmektedir."

"Bölge bugün bile yoğun olarak petrol, muz, kahve veya kokain gibi ham maddeleri ve ucuz iş gücünü sömürmek için buraya taşınan yabancı sermayeli fabrikaların ürünlerini ihraç etmektedir.[40] Ham madde ve ucuz iş gücü: Yapısal duzenlemeler, rekabet avantajı ve "serbest" ticaret gibi süslü modern ekonomi terimlerini çıkardığında Eduardo Galeano'nun Açık Damarlarından ikisinin kanamaya devam ettiğini görürsün."

Meliss: "Yapısal düzenleme nedir?" diye sordu.

"Bir ekonomi politikasıdır. Ekonomik sistemlerde..."

Neyse, sizi bunlarla sıkacak değilim.

---

39 Kahve Kolombiya'nın en önemli ikinci ihraç malıyken dünya çapında ticareti yaygın bir şekilde yapılan mallar arasında ikinci sıradadır (yasadışı uyuşturucular hariç tutulduktan ve petrolden sonra...)

40 Üretilen malların ihraç edilme yüzdesi: Bolivya yüzde yedi, Kolombiya yüzde on sekiz, Peru yüzde yirmi, Ekvator yüzde bir. Gelişmiş ülkeler (ortalama) yüzde yetmiş altı. (Kaynak: 1987 "Dünya Bankası Dünya Gelişim Raporu")

Yoksulluk

Geçtiğimiz günlerde hazırlanan BM Gelişim Raporu'ndaki istatistiklerden biri, dünyanın en zengin 358 kişisinin mal varlıkları toplamının, dünya nüfusunun yüzde kırk beşine denk gelen 2.300.000.000 insanın gelirinin toplamına eşit olduğunu ifade etmektedir.[41]

Isla de Salamanca

Güney Amerika'nın en büyük partisi olan karnaval yaklaşıyordu. Santa Marta sahilinden iki saatlik bir otobüs yolculuğuyla ulaşılan Barranquilla'da düzenlenen karnavalın, Rio de Janeiro'dan sonra kıtanın en büyük ikinci karnavalı olduğu söyleniyordu. İki saat, Kolombiya'daki tüm otobüs yolculuklarına eşlik eden kanlı filmlerde yüzlerce kişinin ölmesi için yeterli bir zamandı. Sırf can sıkıntısından filmde ölenleri saydım. Tek bir cümle edilene kadar altı kişi ölmüştü.

Yol, okyanusu Cienaga Grande de Santa Marta adındaki büyük bir tatlı su gölünden ayıran, Isla de Salamanca adıyla bilinen ince bir arazi parçası boyunca sahili takip ediyordu. Gölün denizle bağlantısını kesen yol, bir zamanlar kıyıda yaşayan ve yaşamak için tatlı suyla tuzlu su karışımına ihtiyaç duyan Mangrov bataklıklarını yok etmişti. Bu çevresel bir felaketti. Yol, canlı bir ekosistem yerine, kurumakta olan dalsız ağaçlar eşliğinde kilometreler boyunca uzanıyordu. Biz batıya doğru yol aldıkça, kan kırmızılığındaki Güneş, hayaletlerle dolu ölü ormanın arkasından sanki Mad Max'ten bir sahneymiş gibi batmaya başladı. Aniden silah patlaması gibi şiddetli bir gürültü duyuldu. Otobüsün ön camı paramparça

41 Rapor, 1970 yılından 1991 yılına kadar geçen yirmi yıl içinde zenginlerle yoksullar arasındaki açığın iki katına çıktığını belirtmektedir. 1991 yılında, dünyanın en zenginlerinden oluşan yüzde yirmilik grup, gelirin yüzde seksen beşini alırken en yoksullardan oluşan yüzde yirmilik grup, ancak yüzde 1,4'ünü alabilmiştir.

oldu. Herkes koltukların altına saklandı. Şoför, kahramansı bir edayla pozisyonunu bozmadı ve frenlere asıldı.

Sanki böyle bir şey başına her gün geliyormuş gibi "Sakin olun." diyerek güldü. "Sadece rüzgâr."

Okyanustan gelen sert rüzgârlar ön camı paramparça etmişti. Şoför ve bir arkadaşı, ön camdan geriye kalanları temizledi ve yola devam ettik.

Barranquilla

Barranquilla, kuzey kıyısının endüstri merkezidir. Santa Marta ve Cartagena'nın tarihle ilişkisi gibi bir bağa sahip değildir. Daha ziyade Liverpool'un Kolombiyalı versiyonu gibidir. Ülkenin en iyi futbol takımına (Junior) sahip olduğunu iddia eden ve arkadaş canlısı insanlarıyla tanınan, kirli, köhne bir kuzey şehridir. Yüz yıldan biraz daha yaşlı olan şehrin güzel günleri geride kalmıştı. Hakikaten, turistlerin buraya gelmesinin tek nedeni herkesin Kolombiya'daki en çılgın parti olduğunu iddia ettiği karnavaldı. Mesela, Belçika'nın en çılgın partisi olduğunu söyleselerdi pek bir şey beklemezdik ama Kolombiya'da ciddi bir rekabet vardı.

Vardığımız zaman şehir oldukça sessizdi. Dükkânların çoğu, hafta sonu olması nedeniyle erkenden kapanmıştı ve şehir merkezi terk edilmiş gibi görünüyordu. Sokaklar, gazetelerle ve boş şişelerle doluydu. Rüzgâra kapılan ve yüzümüze yapışan boş torbalar sokaklarda uçuşup duruyordu. Dilenciler, sokak çocukları ve kendi kendilerine bir şeyler geveleyen uyuşturucu bağımlıları, kendilerine yol açmak için çöp yığınlarını tekmeliyor ya da dükkân girişlerinde gazetelerin altında uyuyorlardı.

Mark'la Hotel California'da buluşacağımıza dair sözleşmiştik. Bu oteli, adını unutmayacağımızı bildiğimizden bilerek tercih etmiştik. Şu ana kadar gördüğüm en depresif oteldi.

Köhne bir ofis binasının ikinci ve üçüncü katlarını istila eden odalar, tavana kadar ulaşmayan incecik karton duvarlarla bölünmüş ve bok rengi bir boyayla kapatılmaya çalışılmıştı. Boyanın üzeri, yağ ve toz katmanlarıyla kaplıydı. Bok rengi şeyin gerçekten boya olduğunu umdum. Resepsiyona asılan çamaşırlar kurumayı bekliyordu. Pislikle kaplı gökyüzünden odalara sızan tek şey sönük ve pis bir gün ışığı yansımasıydı. Burada kalmak için gerçekten umutsuz olmanız gerekiyordu. Diğer yandan Mark'ın umutsuz durumda olduğundan emindim fakat Mark'tan hiçbir iz yoktu.

Tek dezavantajı, ayağa kalktığımda kafamın en az iki santimini kesecek kadar alçağa monte edilmiş vantilatörü olan daha iyi bir otel bulduk. Lobi, Kolombiya futbol takımının dünya kupasına hazırlık amacıyla oynadığı maçı izleyen iş adamlarıyla doluydu. Benim gözlerim parladı. Melissa homurdandı.

Gooooooooooool! Ama Kendi Kalesine... Bir Futbol, Kokain ve Yanki Hikâyesi

Kolombiyalılar futbolu sever. Eli kulağında olan başkanlık seçimlerindense yaklaşmakta olan dünya kupasıyla daha çok ilgileniyorlardı. Milli takım, Buenos Aires'te oynanan maçta Arjantin'i 5-0 yenmişti ve bu çok sayıda insanın öldüğü çılgın kutlamalara yol açan sansasyonel bir skordu. Kolombiyalıların ya umutsuzluğa düşme ya da coşkun bir cesaret gösterisine girme eğilimleri doğrultusunda herkes dünya kupasını kazanacaklarına inanıyordu. Otuz maçtır mağlup olmamışlardı. Pele takıma önerilerde bulunuyordu. Bir junior oyuncusu ve Barranquilla'nın yerel halk kahramanı olan Carlos Valderrama, sarı saçları, esmer teni ve koyu renkli bıyığıyla orta sahada oynuyordu. Ancak Kolombiyalılar formsuzdu.

Santa Marta'daki El Prado'da zar zor beraberliğe getirdikleri bir maçı izlemiştim. İlk yarı sırasında koca bir şişe romu devirip ikinci yarı boyunca hıçkırarak yerde yatan bir delikanlı da bana eşlik etmişti.

Kolombiya dünya kupasını kazanamadı. İlk turda Romanya ve Amerika'ya karşı kaybederek elendiler. Kupadan elenmek yeterince kötü değilmiş gibi bir de Amerika karşısında kaybetmek ulusal bir aşağılanmaydı. Amerika'nın doğru düzgün bir futbol takımı bile yoktu. Ancak daha da kötüsü onları mağlup eden ülkenin Amerika olmasıydı. Gringolardan nefret ediyorlardı.

Kolombiyalılar Amerika'ya karşı kızgındı. 1903 yılına kadar Kolombiya'ya bağlı olan Panama nedeniyle Amerika'ya karşı kin beslemeye başlamışlardı. Amerikalılar, Panama Kanalı için müşterileri olabilecek bir devlet yaratmak için Panama'daki özgürlük hareketini finanse etmişti. Ekonomilerinin ABD egemenliğinde olmasından ötürü kızgındılar. Kolombiyalı politikacılara ABD vizesi verilmemesi, ticari ambargo tehditleri, Kolombiya'nın hava sahasına giren ABD uçakları ve koka arazilerinin ABD tarafından finanse edilen uçaklar vasıtasıyla zehirli kimyasal maddelere boğulması da cabasıydı.

Kokain konusu da oldukça önemliydi. Efsanevi Medellin Çetesi'nin lideri Pablo Escobar, spor merkezleri ve yoksul aileler için eksiksiz barriolar kurarak tam bir Robin Hood imajı çizmişti. Aynı zamanda, psikopat bir eski tetikçiydi. Amerika'ya satılan kokain, zenginlerin yanı sıra çok sayıda yoksul Kolombiyalıyı da besler. Kolombiya futbolunun iyi durumda olmasının nedeni de kokaindir. Kolombiya'nın büyük futbol kulüpleri, 1980'li yıllarda uyuşturucu çeteleri tarafından tabii ki kendilerine ideal bir kara para aklama ortamı yaratarak iflastan kurtarılmıştı. Bu sayede, Kolombiya kulüpleri kıtanın en zengin ve başarılı kulüpleri arasına girdiler. Kokain, Kolombiya'daki anarşiyi de tetiklemedi. Ülkede işlenen cinayetlerin yüzde birinden çok daha azının nedeni uyuşturucudur. Amerika'da işlenen uyuşturucuyla ilgili cinayetlerin sayısı, Kolombiya'dakinin çok üzerindedir.

Taksi şoförümüz, önümüzdeki arabayı sollarken bize dönüp doğrudan yüzümüze bakarak "Gringolardan nefret ediyorum!" dedi.

Sinirli bir tavırla, "Ama biz de Gringo'yuz." dedim.

"Hayır. Siz İngilizsiniz." diye açıkladı. "İngilizler Gringo değildir. Kuzey Amerikalılar Gringo'dur. Pis Yankiler." Adam pencereden dışarı tükürdü ve aynı anda, sokağın karşı tarafında yürümekte olan bir kıza ıslık çaldı.

Kolombiya takımının Yankileri yenmek için bir şansı vardı: kahve fiyatları düştükçe hayatta kalmaya çalışan her köylünün, açlığını unutmak için tiner çeken her sokak çocuğunun intikamını almak için... Bunu yüzlerine gözlerine bulaştırdılar. Amerika, maçı 2-1 kazandı.

Amerika'nın gollerinden biri Kolombiyalı defans oyuncusu Andres Escobar'ın kendi kalesine attığı goldü. (Adamın Pablo ile hiçbir akrabalığı yoktu.) Maçtan sadece birkaç gün sonra Escobar restorandan çıkarken bir adam ona doğru yürüdü, silahını çekti ve Escobar'ı göğsünden on iki defa vurarak öldürdü. Gazeteler, adamın tetiğe her basışında "Gol!" diye bağırdığını yazdılar.

Bunun, Kolombiyalı futbol severlerin fanatikliğinden mi yoksa başka bir şeyden mi kaynaklandığı hâlâ gizemini koruyor. Söylentilere göre Kolombiya'daki uyuşturucu çeteleri millî takımı finanse ediyordu ve Amerika'ya karşı kazanılacak bir zafer bunun devamlılığını sağlayacaktı. Kupadan elenen Kolombiyalılar, gruptaki son maçlarında İsviçre'yi 2-0 yendi. Bu maçta gösterdikleri performans, önceki iki maçtaki rezil formları konusundaki spekülasyonları güçlendirmekten başka bir işe yaramadı.

Karnaval!

Karnaval başladı. Barranquilla'nın tüm nüfusu geçit töreninin yapılacağı yola dizildi. Her ikisi de bağır bağır salsa çalan bir yiyecek tezgâhıyla bira çadırı arasında kendimize yer bulduk. Herkes dans ediyor, içiyor ve oraya buraya su fışkırtıyordu. Yanımızdaki adam: "Barranquilla kızları, Kolombiya'nın en güzel kızlarıdır." deyip bize rom ikram etti. Küçük erkek çocukları kalabalığın içinde dolaşıp insanların fırlatmaları için tebeşir tozu satıyorlardı. Gençler gördükleri tüm kızları su tabancalarıyla vurarak koşuyorlardı.

Muhtemelen geçit töreninin yapıldığı yolun sonunda durduğumuzdan ve dansçılar bize ulaşana kadar yorulduklarından geçit töreni tam bir hayal kırıklığıydı. Herkes gürültülü, müziksiz bir eğlenceye daldı; gösterilerin çoğu rom veya bira şirketlerinin reklam amaçlı hazırladıkları şovlardı. Yine de bunun bir önemi yoktu. Diğer gösteriler başlayana kadar herkes sarhoş olmuş ve suyla sırılsıklam olan bedenleri tebeşir tozuyla kaplanmıştı. Gençler ucuz plastik maskeler takıyorlardı: Genellikle goril, şeytan ya da tek gözlü zombi olmayı tercih ediyorlardı. Erkekler, korku dolu "kurbanlarının" boynuna canlı yılanlar atıyorlardı. (Yılanların ağzı dikilerek kapatılmıştı.) Kurbanlar, kaçınılmaz bir biçimde güzel kızlar arasından seçiliyordu. Sarhoş çiftler ya ellerinde birer ahşap makineli tüfekle Rambo giysileri içinde ya da oyuncak yay ve oklarla Kızılderili ya da Afrikalı savaşçılar gibi giyinmiş hâlde kalabalığın içinde dolaşıyor ve önlerine gelenleri yalancıktan vuruyorlardı. Adamları başınızdan savmak için birkaç bozukluk vermek zorunda kalıyordunuz. Travestiler kırıtarak dolaşıyorlardı. Kasabadaki tüm erkeklerin üzerinde Valderrama perukları ve sarı renkli Kolombiya futbol takımı formaları vardı. Ellerinden bira eksik olmuyordu.

Karnaval dört gün sürdü. Geçit törenleri sallanan, sendeleyen ve sarhoş insanların katıldığı bu cümbüşün yegâne bahanesiydi. Günler geçtikçe su ve tebeşir tozu daha fazla tüketilmeye başlandı. Genç ve girişimci tebeşir satıcıları hızla azalan kaynaklara eklemeler yapıyordu. Rambolar ve Afrikalı savaşçılar daha çabuk sarhoş oluyor ve para konusunda daha ısrarcı davranıyordu. Sonunda açık bir tehdit haline geldiler. Kapı eşiklerinde uyuyan insanların sayısı her geçen gün arttı.

Gece kulüpleri akşamları özel konserler düzenliyordu. Ünlü Celia Cruz'un sahne aldığı konserlerden birine gittik. Daha doğrusu, onlarca tezgâh ve geçici barla başlı başına küçük bir festival olan konser sırasında otoparkta takıldık. Konsere, uzun sarı saçları ve kolsuz kot ceketiyle Alman heavy metal gitaristlerine benzeyen, Alman asıllı Rainer ve bizimle aynı otelde kalan, macera düşkünü iki kız olan Jackie ve Jennifer ile birlikte gittik.

Bir önceki gece, sarhoş bir adam sendeleyerek bara girip silahını çekip etrafa rastgele ateş açtığı sırada Jackie ve Jennifer da bardaydı. Herkes masaların altına saklanmıştı. Sarhoş adam birkaç el daha ateş ettikten sonra kapının eşiğinde bir anlığına durmuş ve yine sendeleyerek bardan uzaklaşmıştı. Adamın gitmesiyle herkes masaların altından çıkmış ve içmeye devam etmişti.

Birkaç içme oyunu oynadık, ardından diğer barlara göz atmaya karar verdik. Sarhoş bir Kolombiyalı ve genç bir Venezuelalı da yolda bize katıldı.

Sarhoş Kolombiyalı gururlanarak: "Kolombiyalı kızlar, dünyanın en güzel kızlarıdır." dedi. Melissa gözlerini devirdi. Venezuelalı delikanlı iş adamı olduğunu söyledi. Karnavala yeni bir sakız markası olan Chigletleri satmak için gelmişti. Jackie, gecenin erken saatlerinde barın birinde kendisini sarhoş Venezuelalı Chiglet satıcısıyla baş başa buldu. Delikanlı kıza karşı olan duygularını açıklamak için pantolonunu ve donunu indirdi. Jackie ağlaya ağlaya tuvaletten çıktı. Chiglet satıcısının kafası karışmıştı.

Endişeli bir tavırla: "Sence Jackie benden hoşlanıyor mu?" diye sordu.

Sarhoş ve gözyaşları içindeki Jackie'yi bulup bir taksiyle eve getirdik.

"Sadece birazcık eğlenmek istedim." diyerek hıçkırdı.

Karnaval: Joe Arroyo ve Grupo Niche gibi Kolombiya'nın en iyi gruplarının ve Küba'dan, New York'tan ve Puerto Rico'dan gelen dünyaca ünlü salsa yıldızlarının sahne aldığı Latin Amerika'daki televizyonlar tarafından naklen verilen ve bir beyzbol stadyumunda düzenlenip iki gün süren Festival de Orquestas konserleriyle doruğa ulaştı.

Salsa, Karayip'in ve asla açık olarak ifade edilmese de siyahilerin müziğidir. İspanyol Amerika'sının siyahi veya Mulato nüfusuna sahip bölgelerinde oldukça popülerdir: Küba, Puerto Rico, Panama, Venezuela, Kolombiya ve Ekvator sahili. Salsa terimi, büyük olasılıkla ilk defa Jerry Masucci tarafından 1973 yılında müziğe sokuldu. Yahudi bir New Yorklu olan adam, salsanın Motown'ı olan Fania Records'un sahibiydi.[42] Ancak müziğin kökeni, on dokuzuncu yüzyıl Küba'sının siyahi halkına kadar uzanır. Yoğun olarak Afrika'ya özgü vurmalı çalgılar ve yine Afrika'ya özgü çağrı-yanıt ezgileri (solo ve nakarat) kullanılmaktadır. And Kızılderililerinin flütleri ve kavallarıyla yaptıkları melankolik müzikten çok uzaklardaydık.

Civardaki bir üst geçit sayesinde sahneyi görebildiğimiz için para verip bilet almamıza gerek kalmamıştı. Buradan; büyük bir duygu yoğunluğuyla çalınan sesli enstrümanları, kusursuz vokalleri ve can alıcı vurmalı çalgıları izledik. Grupların çoğu, 15-20 kişilik büyük gruplardı. Grup üyelerinin tümü, Batı'da The Temptations ile başlayan modaya uygun şık takım elbiseler içinde eşzamanlı adımlar atarak dans ediyorlardı. Sanki

42 Diğer yandan terimin kökeni konusunda çok sayıda farklı açıklama bulunmaktadır.

takım elbiseleri tek bir elden çıkmıştı ve her nedense daima grubun en şişmanı olan trompetçi, kendisine üç beden küçük gelen bir takım elbisenin içine sıkışmıştı. En iyi grup ödülü, ilk defa 1955 yılında bir gece kulübünde sahneye çıkmış olan Gran Combo de Puerto Rico'ya gitti. Diğer yandan, asıl etkiyi yaratan gruplar incelikten yoksun ve kaba ezgileriyle yerel vallenato gruplarıydı.

Karnavalın son gecesinde Festival de Orquestas'ta sahne alan grupların çoğunun sahneye çıkacağı kapanış gösterilerine gittik. Bir önceki gece tanıştığımız genç Venezuelalı Chiglet satıcısıyla karşılaştık. "Kanadalı kız sence benden hoşlanıyor mu?" diyerek sorusunu tekrarladı. Belki de bir yerlerde hata yaptığını hissetmişti. Sahnenin önü su içindeydi. Sahneye yaklaşanlar su ve tebeşir tozu bombalarıyla karşılaşıyordu. Suyla sırılsıklam olmuş tişörtleri ince bedenlerine yapışan gençler, kalabalık içinde çığlıklar atarak birbirlerini kovalıyorlardı. Ana sahnenin her iki yanına, birbiriyle rekabet etmekte olan grupların albümlerini çalan iki devasa ses sistemi yerleştirilmişti. Gruplar sahne almaya başladığında bile buna devam ettiler. Sahnenin önüne yaklaşıp su ve tebeşir bombalarıyla savaşmayı göze almadığınız sürece sahnede çalınan müziği duymanız imkânsızdı.

Sokaklar ertesi sabah tam bir savaş alanı gibi görünüyordu. Dükkânların panjurları hâlâ kapalıydı. Kaldırımların ve yolların üzeri, plastik torbalar ve bira kutularıyla örtülmüştü. Gazeteler rüzgârla uçuşuyordu. Uyuşturucu bağımlıları ve sokak çocukları, bir önceki gece çektikleri nedeniyle hâlâ uyuyorlardı.

Diğer bir deyişle, her şey normale dönmüştü.

Costenolar

Costenolar; sıcak kanlı, arkadaş canlısı, gülmekte veya gülümsemekte zorlanmayan insanlardır. Fakat sanki kaybedilmiş bir cennette yaşıyorlardı ve bunun hüznü gözlerinden okunuyordu. Ülkeleri çok güzeldi: *Que rico.* Potansiyellerle dolu zengin bir ülkeydi. Yine de tam bir karmaşanın ortasında yaşıyorlar. And Kızılderilileri de zor hayatlarını bir gece olsun unutmak için içip sarhoş oluyorlar ama en azından, kim olduklarını ve onları kimin soyduğunu hatırlayacak asaleti asla elden bırakmıyorlar. Ne tam bir Avrupalı ne de tam bir yerli olan *Mestizo* Kolombiyalılar bunu bile yapamıyordu. Onlar, yoksul bırakılanlar ve yoksul bırakanlardı; hem kurban hem de faildiler.

Miramar'daki Alman sırt çantalılardan biri bana "Kolombiya'yı seviyorum." dedi. "Ülke henüz doğuyor. Avrupa gibi değil. Avrupa çürüyor; kültürümüz yaşlandı, öldü. Burada ise küçük parçalardan yepyeni bir şey doğuyor: İspanyollar, Kızılderililer ve siyahiler. Hayat ve enerji burada, müzikte, insanların içinde."

Ölü Mangrov ormanını aşarak Santa Marta'ya dönen otobüse bindik. Film, 1960'lı yıllara ait bir komedi filmiydi ve gündüzleri bir çello sanatçısı olmasına rağmen geceleri karanlık gece kulüplerinde vahşi bir salsa dansçısına dönüşen bir kadını konu alıyordu. Güney Amerika'ya geldiğimizden beri izlediklerimiz arasında kimsenin öldürülmediği tek filmdi. Şişko Alberto'nun bizi duygusal bir tavırla karşıladığı ve Melissa'yı ter içindeki vücuduyla kucakladığı El Prado'ya yeniden giriş yaptık.

Delikanlı, "Ah, merhaba. Güzel güzel." diye iç geçirdi.

4. Bölüm
RESİFLER

"Nefes al, havayı içine çek!
Umursamaktan korkma!
Git, ama terk etme beni.
Etrafına bak ve seç toprağını.
Yaşamın boyunca ve uçabildiğin tüm yükseklikler
Ve dağıtacağın gülücükler ve akıtacağın gözyaşları
Ve tüm dokundukların ve tüm gördüklerin
Budur işte tüm yaşayıp yaşayacağın."

"Breathe" **Pink Floyd**

gibi görünen ormanlarla kaplı dik tepeler uzanıyordu. Geçit vermeyen dağ etekleri, Sierra Nevada de Santa Marta'nın yüksek zirvelerine doğru dimdik yükseliyordu. Nabusimake ise gördüğümüz tepelerin hemen üzerinde ve kartal uçuşuyla sadece altmış kilometre uzaklıktaydı ama yoldan gitmeye kalkarsanız üç günlük bir yolculuk sizi bekliyordu.

Burası seyahat ederken hayalini kuracağınız yerlerden biriydi. Kir pas içindeki bir üçüncü dünya şehrinden ya da hastalık yayan pansiyon müsveddelerinden bahsetmek mümkün değildi. Dalgalar bomboş ve vahşi sahili döverken arkanızdaki palmiye ağaçları rüzgârla birlikte sallanıyordu. İnsana yaşadığını hatırlatan yerlerden biriydi. Her ne kadar terk edilmiş gibi görünse de palmiye ağaçlarının arasında bir yerlerde yaşamakta olan otuz kadar yerli ve bir o kadar da turist vardı. Bazıları sadece birkaç gün kalırken bazıları birkaç ay boyunca buradan ayrılamıyordu.

Gringo yolunun tüm renkleri Resiflerde bir araya gelmişti: Hazırlık sınıfındaki masum yüzlü gençler, evlerinin neresi olduğunu hatırlayamayacak kadar uzun bir süredir seyahat eden görmüş geçirmiş gezginler, yoga hareketlerini çalışan Yeni Çağ sufileri ve kokain çekip duran parti hayvanları.

Ormanlık tepelerin sahili kuşatma şekli nedeniyle kendimizi sanki bir adadaymışız gibi hissediyorduk. Hiçbir yol olmaması ve orman boyunca yapılması gereken uzun yürüyüş, gündelikçileri bu bölgeden uzak tutuyordu. Ortalıkta doğru düzgün tek bir Kolombiyalı bile yoktu. Belki de içeri girebilmek için gerekli rüşveti verebilecek durumda değillerdi.

Resifler bölgesi üç restorandan oluşuyordu. Salaş ve gezginler arasında oldukça popüler olan Arrecifes Restaurant karşılaştığımız ilk mekândı. Onun hemen yanında, parka ulaşabilen Kolombiyalılar tarafından tercih edilen El Paraiso vardı. El Paraiso'nun çalışanlarının çoğu gün boyunca boş boş oturuyordu. Santa Marta'dan sebze meyve getiren eşekli adamlar, bisküvi ve mumdan başka bir şey satmıyor gibi görünen küçük bir mağazada çalışan birkaç kız, iki resepsiyon görevlisi, üç temizlikçi, iki garson ve bir aşçı...

Üçüncü restoran şişman bir adam, karısı ve en az babası kadar şişman on iki yaşında bir oğlan çocuğu tarafından işletiliyordu. Deniz kenarından biraz içeride, Hindistan cevizi ağaçlarının arasında bulunan restoran süsten ve gösterişten uzak basit bir yerdi. Küçük binanın içinde sadece birkaç ahşap masa vardı. Her ne kadar menü, fiyatlar ve yiyeceklerin kalitesi diğer restoranlarınkiyle tıpatıp aynı olsa da burası hep boştu.

Gringoların, ara sıra yerlilerle çıplak ayak futbol oynadığı kirli bir futbol sahası da vardı. Bu bir tuzaktı. Kolombiya takımı, şişman yaşlı adamlardan ve çocuklardan oluşuyordu ama istisnasız kazanıyorlardı. Maçın sonuna uzun bir süre kala, Gringoların narin ayak tabanları yara olmaya başlıyordu ve koşmak bir yana yürüyemeyecek hâle geliyorlardı. Bir hafta boyunca acı içinde topallayan, ayaklarının altındaki kesiklerle uğraşan Gringoları gördüğünüzde yakın zamanda maç yapmış olduklarını anlayabilirdiniz.

Her ne kadar esrar tüttürdükten sonra oturup Bob Marley dinleyen birkaç sırt çantalıyı tanımlamak açısından doğru bir kelime olmasa da "hareketin" merkezi bu üç restorandı.

Sahilden sekiz yüz metre kadar içeride kamp kurduk. Böyle yerleri ilkel şehirler gibi görmeyi seviyorum. Restoranlar harabe halindeydi. Bardan çıktıktan sonra sendeleyerek yürüdüğü mesafeyi kısaltmak isteyenler restoranların hemen yanındaki "şehir merkezinde" kamp kuruyordu. Bizim seçtiğimiz yer ise kırsal kesimlerdi.

Burada uzun süre kalan insanlar doğru düzgün bir kamp kurmak ve kendi yemeklerini pişirmek istediklerinde bizim yaptığımızı yapıyorlardı. Buradan, sahil boyunca dizilmiş restoranlara ulaşmak için sadece beş dakika yürümeniz gerekiyordu ve bu yürüyüşü hamağınızda rahatça uzanıp dinlenirken planlayabiliyordunuz.

Hamaklarını kurmak için çalılıkların arasında uygun bir yer bulmak için biraz daha uzaklaşan sadece birkaç kişi vardı. Sık sık bronzlaşmış ve bir deri bir kemik kalmış bir hippi elinde tuttuğu palasıyla gizemli bir biçimde çalılıklardan arasından çıkıyordu.

Resifler bölgesinin bu gibi insanlara sunduğu olanağın, ellerinde palalarıyla gezebilmeleri olduğuna inanmıştım. Kolombiyalı çiftçiler için normal olmasına rağmen idolü bir Indiana Jones özentisi karadul mancınığını göstermek için bir şekerleme fırlatıp da şekerleme Nairobi'deki bir pansiyonun duvarını kafamın iki santim yanından deldiğinden beri gereksiz yere tehlikeli silah taşıyan gezginlerden bıkıp usanmıştım. Adam bile şekerlemenin duvarda açtığı deliğin boyutunu görünce şaşkınlıktan küçük dilini yutmuştu.

Peublito

Çadırımızı ve hamaklarımızı kurduktan sonra dalgaların sürüklediği ağaç dallarını kullanarak kendimize bir rüzgarkıran inşa ettik. Biraz odun ve yavaş yanmasına rağmen yüksek ısı veren Hindistan cevizi kabuklarından topladık. Resiflerden ayrılmak için gerekli enerjiyi toplayıp da ayrılma cesaretini gösterebilen kişilerin arkalarında bıraktıkları eski tencere ve tavalardan temin ettik. Kısa süre içinde düzenimizi kurduk. Melissa ve ben geçtiğimiz birkaç ay içinde oldukça fazla yeri gezmiştik: dağlar, balta girmemiş ormanlar, doğa yürüyüşleri. Sonunda dinlenebileceğimiz için mutluyduk.

Civardaki görülmeye değer tek yer, Tayrona Kızılderililerine ait Peublito adında virane bir köydü. Köy, birkaç taş basamaktan ve yükseltilmiş platformlardan oluşuyordu. Ahşap binalar, uzun zaman önce doğa tarafından ele geçirilmişti.

Ziyaretçilere köyün bir zamanlar nasıl göründüğüne dair bir fikir vermek için Tayronaların varislerinden Kogi Kızılderilileri burada yaşamaya teşvik edilmişlerdi. Kızılderililer için Nabusimake'de kaldığımız kulübeye benzer dairesel saz kulübeler inşa edilmişti.

Tayrona Kızılderilileri, yüzyıllar boyunca Sierra'nın yamaçlarında yaşamışlardı. Pueblito, son yıllarda Güney Amerika'da yapılan en büyük arkeolojik keşiflerden biri olan devasa Ciudad Perdida'nın da dâhil olduğu kasabalar ağının sadece bir parçasıydı. Yetenekli gök bilimcilerden ve matematikçilerden oluşan halk, yüz yıldan uzun bir süre boyunca İspanyollara karşı direndi. Pueblito, sahilden rahat tempoda iki saatlik bir tırmanış mesafesindeydi ve köye giden patika, orman sayesinde güneşin kızgın ışınlarından korunuyordu. Yarı yolda balta girmemiş ormanlara ve okyanusa bakarak uzanıp içki içebileceğiniz devasa ve düz bir kaya parçası vardı.

Kolombiya Otu

Günlerimizi; hamaklarımızda yatıp kitap okuyarak, mektup yazarak, kahve almak için restoranlara dek yürüyerek, diğer gezginlerle sohbet ederek, yakacak odun toplayarak ve asıl önemlisi ateş yakmaya çalışarak geçirdik.

Nemli deniz havası odunları ıslattığından ve okyanustan esen rüzgâr hiç kesilmediğinden ateş yakmakta, olması gerekenden daha fazla zorlandık. Melissa, ben kaynatacak suya ulaşana kadar insanlarla konuşacak konu bulamadığından yakındığı için insanlara kahve ikram etmekten vazgeçtik. Ateş yakmayı başardığımızda oradaki balıkçılardan birinden balık aldık ve balığı Hindistan cevizi sütünde kızarttıktan sonra tatlı olarak romda muz pişirdik.

Kimi zaman çadırımızda kimi zaman ise hamaklarımızda uyuduk. Ta ki bir sabah uyanıp da hamaklarımızın ipinin kesildiğini görene kadar... Hamaklarımızı, restoranların kiraladığı hamaklarla değiştirdik ve Resifler bölgesinin cennet gibi bir yer olmasına rağmen suç işlenmeyen bir yer olmadığını anladık.

Ortalıkta elden ele gezen bir ot vardı. Kogi Kızılderilileri, arada sırada tepelerden biraz ot getiriyordu. Kolombiya otu iyiydi ve Vietnam Savaşı'nda Amerikan birliklerinin içtiği esrarın büyük bir bölümü Santa Marta tarafından tedarik edilmişti. Bu, onların anti-kolonyal çabalara katkılarıydı. Ottan birkaç nefes aldıktan sonra zaten huzurla dolu olan sahil adeta cennetten bir köşeye dönüşüyordu.

İki yerel polisin her an sahili basabileceği konusunda dedikodular döndüğünden herkes otunu kuma gömüyordu. Otu oldukça iyi bir şekilde saklamalıydık zaten gömmemizin asıl nedeni de buydu. Yapmamız gereken tek şey, otu gömdüğümüz noktayı unutmayıp ertesi gün kazıp çıkarmaktı.

Fakat otu her defasında kafamız güzelken gömüyorduk. Kafanızın güzel olduğu an, bir şeylere dikkat etmek açısından en yanlış andır. Kafanız güzelken ancak belirsiz ve yaklaşık tahminlerde bulunabilirsiniz. (Şey .. Sanırım... kumda... yani .. galiba...) Tekrar ot içmek istediğimiz zaman noktayı bir türlü bulamadım. Olması gereken yeri kazdım ama...

Orada değildi.

Bir süre boyunca noktaya baktık. Başka nereye koymuş olabileceğimizi hatırlamak için kamp alanını taradık. Belki de bir önceki günün noktasına bakıyorduk. Belki de bugün başka bir yere gömmüştüm. Bu konuya biraz daha kafa yordum, sonra neyi aradığımı unuttum, denizi izledim, bir şeyi hatırlamaya çalıştığımı hatırladım, hatırlamaya çalıştığım şeyi hatırlamak için birkaç dakika daha harcadım ve canım tekrar ot içmek istedi. Kafam ancak tekrar ot içmek istediğim anda çalıştı ve noktanın yerini hatırladım.

Melissa'ya "Nokta burası değil mi?" diye sordum.

"Evet, hemen orada, elinin olduğu yerde." diye yanıtladı.

Ama orada değildi.

Kumu kazmaya başladık. Küçük delik, neredeyse çadırımızı boylu boyunca saran bir dala ulaşana kadar genişledikçe genişledi. Durumu yeniden değerlendirmek için durdum.

"Durum iyi değil. Hiçbir yerde bulamıyorum."

"Neyi hiçbir yerde bulamıyorsun?"

"Ne?"

"Neyi hiçbir yerde bulamıyorsun?"

"Hayır, az önce ne dedin?"

"Hayır, onu söyleyen sendin. Neyi kaybettin?"

"Otu kaybettim. Otu!"

"Oh. Ot burada ki! Deminden beri elimde tutuyorum."

"Deminden beri elinde mi tutuyorsun? Neden söylemedin?"

"Otu aradığını bilmiyordum."

Bir cigaralık daha sardık ve bir süre boyunca dalgaları izledik.

"Bunu tekrar gömsek iyi olur. Ne olur ne olmaz."

"Tamam. Ama bu defa nereye gömdüğüne iyice dikkat et."

Oturup çevremize bakındık. Arkamızdaki kampta, ellerinin ve dizlerinin üzerine çökmüş onlarca insan kumu kazıyordu.

Dediğim gibi, Kolombiya otu gerçekten iyiydi.

Yüzme Havuzu

Resifler pek de kusursuz değildi. Hemen önümüzdeki sahilde aldatıcı ve tehlikeli dip akıntıları vardı. İnsanlar sahilden sadece birkaç metre ötede boğulmuşlardı. Beş ay boyunca sahilde kamp yapmış bir İtalyan olan Carlos, geçtiğimiz yıl burada on iki kişinin boğulduğunu söyledi. Bu ölümlerden sonuncusuna tanıklık etmişti. Ölen, balayındaki bir Kolombiyalıydı. Kadının akıntıya kapıldığını gören adam, kadına yardım etmeye koşmuştu. Kadın kurtulmuş ama adam hayatını kaybetmişti. Hiçbir cankurtaran donanımı yoktu ve yegâne uyarı işareti, restoranlardan birinin önünde bir ağaca çivilenmiş küçük bir tabelaydı.

Sahil boyunca yirmi dakikalık bir yürüyüş sonrasında kayalarla ve mercanlarla çevrilmiş doğal bir yüzme havuzuna denk geldik. Havuzun arka tarafında bir balıkçı, ailesiyle ve gün boyu turistler için balık pişiren büyükannesiyle birlikte yaşıyordu. Balık ağları sahile serilmişti.

Yemek pişirme ve günlük odun toplama faaliyetlerinin dışında Resiflerde istisnasız her gün yaptığımız bir diğer şey, yüzme havuzuna gitmekti. Çok güzel bir yerdi. Havuzu koruyan kayalar güçlü dalgalar tarafından dövülürken siz, kayalardan sıçrayan minik su damlalarının eşliğinde ılık ve durgun suda yüzebiliyorsunuz. Saatlerce sudan çıkmadan sahili ve brokoli tepelerini izliyorduk.

Havuzun bulunduğu koya gelirken kullandığımız yol, Hindistan cevizi ağaçlarının arasından geçerek iki büyülü kovuğun yanından dolaşıyordu. Deniz kabardığında bu koyların altın rengi ince sahillerine geçit vermeyen devasa kayalıklara tırmanmak zorunda kalıyorduk. Enkaza dönmüş bir balıkçı teknesi, bunlardan birinin girişini kapatıyordu.

Kaçakçılar

Yakın geçmişe kadar buradaki başlıca ticari faaliyet uyuşturucu kaçakçılığıydı. Koşullar kusursuzdu: Balta girmemiş ormanlar tarafından gizlenen ve Sierra Nevada de Santa Marta tarafından şehirden ayrılan gözlerden ırak bölge, ideal bir iklime sahipti ve Karayip'ten Amerika Birleşik Devletleri'ne doğru uzanan yol üzerindeydi. Sierra'nın denize doğru alçalan ormanlarla kaplı yamaçları, Kolombiya'nın kenevir üretimi açısından en gözde bölgesidir. Yine de Santa Marta'nın 1960'lar ve 1970'lerde doruk noktasına ulaşan kenevir üretimi, ülkenin uyuşturucu çeteleri daha fazla para getiren kokain işine odaklandığından zaman içinde düşmüştür. Resifler bölgesindeki ailelere göre kenevir, kokain, balık ya da Hindistan cevizi aynı şeydir: Bunların tümü, sadece birkaç peso daha kazanmalarını sağlayan ekmek kapılarıdır.

Helena

Melissa ve ben kampımızı sahilin hemen arkasındaki Hindistan cevizi ağaçlarının altında kurmuştuk. Yanımızda hamaklarından sadece denize girmek için uzaklaşan üç genç İngiliz ve Helena vardı.

Deniz kabuklarından ve deriden yaptığı takılarla hayatını sürdüren Helena, bir yıldır Kolombiya'daydı. Kolombiya'ya geldiğinden beri üç defa tutuklanmış, iki defa silahlı adamlar tarafından alıkoyulmuş ve iki defa kaçırılmıştı. Gerillalar tarafından durdurulan bir otobüste olduğundan bahsetmişti. Otobüsü durduran gerillalar insanları sırtları otobüse bakacak şekilde dizmiş ve yolculara buradaki insanların neler için çabaladığı konusunda güzel bir vaaz vermişlerdi. Vaaz bittiği zaman yolcular "aynı anda" gerillaları alkışlamaya başlamışlardı. Birkaç tane makineli tüfek, insanların konuların en hassas detaylarını bile takdir etmelerini sağlıyordu. Ardından gerillalar yolcuları tekrar otobüslerine bindirmişti. Yolcular soyulmamıştı.

Helena, bize ilk kaçırılışını anlattı. Otostop çekiyordu ki on sekiz yaşındaki sarışın bir İngiliz kızın, Kolombiya gibi bir yerde buna kalkışması için ya çok cesur ya da çok aptal olması gerekiyordu. Orta yaşlı bir adam arabasını önüne çekmiş ve gideceği yere götürmeyi teklif etmişti. Adam kıza yeterince güvenilir görünmüştü çünkü adamın yaşlı anne ve babası arabanın arkasında oturuyordu. Adam bir süre sonra bir köyde durmuş ve ailesini bırakmış, ardından da bir silah çıkarıp kıza, söylediklerini yapmasını emretmişti. Adamın planı, Venezuela sınırına gitmekti. Kız da kokain yüklü bir aracı kullanacaktı. Adam kızı evine kilitleyip kokain için gerekli düzenlemeleri yapmaya gitmişti. Ama Helena bir şekilde arabanın anahtarlarını bulup saklamıştı. Adam kıza küfürler etmiş ve kızı tehdit etmişti ama kız istifini bozmamıştı. Helena, adamın uyumasını bekleyeceğini ve ardından köyün belediye başkanının evine kadar adamın arabasıyla gideceğini söylemişti.

Adam: "Tamam." demişti. "Belediye başkanı benim erkek kardeşim olur."

Kız yine de anahtarları vermeyi reddetmişti. Biraz daha küfredip tehdit eden adam, kıza hiçbir şekilde şiddet uygulamadan gitmesine izin vermiş ve tüm planını iptal etmişti. Tam bir Kolombiya hikâyesiydi: Dram, korku, beceriksizlik ve maskaralık bir aradaydı.

Carlos

Carlos'un çadırı hemen arkamızdaydı. İtalyan'dı. Reşiflerdeki en düzenli çadır onunkiydi. Her sabah çadırının önünü süpürüp toz alıyordu. Kırk yaşındaki Carlos, sahildeki en iyi vücuda sahipti; kaslıydı, vücudunda tek bir gram yağ bile yoktu ve siyah sakalını her gün düzenli olarak tıraş ediyordu. Carlos'la ilgili her şey düzenliydi. Fransa Birliği'nden henüz ayrılmıştı ki bu, vücudunun durumunu ve düzene yönelik askerî manyaklığını açıklıyordu. Her sabah erkenden uyanıyor, çadırının çevresindeki alanı temizliyor, biraz kahve yapıyor ve ardından tam olarak gün ortasına kadar hamağında yatıp kitap okuyor, ardından bir kahve daha yapıyor ve bambudan imal edilmiş nargile içiyordu. Bir ya da iki saat boyunca uzandıktan sonraki iki saatini, zıpkınıyla balık avlayarak geçiriyordu. Ondan sonra odun toplamaya gidiyor ya da sahilde koşuya çıkıyor ve akşam yemeğini hazırlıyordu. Adam alışkanlıklarına düşkündü.

Sahilde nasıl yaşayacağını da biliyordu. Ben ona bir duman bulutunun içinden bakarken, o ateşini bir çırpıda yakıyordu. Palasıyla sadece iki hamlede en sert Hindistan cevizini bile kırabiliyordu. Bu işin de sanıldığı kadar kolay olmadığını öğrenmiştim. Aynı şeyi denediğimde, pala yaşamımı tehdit eden bir hızla bana doğru sekmişti. Carlos'a, zengin turistler için "sahilde hayatta kalma" dersleri vermesini önermiştim. Onları terk edilmiş bir sahile götürebilir ve birkaç hafta boyunca Robinson Cruose fantezilerini yerine getirmelerini sağlayabilirdi. Hele bir de son akşam yemeğinde turistler için ıstakoz hazırlayıp bir servet kazanabilirdi.

Bunların tümü egzersiz gerektiriyordu ve Carlos'ta bundan yeterince vardı. Geri kalanımızın iki haftalık bir seyahate giderken hazırlayacağı valizle, dört ya da beş aylık seyahatlere çıkıyordu. Napoli'de balıkçılıkla uğraşan bir ailede büyümüştü ve hayatını belirli aralıklarla dalgıçlık yaparak kazanmıştı. Zıpkın kullanmak konusunda ustaydı, balık ve Hindistan cevizi yiyerek besleniyordu ve sadece pirinç ve pişirme yağı gibi temel birkaç ihtiyacını satın alıyordu. Hayatını daha ilginç kılmak için sadece yakalaması çok zor olan özel balıkların peşinden gidiyordu.

"Karşına çıkan her balığı vurursan spor olmaktan çıkar." dedi. "Bunun yerine elim boş dönmeyi yeğlerim."

İyi bir gün geçirmişse diğer turistlere balık satabiliyordu: hepsi denizden yeni çıkmış orfoz, uskumru, kırlangıç balığı, ahtapot ya da ıstakoz. Tabii ki o kadar uzağa yürümeye zahmet edebilseydik aynı balıkları yerli balıkçılardan çok daha ucuza alabilirdik.

Bir gün, Carlos devasa bir ıstakoz yakaladı ve ıstakozu çadırının dışındaki "satılık" kovasına koyup ıstakoz için 10.000 peso istedi. O ana kadar gördüğümüz en büyük ıstakoz olduğundan paramızı ıstakoza harcamaya karar verdik. Istakozu canlıyken pişirmemiz gerektiğini biliyordum ama bizimki Carlos'un kovasında cansız bir şekilde yatıyordu. Pazarlık yapmaya karar verdik.

Melissa: "Carlos, bu ıstakoz ölü." dedi.

Carlos: "Hayır, değil." dedi.

Kontrol etmek için ıstakozu elime aldım. Bacaklarından biri yere düştü.

"Bana oldukça ölü gibi görünüyor." dedim.

"Hayır hayır, sadece dinleniyor." dedi.

"Dinleniyor mu? Hayır, Carlos, bu ıstakoz ölü."

"Hayır hayır, bilirsiniz, öğle saatlerinde uyurlar."

Carlos'un Monty Python'un papağan şakasını yaptığına yemin edebilirdim ama Carlos daha önce Monty Phyton isimli birini duymadığına dair yeminler etti. (Monty Pyfon, o da kim?) Yine de ıstakozu aldık ve saatler süren bir ziyafete başladık. Aslında saat süren şey, ıstakozu çakıyla kırmaya çalışmamızdı ancak ara sıra ıstakozun orasından burasından ağız dolusu ısırıklar almayı başardık.

Carlos, Akdenizli görünümü ve düzgünce kesilmiş sakalıyla Ulysses'in zaman içinde yolculuk etmiş, çok uzaklardaki bir sahilde mahsur kalmış ve "normal" hayata dönemeyecek kadar uzun süredir yollarda olan bir kopyası gibi görünüyordu.

Fransa Birliği'nde geçirdiği süre dâhil olmak üzere son on beş yıldır yollardaydı. Carlos, o ana kadar ziyaret ettiğimiz her yere bizden önce gitmiş ve bizden en az beş kat daha fazla kalmıştı. Machu Picchu'nun eteklerindeki gezginlerin sadece trene binmek için uğradıkları küçük Aguas Calientes -hani şu içinde bok yüzen sıcak su kaynaklarının olduğu yer- köyünde on beş gün geçirmişti. Çad, Cibuti ve Afrika'nın diğer karanlık kesimlerinde yaşanan unutulmuş bir savaşta Fransa adına beş yıl boyunca çarpışmış ve ardından altı yıl boyunca Hindistan'da yaşamıştı. Burada, sembolik bir üç dişli mızrak dışında başka hiçbir mal varlığı ya da evi olmayan sadhu adı verilen gezgin bir Hindu bilgesinin yaşam tarzını benimsemişti. Saçını uzatmış ve Hintçe öğrenmiş, zamanını pipo içerek geçirmiş ve köylülerden aldığı yiyeceklerle beslenmişti.

Vizesi bittiğinde Hindistan'dan sınır dışı edilmişti. Adam Hindistan'a geri dönmüştü. Sonra tekrar sınır dışı edilmişti. Tekrar geri dönmüştü. Sonunda, kırk adamın aynı odada tutulduğu ve geceleri uyuyacak yer bulmak için dövüşmek zorunda kaldığı bir hapishaneye atılmıştı.

Carlos: "Kaldığım hücre yabancılar için ayrılmıştı." diye açıkladı. "Hintliler için ayrılan hücre bizimkiyle aynı ebatlardaydı ama içeride iki yüz kişi kalıyordu."

Carlos, Hindistan'daki hapishane deneyimine rağmen Hindistan'ı ve Hintlileri seviyordu. Gerçekten istediği tek şey oraya dönüp orada yaşamaktı. Bir defasında Hindistan'daki bir hastaneye gittiğini ve hastalara serum yerine doğrudan Hindistan cevizi takıldığını anlatmıştı. Hastanın Hindistan cevizindeki süt bittiği zaman hemşire gelip Hindistan cevizini değiştiriyordu. Hintlilere karşı duyduğu sevgi şaşırtıcıydı. Tüm diğer konularda ise geri kafalı bir faşistti.

Davut Yıldızı taktığımı görünce "Asla bir Yahudi'ye güvenmem." dedi. "Aslında Araplara da asla güvenmem." Tembel zenciler ve ukala Fransızlar; sefil, tembel ve cahil Güney Amerikalılar ve diğer herkes konusunda dert yanıp duruyordu. Şikâyetçi olmadığı tek konu Hintlilerdi.

Ölü ıstakozu bize satmadan hemen önce: "Asıl önemlisi asla bir İtalyan'a güvenme!" diye itirafta bulundu. O günden sonra Melissa, Carlos'un bıkıp usanmadan kendisini tavlamaya çalıştığını söyledi.

"Benim gibi güzel bir kadının senin gibi biriyle ne işi olduğunu öğrenmek istiyor." dedi.

Carlos'a doğru baktım. Dostça bir tavırla bana el salladı.

"Sahildeki diğer kızların sadece aptal çocuklar olduğunu söyledi. Beni topuklu ayakkabılar içinde görmek istiyor."

Carlos'un kendisine uygun bir kadın bulması oldukça zor olmalıydı. Adam; İngilizceyi, İspanyolcayı, Fransızcayı, İtalyancayı ve Hintçeyi akıcı bir biçimde konuşabiliyordu. Bunlardan birinde felsefeyle ilgili bir kitap okurken aynı anda iki farklı dilde, iki ayrı sohbete katılabiliyordu. Vücudunda tek bir gram bile yağ yoktu, zıpkınla dalıyordu, Hindistan cevizi kırabiliyordu ve hiç şüphesiz, çıplak elle adam öldürmeyi biliyordu. Diğer yandan gezgin bir Sadhunun yaşam tarzını paylaşıp topuklu ayakkabılar içinde gezmeyi isteyebilecek pek fazla kadın yoktu.

Carlos bir gün: "Bana şunu açıkla." dedi. "İngiliz erkekleri göt delikleri konusunda neden bu kadar takıntılı?" Bilmiyordum. Carlos ne demek istediğini açıkladı. "Ben Fransız Birliği'ndeyken İngiliz askerleri 'Yanan Göt Deliği' diye bir oyun oynuyorlardı. Bu bir şarkı. Bir gazeteyi kıvırıp kıvırıp götlerine sokuyor, gazetenin ucunu ateşe veriyor ve gazeteyi götlerinden çıkarmadan önce "Yanan Göt Deliği" şarkısını sonuna kadar söylüyorlardı. Bana bunun nedenini açıklayabilir misin?" Beş dil konuşabilen filozof Carlos, bu garip İngiliz davranışını kavrayamamıştı.

Michel

Carlos kendisine bir çırak buldu. Michel, Resifler bölgesinde takılıp sahilde yaşama sanatını bir ustadan öğrenmeye karar vermiş genç bir İtalyan'dı. Carlos neredeyse Michel en fazla bir iki metre arkasındaydı. Zıpkınla dalmayı, palmiye ağaçlarına tırmanmayı, Hindistan cevizi kırmayı, ateş yakmayı, balık avlamayı ve deniz kenarında yaşamak için gerekli tüm diğer şeyleri öğreniyordu. Baştan çıkarıcı bir teklifti: koşuşturmacayı bırakıp güzel ve el değmemiş bir yerde uğruna yaşanacak hiçbir şey olmadan, biraz para karşılığında balık satarak ve ardından yol üzerindeki bir sonraki el değmemiş tropik sahile doğru hareket ederek yaşamak.

Michel, Carlos'un cümlelerini kopyalamaya bile başlamıştı.

Bir gün Melissa, "Michel, ona seks konusunda ders verip veremeyeceğimi sordu." dedi. "Benim gibi güzel bir kadının senin gibi biriyle ne işi olduğunu öğrenmek istiyor."

Belki de İtalyan olmasındandı.

Lionel ve Pascale

Carlos beş aydır sahildeydi ama Fransız bir çift olan Lionel ve Pascale, buradaki ilk yıldönümlerini kutlamak üzereydiler. Pascale, balıkçılardan birinin karısına turistlere satması için Fransız ekmeği yapmayı öğretmiş ve karşılığında da balıkçı ailesi, küçük sahillerinde çiftin bedava kamp kurmasına izin vermişti.

Çadırlarının çevresini, kalın dallardan yaptıkları parmaklıklarla çevirmişler ve her ne kadar Carlos'un kamp alanındaki düzene sahip olmasa da sevimli bir kamp alanı yaratmışlardı. Dalgaların kıyıya taşıdığı odunları kullanarak bir masa ve tabureler yapmışlardı. Hemen başlarının üzerindeki Hindistan cevizi ağacının olgun meyvelerinin tadını çıkarıyorlardı. Sahilin hemen arkasındaki dolgu toprakta fırın olarak kullanmak için bir çukur bile kazmışlardı. Lionel, yerli balıkçılarla zıpkınla balık avlamaya giderken Pascale lezzetli ekmekler, Hindistan cevizi kekleri ve fırında balık pişiriyordu. Resifler'e gelmeden önce bir yıl kadar Honduras'taki küçük bir adada kalmışlardı. Ada o kadar küçüktü ki içme suyu almak için kanoyla yandaki adaya geçiyorlardı.

Bir gün Lionel tutuklandı.

Kıyının birkaç kilometre ilerisinde konuşlanmış iki yerel polis, ortada sıkıntılı bir durum olmadığını görüp kampta kullanılan ota ve kokaine göz yummuştu. Aradan birkaç hafta geçtikten sonra herkesin *el jefe* (patron) dediği kıdemli polisin yerine meraklı, bebek yüzlü ve herkese kimin patron olduğunu göstermek isteyen yirmi yaşlarında genç bir polis geldi. Yeni *el jefe* atına atlayıp Resifler bölgesine geldi ve Lionel'i cigaralık içmekten tutukladı. Lionel ayakkabılarını bile alamadan genç jefe tarafından sürüklenirken ve hapse atılmak üzere Santa Marta'ya götürülürken diğer polis omuz silkmekle yetindi.

O günün, Kolombiya'da büyük seçim günü olması küçük *el jefenin* şanssızlığı ama Lionel'in şansıydı. Son seçimlerde yüzlerce insan öldürüldüğünden Santa Marta polis şefi anlaşılır biçimde meşguldü. *El jefeye* son dört yılın en önemli gününde neden zamanını boşuna harcadığını sordu. Miramar'ın müdürü gelip Lionel'in kefaletini ödedi ve Lionel'in serbest kalmasını sağladı. Bunlar olurken, seçim hiçbir şiddet gösterisi olmadan -ki bu Kolombiya için küçük bir mucizedir.- gerçekleşti ve liberal Ernesto Samper seçimden galibiyetle çıktı. Kısa zaman içinde, seçim kampanyasının Cali uyuşturucu çetesi tarafından finanse edildiği iddia edildi ve adam, siyasi hayatı uğruna bireysel bir savaşa girdi.

Karısı onu terk ettiği için zilzurna olana kadar içip sağa sola bağıran Arrefices Restaurant'ın sahibi, Lionel Resifler bölgesine döndüğü zaman adamı palasıyla kovalamaya başladı. Çünkü bir gün önce karısıyla Lionel'i konuşurken görmüştü.

Phillipe

El jefe vazgeçmeye hazır değildi. Birkaç gece sonra Phillipe'nin kampına baskın düzenledi.

Christian isimli rastalı bir İsveçli, Phillipe, Fransız ve İtalyanlardan oluşan dört kişilik bir grup uzun süredir burada olan diğer kampçılardı. Biz Resifler bölgesine geldiğimizde onlar iki aydır buradaydı. -"Phillipe'nin kampı" dememizin nedeni Phillipe ile San Agustin'de daha önce tanışmış olmamız ve daha sonra adamın, Ekvator'daki Vilcabamba'da Mark'la bir ay geçirdiğini öğrenmemizdi.- Phillipe'nin kampında pek balıkçılık yapılmıyordu. Bunun yerine, kokain çekmeyi, esrar tüttürmeyi ve dinlenmeyi tercih ediyorlardı.

Bir gece, alışılageldik rutinleri sırasında iki atlı polis ağaçların arasından çıkıp doğrudan kamp alanına doğru yönelmişti. Polisler o kadar hızlı davranmıştı ki bizimkiler suçlanmalarına neden olacak kanıtları saklamaya zaman bulamamıştı.

"Elinizde esrar olduğunu biliyoruz ve bulacağız." diyen el jefe, kampı alt üst etti. İki polis; ateşin etrafındaki kumu kazdı, tencerelerin içine baktı, yiyecek paketlerini açtı, hamakları salladı ve herkesi sırt çantalarını açmaya zorladı.

Ama otu bulamadılar.

Sonunda vazgeçtiler ve kamp alanını şaşkın bir edayla terk ettiler. Phillipe, Christian ve diğerleri de şaşkındı. Ot gerçekten neredeydi? Sonunda Phillipe otu gördü, kampın ortasında kumun üzerinde herkesin gözü önünde duruyordu. O kadar ortadaydı ki kimse orada olduğunu fark etmemişti.

Sörf Yapan Domuzlar ve Diğer Hayvanlar

Resifler, çiftlik hayvanları başta olmak üzere çok sayıda hayvanla doluydu. Sahil boyunca homurdanarak yukarı aşağı dolaşan ve her an patlayacakmış gibi görünen üç tane şişman domuz vardı. Serinlemek için dalgaların arasında yuvarlandıklarını görmek o ana kadar karşılaştığımız en şaşırtıcı manzaraydı. Çirkin ve sinirli erkek bir hindi de vardı. Tüylerini kabartan ve sarkık kırmızı gerdanını açıp kapatan hayvan, Arrefices Restaurant ile tuvaletler arasındaki yolun yarısını evi belleyip kendisine ait toprak parçasına adım atan herkesi kovalıyordu. Yakınımızdaki ağaçlardan birine umutsuz bir örümcek maymunu bağlanmıştı. İpi, hızla geri çekilmeden önce ancak ilk dala atlayabilecek uzunluktaydı.

Çöpler için domuzlarla ve hindilerle kavga eden köpekler, kediler ve tavuklar da vardı. Brezilyalı bir gezgin, evcil sincabını da yanında getirmişti. Kertenkeleler, kurbağalar, yengeçler, kargalar ve sahilin hemen arkasındaki tatlı su gölünün içinde yaşayan üç leylek vardı. Papağanlar, akbabalar ve kimsenin ne olduğunu merak dahi etmeyeceği kadar küçük kahverengi kuşlar vardı. Tabii ki deniz her tür balık, ıstakoz, mürekkep balığı, yılan balığı ve köpek balığıyla doluydu.

Eşekler de vardı. Ormanda yol olmadığından yiyecekleri taşımak için kullanılıyorlardı. Restoran sahipleri, eşekleri beslemenin en ucuz yolunun hayvanların kamp alanlarımızda serbestçe dolaşmasına izin vermek olduğunu keşfetmişti. Ayrım yapmaksızın önlerine çıkan her şeyi yiyorlardı. Yiyeceklerinizi ya açamayacakları çantalara saklayacak ya da ağaçlara asacaktınız. Aksi takdirde gecenin bir yarısında çiğneme sesiyle uyanıyor ve fenerinizi yaktığınız zaman Santa Marta'ya gidip bütün bir gün boyunca aldığınız şeylerin bir eşek tarafından yenmekte olduğunu görüyordunuz. Geceleri düzenli bir şekilde *"burro!"* (eşek!) çığlıkları duyuluyor ve bunu, Hindistan cevizi kabuklarının sesi takip ediyordu. Hindistan cevizi kabukları sert ağaç gövdelerine çarptığı zaman eşek durumu yeniden değerlendirip oradan uzaklaşıyordu. Mukavva kutu ve kâğıt özellikle en sevdikleri yiyeceklerdendi. Helena, ona ödünç verdiğim bir kitabı süklüm püklüm bir tavırla geri getirdi.

"Umarım bunu daha önce okumuşsundur. Eşek ilk sayfasını yedi." diye özür diledi. "Ve sonuncusunu da..."

Okumamıştım. Yine de şanslı sayılırdım. İngiliz sırt çantalılardan birinin pasaportu eşek tarafından afiyetle yendi. Adamın bu durumu İngiliz Konsolosluğuna nasıl açıklayacağını hayal etmeye çalıştık: "Şey... Evet, doğru. Pasaportumu bir eşek yedi."

Phillipe eşeklerden birine binmeye çalıştı. Üzerine birinin oturmasından hoşlanmayan eşek, Phillipe umutsuzca üzerinde dengede durmaya çalışırken gaddarca hızlandı ve aniden durdu. Üzerindeki Phillipe'i bir roket gibi doğrudan kendi kamp ateşine fırlattı. Şans eseri ateşin sadece közü kalmıştı.

Karınca ordularından ve başımıza bela olan sineklerden ve sivrisineklerden bahsetmeden geçemeyeceğim. Lionel, Carlos ve Melissa haricinde burada uzun süre kalan kampçıların çoğunun ayak bileklerinde, kaşınarak yaraya dönüşen sivrisinek ısırıkları kara sinekler yüzünden enfeksiyon kapınca oluşan iltihaplı yaralar vardı. Phillipe'in dizindeki yara derin bir oyuğa dönüştü. Balıkçılardan birinden yardım isteyen Phillipe'in dizindeki enfeksiyon, ancak özel bir bitkinin ezilerek püre hâline getirilmesiyle elde edilen yeşil renkli yapış yapış bir macunun uygulanmasıyla kontrol altına alınabildi.

Tecavüz

Tek bir tiksindirici olay yaşandı. Restoranların çevresini kuşatan Hindistan cevizi bahçelerinde çalışan yerlilerden biri, zilzurna sarhoş olduktan sonra evine doğru yürürken İsveçli kızlardan birinin uyumakta olduğu çadıra girdi ve kıza tecavüz etti. Ertesi gün, diğer Kolombiyalılar olanları duyduğunda adamı dövdüler ve polise teslim olmaya zorladılar. Tecavüzcü daha ziyade acınası, yaşlı ve üzgün bir adamdı. Tüm bu yarı çıplak Batılı kadınların oradan oraya koşuşunu izlemek zorunda kaldığından onun için üzüldüm. Adamın asla ziyaret edemeyeceği ülkelerden gelen zengin ve bilgili yaratıklar olduklarından asla bu adam gibi yoksul, eğitimsiz, pek de yakışıklı olmayan ve yaşlıca bir adamın farkına varmazlardı. Sonuç olarak adam sarhoş olunca kontrolü, hüsran ve tutku aldı. Önce işini, sonra evini kaybetti.

Alışveriş

Melissa ve ben ara sıra yiyecek bir şeyler almak için Santa Marta'yı ziyaret ediyorduk. Serin ve gölgeler içindeki orman boyunca yaptığımız yürüyüşleri gittikçe daha çok sever olmuştum. Patikanın inişe geçtiği ve döndüğü yerleri artan bir aşinalıkla hatırlamak beni mutlu ediyordu.

Geri dönmek, park korucularını geçmek için bir yol bulmamız gerektiği anlamına geliyordu. Bir defasında ormanın içinde, giriş kapısını es geçen ve yaklaşık bir kilometre sonra asıl patikayla birleşen bir açı bulmuştuk. Ama karanlıkta balta girmemiş bir ormanda sessizce yürümek mümkün değildi özellikle hiç ses çıkarmamanız gerektiğinde... Ben, acemi adımlarımızın korucuların kulübesinin çok ötelerinden bile duyulabileceğini düşünürken büyük ve siyah bir örümceğin ağına takılan Melissa'nın çığlığı bütün planı bozdu. Daha fazla kaybolmadan vazgeçtik ve içeri girmek için korucularla konuşmaya karar verdik. Korucu bizi görmekten şaşırmamış gibiydi.

Şefkatle: "Ben park müdürüyüm. Sanırım çalılıklarda biraz sorun yaşadınız." dedi.

"Biz mi?" diye karşı çıktım. "Büyük olasılıkla bir hayvandan bahsediyorsunuz."

Rüşvet gibi bir şey önermemiz gerektiğini hissettik. Ama nasıl? Rüşvet nasıl verilirdi ki? Güney Amerika'dan beklediğiniz her şeyin aksine henüz kimseye rüşvet vermemiştik. Yere para düşürmeli ve alıp almayacağına mı bakmalıydım? Gizemli bir tavırla "özel giriş ücreti" diye bir şeyin var olup olmadığını mı sormalıydım? Ya da dolandırmadan doğrudan:

"Bak dostum, ne kadar istiyorsun?" mu demeliydim? Sonunda konuyu adamın açmasını beklemeye karar verdik. Bir şey istiyorsa nasıl olsa bunu ifade edecekti. Fakat adam, İngilizce kursundan bahsetmek konusunda daha istekliydi. Ucundan fiillere ve zamanlara girdik. Oradan isimlere geçtik. Kişi zamirleri, telaffuz ve cinsiyetlerden sonra gitmemize izin verdi.

İspanyolca "Tamam, içeri girebilirsiniz." dedi. Kursta henüz hiç gerçek hayatta kullanılan İngilizceyi öğrenmemiş gibiydi. "Hava karardıktan sonra buralarda yürümek çok tehlikeli. Korucularım parkta devriye geziyorlar ve geceleri öldürmek için ateş etmeye yetkileri var. Burada çok sayıda suçlu var. Kaçakçılar başınıza bela olabilir. Benimle gelmeniz daha güvenli olur."

Bize eliyle cipe doğru işaret etti ve bizi, patikada götürebileceği kadar ileri götürdü. Parkın, yirmi kilometre boyunca sahilden uzandığını ve oradan tekrar dağlara doğru yükseldiğini, sadece dört korucusu olduğunu ve temizlik işleminin bu nedenle bu kadar uzun sürdüğünü anlattı. Patikanın aracın geçemeyeceği kadar inceldiği bir yerde bizi bıraktı. Önümüzde balta girmemiş ormanların içinde yapılacak en az bir saatlik bir yürüyüş vardı.

Melissa: "Umarı korucular konusunda ciddi değildir." diye fısıldadı.

Yaşanacak Bir Yer

Resifler'e vardığımız ilk gecenin sabahında uyandığımızda gördüğümüz ilk şey Resifler bölgesindeki sahildi ve tropik bir cennetin tatil broşürlerindeki fotoğraflarından birine düştüğümüzü düşünmüştük. Bir ayın sonunda fotoğraf, karakterler açısından zengin ve biraz da dram içeren gerçek bir yere dönüştü. Artık, burayı sadece tatil için ziyaret edilen romantik bir yer olarak görmüyor, gerçek insanların yaşadığı gerçek bir yer olarak görüyorduk.

Böylesi çok daha güzeldi.

Bölüm 8

"Karşı nötron haberlerinden daha değerli ve insanlık için yeni galaksilerin keşfinden daha umut dolu bir şey varsa o da bazı bitkilerin ve bileşenlerin anlık deneyim dünyalarına uzanan unutulmuş kapıları açabildiği bilgisidir."

Food of Gods
Terence McKenna

Hafif Sıklet

Mark göründüğünde bir aydan biraz daha uzun bir süredir Resifler bölgesindeydik. Geç uyanıp tembellik yaptığımız sabahlardan biriydi. Daima gizemli bir şekilde boş olan sahilin arka tarafında bulunan restoranda mektup yazıyordum.

Kafamı kaldırdığımda uzun adımlarla ormandan çıkıp bana doğru yürüyen Mark'ı gördüm. Santa Marta'ya alışveriş için gidip bir gece orada kalan Helena ile birlikteydi. Kız, Mark'a yetişmek için koşmak zorunda kalıyordu. Clint Eastwood şapkasını takmış, kolsuz bir tişört giymişti; ter içindeydi. Yüzünden terler akıyordu. Bana hiç olmadığı kadar gözü dönmüş ve gergin bir edayla bakıp gülümsedi. Sakalı çıkmaya başlamıştı.

Bu defa neler olacağını merak ettim. Mark da bana aynı şekilde bakıyordu. Daha fazla kavga ve gerginlik mi olacaktı? Yoksa sahil hayatının huzurlu gidişatı onu sakinleştirecek miydi?

Bunun yerine: "Sanırım bir şeyler içsen iyi olacak." dedim ve bir bira ısmarladım. Mark bardağını bir dikişte bitirip bir tane daha ısmarladı. Birasını içerken ona sahildeki yaşamı anlattım. Yeni gelen birkaç kişi, Mark'ın arkasındaki ağaçların arasından sendeleyerek çıktı.

Mark: "Hafif sıkletler." dedi.

Mark'ı kampımıza götürdüm. Melissa güldü. Mark sırt çantasını toprağa bırakıp da bir cigaralık sarmaya başlayınca Melissa: "Sorun geliyorum dedi." diyerek Mark'la dalga geçti. Mark, esrarengiz bir gülümsemeyle karşılık verdi. Melissa ve ben, sanki kırsal kesimde oturan ev sahipleriymişiz gibi kamp alanını, ateşi, tencere ve tavaları ve manzarayı gösterdik. Mark'ı tehlikeli akıntı ve gece kafasına düşebilecek Hindistan cevizleri konusunda uyardım. Şaka yapmıyordum. Hindistan cevizi, bir kriket topu kadar sert ve en az beş katı boyutunda. Düşen Hindistan cevizleri yüzünden çok sayıda insan hayatını kaybetti. Mark suya baktı. Dalgalar, kıyıdan birkaç metre uzaklıkta kırılıyor ve çevreye kesintisiz bir uğultu yayıyordu. Donuna kadar soyundu, suyun kenarına indi ve gelen dalgalara balıklama daldı. Birkaç saniye sonra sudan çıkmıştı bile.

"Nargile zamanı..." diyerek kararını bildirdi.

Nargile Mark'ı sakinleştirdi. Uyum sağlamaya başladı. Çadırını kurdu ve hamağını asmak için uygun bir yer buldu. Böylece kampımız üç tarafından çadırlarla çevrelenmişti ve ateşimiz çadırların önündeydi. Sıcak ve samimi bir ortama kavuşmuştuk. Mark gelmeden önce pirinç, mercimek, soğan ve sarımsak almıştı.

"Her zamanki gibi eşsiz bir seçim." dedim.

"Ah, bir şeyim daha var!" Sırt çantasını karıştırmaya başladı ve özenle sarılmış bir plastik torba çıkardı. Torbanın içinde kıvamlı, çamur renginde kahverengi şurupla dolu bir rom şişesi vardı. Görebilmemiz için şişeyi havaya kaldırdı. " İşte bu!"

Melissa, "Tamam da bu ne?" diye sordu.

Mark, "Ah ha." diye yanıtladı. Hamağına gidip uykuya daldı.

Uyandığı zaman "Bu." diye açıklamaya başladı. "Vilcabamba'dan aldığın yirmi doz San Pedro. Tamamen test edilip onaylandı. Yarısını kendime ayırıyorum, geri kalanını satabilirim. İyi çocuklar olursanız belki size de biraz ayırabilirim."

"Nasıl bir şey bu?" diye sordum.

Mark, "Aah!" dedi. "Bu ne demek istediğine bağlı. Bir yandan herkes San Pedro'nun hayatları boyunca tattıkları en iğrenç şey olduğu konusunda hemfikir. Nasıl içersen iç, tadı köpek bokundan farksız. Daha önce köpek bokunu tattığım düşünülmesin lütfen. Ne demek istediğimi anladınız. İnsanlar San Pedro'yu burunlarından çekmeyi, enjekte etmeyi, pişirmeyi, çaya koymayı ve tadını güzelleştirebilecek tüm diğer yolları denediler ve tadı hep bok gibiydi. Diğer yandan insanlar tarafından bilinen en güçlü halüsinojenik."

Melissa endişeli bir tavırla şişeye baktı. "Siz saykodelik şeyler kullanabilirsiniz ama ben kullanmıyorum."

Vilcabamba

Mark'a Kolombiya maceramızı anlatmak için gönülsüzce bir denemede bulunduk. Her zamanki gibi Mark, sabırsızca bizim sözümüzü bitirmemizi ve onun için asıl önemli olan konuya gelmeyi bekledi: Onun için anlam ifade eden tek şey, *kendi* seyahatiydi.

Biz onu Quito'daki bilardo masasında bıraktıktan sonra Güney Ekvator'da bulunan bereketli yeşil bir vadiye kurulmuş ve sıcaktan kavrulmuş kahverengi tepelerle kuşatılmış küçük bir köy olan Vilcabamba'ya doğru yola çıkmıştı. Yaklaşık bin beş yüz metrede bulunduğundan kusursuz bir ılıman iklime sahipti. Vadi, yerlilerinin uzun ömürlü olmasıyla ünlüydü. Çoğunun 120 yaşına kadar yaşadığı iddia ediliyordu. Bu durum kimi zaman iklime, kimi zaman ise yoğurda veya sürdürdükleri stressiz yaşama bağlanıyordu. Daha sonraları bu durumun, yerlilerin büyükanne ve büyükbabalarının doğum belgelerini kullanıyor olmalarından kaynaklandığı ortaya çıktı.

Çoğu gezgini buraya çeken şey yoğurt ya da 120 yaşına kadar yaşama vaadi değil de civardaki tepelerde yetişen San

Pedro kaktüsüydü. Kaktüs yaklaşık sekiz saat kaynatıldıktan sonra Mark'ın bana gösterdiği bok yeşili sıvı elde ediliyordu.

Quito'daki Gran Casino 2'nin barında tanıştığımız Kiwi yerlisi Campbell nedeniyle Melissa da ben de bu konuda bilgi sahibiydik. Adam, Vilcabamba ve Kolombiya'nın çoğunda Mark'la birlikte seyahat etmişti. Ancak Santa Marta'da Mark'tan ayrılıp Resifler bölgesine iki hafta önce gelmişti. Sandra ve Kim isimli İngiliz kızlar da Vilcabamba'da Mark ve Campbell'la birlikteydi. Onlar da Resiflere gelince grup tamamlandı. Vilcabamba'dan ayrılırken burada buluşmak konusunda sözleşmişlerdi.

Vilcabamba'da dördü bir olup televizyonu, müzik seti, mutfağı ve birkaç mobilyası olan bir ev bulmuşlardı. Tıpkı bir ev gibiydi. Orada kaldıkları bir ay boyunca San Pedro toplamaya çıkmış, kaktüsü pişirmiş, elde ettikleri sıvıyı içmiş, televizyon izlemiş, müzik dinlemiş, okumuş, çizmiş ve tekrar yola çıkabilmek için bir önceki yolculuğun izlerini silmeye çalışmışlardı. (En azından Mark, kendini evinde hissetmişti.) Phillipe'le de orada tanışmışlardı.

Diğerleri dinlenirken Mark birkaç defa daha San Pedro toplamaya çıkmıştı. Bir ay içinde on beş defa San Pedro içtiğini söyledi ki her uçuşun on dört saat sürdüğü düşünülürse bu inanılmaz bir sıklıktı. Mark Vilcabamba'yı sevmişti.

Coşkuyla: "Dünyanın en güzel yerlerinden biri." dedi. "Orası tam bir güç alanı. Orada garip şeyler oluyor. Mesela, çok sayıda şaman yaşıyor. İngiltere'de garip şeyler yaşanan yerlerden biri gibi. İngiltere'deyken bu gibi şeylerle pek ilgilenmediğimi biliyorsunuz ama artık bunlarda bir gerçeklik payı olabileceğini görebiliyorum."

"Bir tarafında daima yağmur yağan ama diğer tarafında asla yağmur yağmayan bir ırmak gördüm. İncecik bir ırmaktı, bir ayağımı bir tarafa diğer ayağımı diğer tarafa koyarak

"Bize çizilen sınırları her gün aşan insanlar var."

"Sufiler, şamanlar, meditasyon yapan kimseler, bilim adamları, sanatçılar, sağcılar, uyuşturucu bağımlıları, mazoşistler, sapıklar... Fakat bu noktada, şamanların bilgiye ulaşmak isteyenlerin korkularıyla yüzleşmeleri gerektiğini söylemesi çok ilginç. Onlara katılıyorum. Çoğu insanı çevrelerindeki evreni keşfetmekten alıkoyan tek şey korkuları. Böyle insanların hayatlarının boşa harcanmış olduğunu düşünüyorum."

"Şu hayatta bir amacım varsa o da sanırım "kenar"ı bulmak."

Polisler ve Hırsızlar

Vilcabamba'dan çıkan Mark ve Campbell, sırasıyla San Agustin, Cali ve Bogota'ya uğrayarak Ekvator ve Kolombiya boyunca bizi Gringo Trail üzerinden takip etmişti.

Kolombiya'da takip edebileceğiniz iki yol vardır. Melissa ve ben, uyuşturucu ve tehlike konusundaki kötü ününe rağmen bu güzel ülkeyi boylu boyunca kat edebilmenin mümkün olduğunu keşfetmiştik. Mark ise diğer yolu seçmişti.

Daha henüz yolun başındaki Mark, sivil polis olduğu daha sonra anlaşılan bir torbacıdan kokain satın aldığı için Cali'de tutuklanmıştı. Önünde iki seçenek vardı: ya para cezasını ödeyecekti ya da haydutlarla, katillerle ve Tanrı bilir daha kimlerle dolu bir Kolombiya cezaevinde kalacaktı. Peki ceza ne kadardı? Polis, Mark'ın üzerinde ne kadar varsa kabul edebileceğini alenen beyan etmişti. Adam, hızla Mark'ın üzerini aramıştı. Her zamanki gibi Mark'ın beş parası yoktu. Sonunda çorabının içine saklanmış 100$'ı buldu. Bunun kişisel bir şey olmadığını kanıtlamak isteyen polis, kokaini Mark'ın elinden almamıştı. Kokain, artı yüz dolara mal olmasına rağmen yine de İngiltere'dekinden çok daha ucuza gelmişti.

Bu alışılageldik bir tuzaktı ve Mark'ın bu tuzağa düşmesine şaşırmıştım. Kolombiya'nın adı çıkmış uyuşturucu şehirlerinden birindeki meydanda bir yabancıdan kokain almak, belaya davet çıkarmak demekti. Aynı oyuna gelen İspanyol bir gezginle tanışmıştık. Tek farkı, yakalandığı sırada adamın yanında 2.000 dolar olmasıydı. Her zamanki gibi Mark yine paçayı ucuz kurtarmıştı. İspanyol'un kokainini de elinden almamışlardı ancak adamın başına iş açan kokainin maliyetinden pek de memnun olduğunu sanmıyordum.

Kimi zaman polis sizi tutuklamak için uyuşturucuyu satın almanızı bekleme zahmetine bile girmiyordu. Cali'de bulunmuş iki Avusturalyalı kızla tanıştık. Bir kafede oturmuş sessizce otobüslerini beklerlerken polis kafeyi basmış ve her ikisini de kokain bulundurmaktan tutuklamıştı. Polislerden biri "kanıt" olarak beyan ettiği bir paket beyaz tozla tuvaletten çıkmıştı. Kızları zorla karakola götüren polisler, kızlardan 2.000 dolar ödemelerini ya da hapishane yemeklerine alışmalarını söylemişti. Kızlar avukat istemişti. Kızları iki gün boyunca nezarette tutan polisler canları istedikçe kızları dövmüşlerdi.

Polisler kızlara: "Endişelenmeyin." demişlerdi. "Size tecavüz etmeyeceğiz. Biz barbar değiliz. Bizler onurlu insanlarız." Sonunda kızlar cezayı ödemiş ve serbest bırakılmışlardı.

Kızlar, Cali'nin böyle olaylar nedeniyle kötü bir unvana sahip olduğunu söyleyen İngiliz Konsolosluğu'yla irtibat kurmuşlardı. Konsolosluk, kızlardan resmi bir şikâyette bulunmalarını istemişti. Şaşırtıcı olan şey, şikâyetin bir davanın açılmasına neden olması ve daha da şaşırtıcısı, polislerin işlerinden kovulmalarıydı. Polisler götürülürken kızlardan biri duygularına daha fazla gem vuramamış ve "Artık ailelerinize bile bakamayacaksınız, sizi lanet olasıca pislikler!" diye bağırmıştı.

El Bombası

Mark ve Campbell'ın bir sonraki durağı Bogota'ydı. Melissa ve ben -Mark'ın bizi adlandırdığı şekliyle "Dağ İnsanları"- büyük şehirlerde mümkün olduğunca az zaman geçirmiş ve elimize geçen her fırsatta dağlara gitmiştik. Ancak Parti Hayvanı Mark, Kolombiya şehir hayatının yaşam dolu öngörülemezliğinin tadını çıkarmıştı.

Mark: "Bogota'da Hernando adında bir adamla tanıştık." dedi. "Bizi evinde düzenlediği küçük bir partiye davet etti. Sadece oturmuş esrar tüttürüyor, bira içiyor, kokain çekiyor, salsa dinleyip sohbet ediyorduk. Birden kapının yumruklandığı duyduk. Hernando kapıya bakmak için alt kata indi. Bağırışlar ve küfürleşmeler duyuyorduk."

"Aniden Hernando'nun arkadaşı odanın bir köşesinde duran palayı kaptı ve aşağı doğru koşmaya başladı. Campbell ve ben de duramayıp yine odanın bir köşesinde duran diğer iki palayı kaptık. Salonun bir köşesinde üç palanın durduğu tipik bir evdeydik."

"Alt katta büyük bir tartışma sürüyordu. Kapıdaki iki sarhoş serserinin Hernando'nun arkadaşları olduğunu anlayabildik. Çok sarhoş oldukları için içtikleri bardan atılmışlardı ve Hernando'nun evinde bir el bombası olduğunu bildiklerinden buraya gelmişlerdi. Bara geri dönmek ve barı el bombasıyla patlatmak istiyorlardı. Hernando, tabii ki el bombasını onlara vermeyi reddetti. O anda Campbell geri çekilmeye karar verdi. Palasını elime tutuşturdu ve üst kata çıktı."

"Kokain çekmiştim, Bogota'nın ortasında elimde iki palayla dikiliyordum ve kapıdaki sarhoş Kolombiyalılar bir barı el bombasıyla patlatıp patlatmamak konusunda tartışıyorlardı."

O anda "Evet, işte Kolombiya tam da hayal ettiğim gibi." diye düşündüğümü hatırlıyorum.

Campbell, Sandra ve Kim

Sonunda kıyı şeridine ulaşmışlardı. Mark, Cartagena'daki Karayip Müzik Festivali'ne gitmişti ancak sonuç tam bir hayal kırıklığıydı. Campbell ise festivale katlanamayacağını düşünerek doğrudan Resifler bölgesine gelmişti. Uzun, ince, yumuşak aksanlı Yeni Zelandalı, uzun sarı saçlara sahipti ve tam bir sörfçü gibi görünüyordu. Yeni Zelanda'da ailesinin Queenstown yakınlarındaki çiftliğinde çalışıyordu. Her yıl birkaç ayını ise London Underground'daki tamir ekiplerinde çalışarak ve seyahat ederek geçiriyordu.

Mark'ın Vilcabamba'da tanıştığı Sandra ve Kim de Resifler bölgesine geldi. İngiliz kızlar; dümdüz uzun saçları, batik elbiseleri, eteklikleri, deri bileklikleri, gümüş halhalları, delik burunları, gümüş küpeleri, Guatemala şapkaları ve garip dövmeleriyle tipik hippiler gibi görünüyordu. Sandra, sağlıklı ve dayanıklıyken Kim zayıftı. Ucuz seyahatler, kötü gıdalar ve kalitesiz uyuşturucular nedeniyle tükenmiş gibiydi.

Campbell, Sandra ve Kim Arrecifes Restaurant'taki hazır kamplardan birine yerleştiler. Kampın önü ahşap parmaklıklarla korunurken arkasında devasa bir çalılık vardı. Bu küçük kampın yarısı, iki hamağın sığabileceği kadar bir alana sahip, otobüs durağı genişliğinde bir kafesten ibaretti. Dışarıya ağaç kütüğünden yapılmış bir oturak ve masa yerleştirilmişti. Her tarafta kitaplar, plastik torbalar, boş rom şişeleri ve yarısı yanmış mumlar vardı. Çevredeki tüm yüzeyler erimiş mum kalıntılarıyla kaplanmıştı. Restorandan en fazla yirmi adım mesafede olan kamp alanı, gecenin geç saatlerinde barda yapılan müziği duyabilecekleri ve daha da önemlisi ne durumda olurlarsa olsun kampın yolunu bulabilecekleri kadar yakındı. Restoranın önündeki toprak alanda bir düzine kadar hamak asılıydı. Burası kesinlikle şehir merkeziydi.

Dolunayda Yolculuk

"Cehennemin derinliklerine inmek ya da cennetin üzerinde hızla yükselmek için,

Bir tutam saykodeliğe ne dersin?"

Mark biraz bekleyip ertesi gün San Pedro'sundan içti. Campbell de Kim de bu konuda endişeli görünüyorlardı. Campbell, San Pedro'nun kötü şans getirdiğine inandığını söyledi. Vilcabamba'dan ayrıldığından beri bütün eşyaları çalınmıştı ve Kim hastalanmıştı.

Fransız bir sırt çantalı olan Robert, Mark'a San Pedro'sundan deneyip deneyemeyeceğini sordu. San Pedro'nun adam üzerindeki etkisi bir garipti. İçecekten yudumladıktan yaklaşık iki saat kadar sonra restoranda otururken birden rengi küle çaldı ve bayıldı. Temiz hava alabilmesi için adamı sahile taşıdık. Orada yavaş yavaş kendine geldi. Öldüğüne inanmıştı.

"Sorun yok, kendimi iyi hissediyorum. Endişelenmeyin ama ben öldüm. Bundan eminim." Adam, "Ben öldüm." deyip duruyordu. Tenindeki hayaletimsi grilik o kadar uzun bir süre kaldı ki kimse karşısına çıkıp da ölmediğinden emin olduğunu söyleyemedi. Robert, akşam saatlerinin büyük çoğunluğunda trans halinde dolaşıp durdu ve sonunda gece çöktüğünde gelip kamp ateşinin yanına oturdu. Melissa yiyecek bir şeyler hazırlayıp adamın içinde bulunduğu trans geçene kadar onunla oturdu. Adam kamp ateşimizin yanında, kumların üzerinde kıvrılıp uyudu. Ertesi gün ölmüş olduğuna dair hiçbir şey hatırlamıyordu.

Carlos: "San Pedro..." dedi. "Bir kere denemiştim. Bir daha asla ağzıma sürmem. Hayatımın en kötü günüydü."

Nedenini söylemedi ama Carlos'un da kişisel şeytanları olduğundan emindim. Önünde sonunda, son altı yılını Fransız Birliği'nde geçirmişti. Gerçek savaşlarda yer almıştı. Ne gördüğünü ya da yaptığını kim bilebilirdi ki? Vilcabamba'daki programına sadık kalan Mark, bir günü boş geçti ve ertesi gün, üçümüzün birden San Pedyo'yu denemesini önerdi.

Öğle saatlerinde denedik. Mark bir konuda gerçekten haklıydı. Rezil bir tadı vardı. Birkaç saat boyunca kampımızda oturup bekledik. Hamağımı, Melissa ve ben yan yana üzerine oturduğumuzda ayaklarımız yere değecek biçimde alçalttım. Omurgamda sanki bir karıncalanma oluyordu. Mark hamağına yattı ve uykuya daldı.

Etkisi yavaş yavaş geldi.

İlk önce anlaşılması güç bir gariplik hissettim. Kendimi garip hissetmiyordum. Garip olan: sahil, palmiye ağaçları, deniz ve kumdu. Daha önce gördüğüm her şey sanki yok oluyor ve yerlerine, daha canlı versiyonları geliyordu. Çevremdeki insanlardan uzaklaştığımı hissettim. Diğer insanlar artık pek de gerçekmiş gibi görünmüyordu; sadece görüş alanıma giren hayaletimsi ya da hayali nesnelerdi.

Sadece belirli insanların gerçek olduğuna dair çocukluğumda kurduğum bir fantezimi hatırladım. Gerçek olanlar, tanıdıklarım, düzenli aralıklarla gördüklerim ya da gözleri, kalabalık içinde benimkilerle buluşan insanlardı. Kalabalık sokaklarda yanımdan geçip giden ve bir daha asla karşılaşmayacağım isimsiz insanlar ise o kadar da gerçek değildi. Robot ya da adı veya ruhu olmayan geçici sanrılardı.

Şimdi sahil böylesine bir imgeyle doluydu. Çevremde aşina olduğum birkaç yüz vardı. Arkamızda oturan Carlos kamp alanını temizliyordu. Phillipe ve arkadaşları, kamp ateşlerinin etrafına oturmuş sohbet ediyorlardı. Derken biraz daha uzaklaştım ve onlar da yok oldu. San Pedro'nun etkisi güçlendikçe hepsini teker teker arkamda bırakıyordum.

Sudan çıkan devasa ıstakozlar ya da ağaçlara asılı filler gibi sanrılar görmeyi bekliyordum. Ancak gördüğüm tek şey, geçtiğimiz ay boyunca istisnasız her gün gördüğüm şeydi.

Fakat her şey farklıydı. Artık her şey doğaüstü bir parlaklık ve enerjiyle ışıldıyordu. Her şey, garip ve büyülü bir enerji tarafından aydınlatılıyor gibiydi. Araba farlarının şiddetli parlaklığı gibi değil, görüldüğü kadar hissedilebilen ve nesnelerin kalbinden yayılıyormuş gibi görünen bir aydınlıktı. Sanki şu zamana kadar sıkıcı ve arkası görünmeyen bir filme bakıyordum ancak artık o film gözlerimin önünden çekilmişti ve dünyanın asıl canlılığı nedeniyle başım dönüyordu. Sonunda her şeyi, gerçekten olduğu gibi görmeye başladığımı hissettim. Bu, asıl gerçeklikti. Her şeyin içinde, her şeye üstün gelen bir enerji vardı. Yaşam gücü, onların altında yatan gerçeklikti.

İngiltere'deki ev arkadaşım Eddie, böyle bir his yaratabildiği için LSD'yi "psişik lavman" olarak adlandırırdı. Son zamanlarda bıraktığı İsa sakalı ve uzun saçıyla Mark, garip bir şekilde gittikçe Eddie gibi görünmeye başlamıştı. Eddie flüt çalardı. Şimdilerde Mark ise sahil boyunca dolaşıp ayaklarını suya sokarak *quenasını* çalıyordu. İki farklı insanın tek bir bedende birleştiği gibi garip bir hisse kapılmıştım.

Mark/Eddie'yi izliyordum. Mark, kendisini tamamen "gezgin" karakterine sokmuştu. İngiltere'ye geri döneceğini düşünmek dahi mümkün değildi.

Melissa: "Ne düşünüyorsun?" diye sordu.

Melissa: "Çok güzel." dedi. "Hindistan cevizi ağaçlarının yüzleri var."

"Dost canlısı mı yoksa korkutucu mu?"

"Dost canlısı. Bana gülümsüyorlar."

Elini omzuma koydu. Bana olan yakınlığını ve birbirimize verdiğimiz desteği iliklerimde hissettim.

Mark kamp alanına geri döndü. Oturup sahile vuran dalgaları izledik, dalgaların sesini dinledik. Suyun sahile doğru her hamlesinde çıkardığı o muazzam foşşş sesi, devasa bir organizmanın soluk sesini andırıyordu. Denizi izleyip dalgaların sesini dinleyen Mark, düşünceleri içinde kaybolmuştu.

Bir süre sonra: "Sanki deniz bana ona katılmamı söylüyor." dedi.

Melissa: "Denizkızlarının şeyi çağırdığı gibi... Şeyi... Jason mıydı?" diye sordu.

Mark: "Hangi Jason'dan bahsediyorsun Melissa?" dedi.

"Jason ve Astronauts?"

Mark, "Sana güvenebileceğimi biliyordum." diyerek güldü.

Mark ve Melissa birbirlerine bakıyorlardı. Ne düşündüklerini görebiliyordum.

"Hayır, yüzmenin iyi bir fikir olduğunu sanmıyorum. Yapabileceğini düşündüğünü biliyorum, Mark, ama bir aydır buradayız ve akıntı gittikçe güçleniyor. Ayın başında her gün denize girip dalgaların arasında kendimizi kaybediyorduk ve o zaman bile güçlüydü. Ama şimdi... çok daha farklı. Çok güçlü. Geçtiğimiz yıl burada, hemen önümüzde on iki kişinin boğulduğunu söylemiştim."

Melissa: "Ay yüzünden..." dedi. "Ay dolunaya yaklaştıkça medcezirin gücü artıyor."

Mark durumu değerlendirdi. Tehlikeli olduğunu biliyordu. Usanmadan ona hatırlatıp durduğumdan geçen yıl burada on iki kişinin boğularak öldüğünü biliyordu. Diğer yandan, her zaman diğer insanlardan bir adım daha öteye gidebileceğine inanırdı ki genellikle bunu başarırdı.

Mark, "Sanki bir örümcek ağı gibi okyanustan çıkan görünmez enerji ağı beni kendisine doğru çekiyor." dedi. "Onları gerçekten görebiliyorum. Gümüş renkli, narin iplikler."

Melissa, "Ay yüzünden..." diye tekrar etti. "Medcezir de bize ulaşıyor gibi."

Her ikisi de dalgalara bakıyordu. Melissa'nın bu isteğine karşı koyabilecek iradeye sahip olduğunu biliyordum. Mark'tan emin değildim.

"Lütfen, başın belaya girerse gelip seni kurtaracak kimsenin olmadığını unutma. Burada cankurtaran donanımı yok ve sen, benden çok daha iyi bir yüzücüsün. Sen yüzerek kendini kurtaramazsan ben seni hiç kurtaramam. Özellikle de uyuşturucunun etkisindeyken."

Mark kederli bir tavırla gülümsedi ve hiçbir şey demedi ama ikna olduğunu görebiliyordum. Rahatladım.

Aşkam yaklaşırken hava serinlemeye başlamıştı. Hava hâlâ aydınlıkken sahilde kısa bir yürüyüş yapmaya karar verdim. Cofanlarla birlikte yaşadığım ayahuasca deneyiminin aksine yürümekte zorlanmıyordum. Campbell'le sohbet etmek için durdum ama Mark'ın daha önce söylediği gibi kimseyle konuşmak istemiyordum. İnsanlardan çok uzaktaydım. Dışarıya açılan bir pencereden odanın içine bakıyormuşum gibi hissettim. Sahil boyunca, sahilin buruna doğru kıvrıldığı yere doğru yürümeye devam ettim. Dalgalar düzensizdi, koyun çizdiği kavis yüzünden parçalanıyordu. Arkamda kalan sahile baktım. Dalgaların beyaz çizgileri kıvrılırken Hindistan cevizi ağaçları rüzgârla birlikte salınıyordu. Her şey vahşi ve ehlileştirilmemişti: Deniz, balta girmemiş ormanlarla kaplı tepeler, sahildeki devasa kaya parçaları, kayalık burun, havanın kendisi. Sonra kır saçlı, orta yaşlı bir adamın yanımda dikildiğini fark ettim. Endişeli bir şekilde bana bakıyor ve burun deliklerini açıp kapatıyordu.

Açıklama yapma gereği duyduğumdan "Vahşi yerleri seviyorum." dedim. Konuştuğumda adam irkildi.

Aniden kendine gelerek *"Ah, si si."* dedi. Sanki orada dikildiğini o anda keşfetmiş gibiydi. Manzarayı kucaklamak için kollarını iki yana açtı. "Ben de doğayı seviyorum." Bilgiç bir tavırla bana baktı, sanki bir şifreyi çözmüş gibiydi ve ardından, burun deliklerini bir kere de açıp kapattı.

Onu nerede gördüğümü sonunda hatırladım. Miramar'daki kokain satıcısıydı. Her zamanki gibi tertemiz giysiler içindeki adamın bu terk edilmiş rüzgârlı yerde dikilmesinin nedeni doğayı sevmesi değildi. Onu işiyle baş başa bırakmam gerektiğini hissettim. Arkamı dönüp yürümeye başladım. Kır saçlı kokain satıcının aklı karışmıştı. Gizemli şifreyi çözmüş olmasına rağmen ondan hiçbir şey satın almamıştım.

Kampa geri döndüm. Mark da Melissa da ortalıkta görünmüyordu. Yakmak için topladığımız odunlardan birinin köşesine küçük bir kuş konmuştu. Hiç hareket etmeden duran kuş doğrudan bana bakıyordu.

Kuş sanki "Biliyorum." dedi. "Şu an bizim dünyamızdasın." Daha sonra bir kedi geldi. Daha önce kamp alanımızda tek bir kedi bile görmemiştim ama kedi de tam önümde durdu ve doğrudan gözlerimin içine baktı. "Ben de biliyorum." dedi. Gittikçe yaklaşmakta olan alacakaranlık, turuncumsu bir pembelikle gökyüzünü boyadı ve gözden kayboldu. Sahil hiç olmadığı kadar büyülü görünüyordu. Az önce kampa dönen Mark, bilimsel bir açıklamaya girişti.

"Alacakaranlıkta görüşümüz, gözün renkleri algıladığı konik şekilden sadece siyahı ve beyazı gören ancak şekillere karşı çok daha hassas olan çubuk formuna geçer. Alacakaranlık, görsel dönüşümün yaşandığı andır. Bu nedenle o garip 'bunlar pek de göründükleri gibi değiller' hissini yaşıyorsun."

Ay ışığında, sönmekte olan ateşimizin başında oturduk. Zihinlerimiz geceye karışıyordu. Dalgaları, hayvanları ve çevremizdeki insanları dinliyorduk. Sonunda San Pedro'nun etkisi de gittikçe sönmeye başladı.

İletişimden Bahsediyorum Jim Ama Bizim Bildiğimiz İletişimden Değil!

Melissa çadırın içinde oturmuş cigaralık sarıyordu. Nereden mi biliyorduk? Ellerini fenerin hemen yanında tutuyordu. Bu da tüm gizlilik çabalarına rağmen her hareketinin çadırın diğer tarafına büyütülmüş bir gölge gösterisi gibi yansımasına neden oluyordu.

Mark, Vilcabamba'da aldığı bir kitabı anlatmaya girişti. Terence McKenna'nın *Food of the Gods* isimli kitabını almıştı. Tam da Mark ve benim sevdiğimiz gibi vahşi bir kuramlaştırmaydı. McKenna, halüsinojenik bitkilerin (sihirli mantarları örnek göstermişti.) ilk insanlardaki öz bilincin aniden ortaya çıkmasına neden olan katalizörler olduğunu söylüyordu.

İlk insanları hayal edin. Yanlışlıkla birkaç tane sihirli mantar yiyorlar ve aniden kendilerini biraz garip hissetmeye başlıyorlar. O zamandan beri insanların kendilerine sorup durduğu sorular beyinlerinde yankılanıyor: "Hangi cehennemdeyim?" Böylece, bilinci, dili, felsefeyi, psikolojiyi, coğrafyayı, dini ve diğer tüm "lojileri" keşfediyorlar. McKenna'nın versiyonu bundan biraz daha karmaşık ama temel olarak 2001 isimli filmdeki siyah taş, sihirli mantar şeklinde olmalıydı. Mantarlar insan ırkını tahrik etti. Nedeni her ne olursa olsun, insan zekâsında ani bir gelişim yaşandı. Öz bilinç, ruhanilik, dil ve bizi "insan" kılan her şeyin doğuşu, evrimsel açıdan sadece birkaç saniyede gerçekleşti.

McKenna, gizemli güçlere sahip sihirli bitkilerin kesinlikle kutsal kabul edildiğini söyleyerek iddialarına devam ediyor. İlk dinlerin, böylesi bitkilerin ritüel kullanımları çerçevesinde geliştiğini söylüyor. Bu halüsinojenik ayinin, atalarımızın doğanın büyülü enerjisini doğrudan deneyimleme şeklini yenilediğini iddia eden yazar, hiçbir teolojik metnin yapamadığını bu ayinlerin yaptığını ifade ediyor.

McKenna'nın teorisinin üçüncü aşaması, Avrupa'dakilerin bu tür bitkileri kullanmayı bırakmasıyla -nedeni her ne olursa olsun- Doğaya karşı davranışlarının değiştiğini söylüyor. Bitkiler, her şeyin içinde yatan doğal enerjiyle olan tek bağlantımızdı ve bu bağlantı bir şekilde kesildi.

Bunları destekleyen en önemli fikir, San Pedro gibi bitkilerin içinde evrende yankılanmakta olan güzelliği ve gücü ortaya çıkaran "doğal bir ses" olduğu şeklinde. Muhtemelen bunların tümünün saçmalıktan ibaret olduğunu düşünüyorsunuz. Belki bana da saçma gelmeliydi ama bugün o sesi duydum. San Pedro'nun beynimde bıraktığı o kimyasal tesir, büyülü bazı şeyleri görmemi sağladı. Doğanın kutsal enerjisiyle tanıştım.

Melissa, çadırın içinden seslendi: "Bütün gece saçmalayacak mısınız?"

Gümüş Renkli Ay

Saat gece yarısını geçmişti. Ay gökyüzünde yükselmişti. Şu ana kadar gördüğüm en parlak dolunaydı. Geceyi, metalik, gümüş renkli bir ışıkla dolduran parlak, beyaz bir daire.

Dolunay'da çok güzel bir yolculuğa çıkmıştık.

San Pedro aldığımızdan beri on iki saat geçmişti. Kamp ateşinin etrafında oturuyorduk. Uyuşturucunun tesiri azalarak devam ediyordu. Melissa ayağa kalktı ve çay yapmak için su kaynatmaya başladı. Aniden Mark'a ve Melissa'ya karşı ölçüsüz bir sevgiyle doldum. Kumlara yatıp Ay'a baktım. Hindistan cevizi ağaçları başımın üzerinde dans ediyordu. Bu anın, Güney Amerika'ya geldiğim zaman arayışında olduğum her şeyi içerdiğini biliyordum. Kendimi özgür hissediyordum.

"Her ikiniz de birlikte seyahat edilesi, çok güzel insanlarsınız." dedim.

Tüm kavgalar ve önemsiz öfke nöbetleri eriyip gitti. Bu, her şeye değerdi.

Bölüm 9
Balıkçı Çocuk

"Birileri Ölecek"

Ertesi günü dinlenerek ve sahilde tembellik yaparak geçirdik. Resiflerdeki tüm diğer günler gibiydi. Odun topladık, Lionel'den büyük bir balık satın aldık ve pirinçle pişirdik. Bunu, rom ve şekerle pişirdiğimiz muzlar takip etti.

Üzüntü verici şeyler de oluyordu. Carlos, günlük balık avından dönerken Kolombiyalı bir çocuğu boğulmaktan kurtarmıştı. Hâlâ nefes nefeseydi.

"Şu lanet olasıca Kolombiyalı çocuklar yüzmeyi bile bilmiyorlar ama illa açılıyorlar. Bugünlerde akıntı güçlü. Hele bu hafta, hiç olmadığı kadar sertleşti. Çocuğu sudan çıkarırken neredeyse ölüyordum. Düşünsenize, bugün neredeyse ölüyordum. Çocuğu sudan çıkartmam iki saat sürdü. O kadar korkmuştu ki önce çocuğu bayıltmak zorunda kaldım. Bir daha asla böyle bir şey yapmam. Bırakacağım ki boğulsunlar. Neredeyse ölüyordum. Paskalya tatili yaklaşıyor ya burası aptal Kolombiyalılarla dolacak. Şuraya yazıyorum: Bu hafta burada birileri ölecek." Carlos'u ilk defa bu kadar heyecanlı görüyordum.

"Şuraya yazıyorum: Birileri ölecek." diye tekrar etti.

Sıkıcı Bir Sabah

Ertesi gün Mark ve ben mektup yazmak için her zaman boş olan restorana gittik. Neler yaşanacağını bilerek o anlara gittiğimde kendimi çok garip hissediyorum. Alışılageldik, sakin bir sabahtı. Acele etmemizi gerektiren hiçbir şey yoktu. Geriye dönüp baktığımda küçük şeylerin hepsinin garip bir tınısı olduğunu görüyorum ancak orada oturmuş sohbet ederek kahvaltımızı beklerken başımıza geleceklere dair hiçbir fikrim yoktu. Mark'ın da farkında olduğunu sanmıyorum.

Yolculuğumuza birlikte devam edip etmemek konusunda henüz bir karar vermemiştik. Resifler bölgesinde bir ay geçirdikten sonra Melissa ve ben yeterince dinlenmiştik ve yola devam etmeye hazırdık.

Mark'a: "Şimdi ne yapmayı düşünüyorsun?" diye sordum.

Mark'ın Reşiflerde bir süre daha kalmak istemesinden doğal bir şey olamazdı. Kusursuz bir yerdi. San Pedro'sunu bitirmesi ve diğer gezginlerle eğlenmesi için güzel bir fırsattı. Buranın, Mark'ın mali durumu göz önünde bulundurulduğunda çok çekici gelen başka bir yanı daha vardı: Hiç para harcamadan yaşayabileceği yegâne yeri bulmuştu. Boş boş nasıl para kazanabileceğini tartıştık.

"İngiltere'ye kokain göndermeyi düşünüyordum. Bir mektubun içine çok ince bir katman halinde yayıp örneğin, John Peacock'un adresine gönderecek ancak üzerine yanlış isim yazacaktım. Mektubu gönderdiğim kişi mektubu muhafaza edecek ve bir ay gibi bir süre boyunca zarfı açmayacaktı. Polis çıkıp gelirse mektubun onunla hiçbir ilgisi olmadığını söyleyecekti. Neredeyse saf kokainin gramına 5$ ödediğim düşünüldüğünde..."

Bu fikre güldük. Her ikimiz de Mark'ın riskleri yüzünden değil de zahmet edemeyeceği için bu işe girişmeyeceğini biliyorduk. Ömrüm boyunca Mark kadar zeki, özgüvenli ama tembel biriyle karşılaşmamıştım. Her şey çok basit olduğu için başını durmadan belaya sokan, okulun en zeki çocuğu gibiydi. İstediği her şeyi başarabilirdi ama hiçbiri çabalarına değmezdi. Bazen, asla hiçbir şeyi önemsememiş olduğunu düşünüyor ve kendini gerçekten ne kadar önemsediğini merak ediyordum.

Mark, İngiltere'deki kız arkadaşı Andrea'ya mektup yazıyordu. Kızı, Güney Amerika'ya gelmesi konusunda ikna etmeye çalışıyordu. Mark'la bir kadın arasında neler olabileceğini tahmin etmeye çalışmak, kendimi bildim bileli zor olmuştu ancak Andrea'dan gerçekten hoşlandığını düşünüyordum. Mark'ın gizliden gizliye kadınlarla zaman geçirmekten keyif aldığını ama bunu kendine bile itiraf edemediğini ve bu nedenle kadınlardan nefret eden bir adam gibi davranmaya devam ettiğini düşünmeye başlamıştım. Bu tavrının köklerinin, annesiyle olan ilişkisine dayandığından şüpheleniyordum. Annesi ve babası, Mark henüz küçücük bir çocukken ayrılmıştı ve Mark babasından yana durmuştu. (Annesine karşı öylesine bir nefret besliyordu ki Londra'da birlikte yaşadığımız sırada bizden bir kilometre uzakta oturan annesini üç yıldır görmüyordu.) Mark, nedeni her ne olursa olsun "yumuşak" ve "kadınsı" olan her şeyi reddediyordu. Ama artık, geri adım atmaya gönüllü gibiydi.

Bu, belki de çıktığımız yolculuğun etkisiydi. Mark gevşemiş ve duygularını daha rahat ifade edebilmeye başlamıştı. Her ne kadar kısmen Melissa yüzünden olsa da yolculuğun benim üzerimdeki etkisi bu olmuştu. Ben Melissa'yı biraz daha fazla düşünmeye zorlarken, o da beni biraz daha fazla hissetmeye zorlamıştı. "gezgin" kişiliği, "aylak kanka" kişiliğinden daha yumuşak davranmanıza yol açıyordu. Londra'nın bir kenar mahallesinde durmadan "duygulardan" söz eden bir adam alaycı bakışlara hedef olur ve yalnız uyumak zorunda kalırdı oysa havalı, asi bir gezgin olmak güçlü bir duygusallığın işareti olarak görüldüğünden olumlu bir çekiciliği hatta seksi bir yanı vardı. Tanrı aşkına, burada şiir sevdiğinizi bile söyleyebilirdiniz. Mark rolüne gittikçe daha fazla ısınıyordu.

Belki de Melissa'nın bahsettiği, bizleri yeni bir olgunluk seviyesine taşıyacak olan "Satürn dönüyor." meselesi yüzündendi. Mark'ın bir gecede gözlerinden yaşlar süzülen bir sevgi pıtırcığına dönüşeceğini sanmıyordum ama nedeni ne olursa olsun, çok daha rahat ve uysal bir ruh haline girmişti. Sahilde biraz daha zaman geçirip farklılıklarımızı ortadan kaldırmayı düşünebilirdik. Arkadaşlığımız, birkaç aylık saçmalık tarafından yerle bir edilemeyecek kadar derinlere dayanıyordu ve canlılığı, espri anlayışı ve beklemediğiniz anlarda gelen beklenmedik eleştirileri yüzünden Mark'la seyahat etmeye devam etmek istiyordum.

San Pedro uçuşu, taze bir başlangıç olabilirdi. Birlikte çıktığımız yolculuğun gerçek başlangıcı... Bedenimi bir iyimserlik dalgası sardı. Taze bir başlangıç. Aramız gittikçe düzeliyordu.

Mark, düşüncelerimi keserek: "Bu arada bu kitabı okuman lazım." dedi. "Şu an Campbell'da. Kitabın adı "Balıkçı Çocuk" Kitap, boğulup denizin derinliklerinde yaşamaya başlayan bir çocuk hakkında. Campbell'dan alıp okumalısın."

Dalgaları Aşmak

Melissa'nın su ısıtmakta olduğu kamp alanına döndük. Helena ve birkaç Alman kız Melissa'yla sohbet ediyordu.

Mark: "Kendime gelmek için denize girip çıkacağım." dedi. Alman kızlardan birinden hoşlandığını ve kızı etkilemek istediğini biliyordum. Tişörtünü çıkardı, gerindi ve hızlı adımlarla denize doğru yürümeye başladı.

Melissa: "Mark sahildeyken bile her yere hızlı adımlarla gidiyor." deyince hepimiz güldük. Hamağımda yatıp esintiyle hoş bir ses çıkaran palmiye yapraklarını ve kızların konuşmalarını dinledim. Melissa, Chi'nin ne demek olduğunu açıklıyordu. Kolombiyalılar yavaş yavaş sahile gelmeye başlamıştı. Park, Paskalya tatili için resmi olarak açılmıştı. Bir grup Kolombiyalı sahilde frizbi oynuyordu.

Melissa'ya: "Çay ne alemde?" diye sordum. Helena sözümü kesti.

"Şurada biri el sallıyor."

Denize doğru baktık. Bir avuç dolusu insan dalgaların arasında oyun oynuyordu. Ama onların arkasında, kollarını telaş içinde değil de sakin bir tavırla sallayıp duran birini gördüm.

Melissa bir anda ayağa fırladı. "Hey, bu Mark!" Kıyıdan yirmi metre kadar uzaktaydı ki bu, bizden kırk metre uzakta olduğu anlamına geliyordu. O mesafeden yüzünü net bir şekilde göremiyordum. Bir akıntıya yakalandığında yapması gerekenleri yaptığını düşündüm. Sakin kalıp dikkat çekmeye çalışıyordu ve akıntıya karşı koymuyordu çünkü akıntıya kapıldığınızda sizi sürüklemesine izin vermeniz ve yanlara doğru yüzerek akıntıdan kurtulmaya çalışmanız gerekirdi.

Ama bu bir akıntı değildi.

Yüzdüğü yerde, yüzeyin hemen altındaki büyük kaya parçaları ölümcül bir girdap oluşturmuştu. Girdap, onu aşağıya doğru çekiyordu.

Suyun kenarına kadar koştuk. Ama ne yapabilirdik ki? Onu kurtarmaya çalışmak için suya mı girmeliydik? Balayındaki Kolombiyalı çifti ve Carlos'un bile neredeyse boğulacağını söylediğini hatırladım. Her gün iki saatini zıpkınla avlanarak geçiren Carlos'un mükemmel bir yüzücü olduğunu düşünürdüm. Mark'la yaptığım konuşma aklıma geldi. "İyi bir yüzücü yüzerek akıntıdan kurtulamıyorsa onu kim kurtarabilirdi ki?" Tutunabilmesi için Mark'a atabileceğim bir şeyler bulmak amacıyla etrafıma bakındım. Sanırım herkes o anda aynı şeyi yapıyordu.

Bunlar sadece birkaç saniyede gerçekleşmişti. Derken, Kolombiyalı bir adam suya atlayıp dalgaları yararak Mark'a doğru yüzmeye başladı. Mark hâlâ suyu dövüyor ve el sallıyordu.

Kolombiyalı adam Mark'a ulaştı. İkisi konuşuyorlarmış gibi görünüyordu ancak dalgalar yüzünden suya batıp çıkan iki kafa, zaman zaman görüş açımızdan çıkıyordu. Ardından, Kolombiyalı döndü ve sahile doğru kulaç atmaya başladı. Mark adamı takip ediyordu. Son bir çabayla bütün enerjisini topladığı açıkça görülüyordu.

Birkaç kulaç attı. Dalgalardan biri Mark'ın bedenini yukarıya doğru taşıdı ve ardından sahile yakın bir yere fırlattı. Kolombiyalı, dalgaların arasından çıktı. Artık sahilde ve güvendeydi. Hayatta kalmak için gerekli olan tek şey birkaç kulaçtı. Üç ya da dört kulaç atıyordunuz ve tehlikeli bir dalgadan kurtulup güven içinde sahile çıkabiliyordunuz. Diğer taraftan güvenli kıyıyla hain sular arasındaki mesafenin sadece birkaç metre olması bunu bu kadar tehlikeli kılıyordu. O ince çizgiyi aştığınız anda ayaklarınız yerden kesiliyordu ve çok büyük bir belaya bulaşıyordunuz. Dalgaların arasında yüzerken aynı duyguyu ben de hissetmiştim. Bir felaketle aramdaki tek şey, küçücük bir hataydı. Ölesiye korkmuştum.

Mark'ın dalgalara karşı verdiği savaşı izliyorduk. Mideme bir kramp girdi. Çekişmeli geçen bir maçın seyircileri gibi elimizden hiçbir şey gelmiyordu. Ama bu bir oyun değildi. Bu ölümcül, ciddi bir savaştı. Ölüm kalım meselesiydi.

Bir dakikalığına sanki güvendeymiş gibi göründü. Geri dönüyordu. Mark'ı izlerken yüzünde kocaman bir gülümsemeyle bize doğru kulaç attığını hayal edebiliyordum. Muzaffer bir tavırla anlatabileceği bir kurtuluş hikâyesi daha olacaktı. Mark bunun için yaşıyordu. Kimi zaman bunu gözlerinde görebilirdiniz.

Ama artık kıl payı kurtulmak yoktu. Hiç beklemediğimiz bir anda devasa bir dalganın altında kaldı ve sahile yaklaşmak yerine tekrar denizin içine doğru çekildi. Sonraki dalga daha da büyüktü. Kırılan dalga, beyaz renkli su damlalarıyla sahili boydan boya yıkadı. Geri çekildiği zaman ortalıkta hiçbir şey görünmüyordu.

Hiçbir şey.

Şok içinde bakakaldık.

Melissa sessizce: "Gitti." dedi. Birkaç dakikadan uzun sürmemişti.

Balıkçı Çocuk

O anda anlamıştık. Gitmişti, ölmüştü, boğulmuştu. Bunu, karın boşluğuna atılan bir yumruk gibi, buz gibi bir kesinlikle hissettik. Acının vurduğu yer tam orasıydı, midemizdi. Bir Rollercoaster treniyle raylardan çıkmak gibi sarsıcı, insanın içinin çekilmesine ve yüreğinin daralmasına neden olan bir histi.

Phillipe ve birkaç kişi neler olduğunu görmüş ve sahile gelerek bize katılmıştı. Carlos ortalarda görünmüyordu. Burada olsaydı Mark'ı kurtarmayı deneyip denemeyeceğini merak ettim.

Orada durduğumuz birkaç dakika sanki yüz yıl gibi geldi. Kimse ne yapacağını bilmiyordu. Ne yapabilirdik? Her şey çoktan bitmişti. Artık her şey için çok geçti. Kumsaldaki Kolombiyalılar frizbi oynamaya devam ediyorlardı. Birkaç metre ötelerinde yaşanan dramdan haberleri yoktu. Odaklanmaya çalıştım. Şu anda bir şey yapmam gerekiyor muydu? Sinirli mi olmalıydım? Ağlamalı mıydım? Onu kurtarmaya çalışmadığım için kendimi suçlu hissetmeli miydim? Hiçbir şey düşünemiyordum. Tek düşünebildiğim her şeyin bittiği ve artık her şey için geç olduğuydu.

İnsanlar harekete geçmek için tasarlanmıştır. İçgüdülerimiz, bir kriz halinde tehlikeye tepki vermek ve vücudumuza adrenalin göndermek üzere evrimleşmişti ama kriz çoktan geçmişti. Hayatımız boyunca bilinçli ya da bilinçsiz olarak tehlikeyi arar ve en küçük tehlike kırıntısında harekete geçmeye hazır bir şekilde yaşarız. Olabileceklerin en kötüsü olmuş ama her şey olup bitmişti. Artık paniğe ve adrenaline yer yoktu.

Ama uygun olan hiçbir şey aklıma gelmiyordu.

Tek düşünebildiğim her şeyin bittiği ve artık her şey için geç olduğuydu.

Parkta devriye gezen iki polisten yaşlıca olanı atıyla geldi. Atın ne işe yarayacağını düşündüm. Mark'ı kurtarmak için suya dalan Kolombiyalıyla konuştu. Kolombiyalı, Mark'ın suratının sapsarı olduğunu söyledi. Mark, adama geri dönmesini ve kendi hayatını kurtarmasını söylemişti. Kırklı yaşlarının başlarında olan Kolombiyalının, başlangıçta Mark'ı oğlu sandığı ve bu nedenle suya dalıp onu kurtarmaya çalıştığı ortaya çıktı.

Polise, teknesinin olup olmadığını sordum. "Hayır" dedi. Atı vardı. Benimki beyhude bir soruydu. O ana kadar sahildekilerin çoğu bir şeylerin olup bittiğini anlamış ve neler olduğunu öğrenmek için polisin etrafında toplanmaya başlamışlardı. Mark'ı kurtarmaya çalışan Kolombiyalı sessizce gözden kayboldu, polisin işine burnunu sokmak istemiyordu. Kolombiya'daki tanıklar gözden kaybolmalarıyla ünlüydü. Polislerin, sık sık tanıkları ölüme sebebiyet vermekten veya cinayetten tutuklayıp "suçlamaları düşürmek" için rüşvet istediğini duymuştum. Kolombiyalı adam, ya kulağıma gelenlerin doğruluğu ya da içinde bulunduğu şok nedeniyle sahilden kaybolmuştu. Onu bir daha hiç görmedik.

Polis: "Arkadaşının..." dedi. "Kredi kartı, American Express'i ya da seyahat çeki var mıydı?"

Lionel'le göz göze geldik. "Belki de balıkçının teknesini alabiliriz." dedim. Lionel omuzlarını silkti. Deneyebilirdik ama ikimiz de artık çok geç olduğunu biliyorduk. "Tamam, haydi gidelim." dedi.

Sahil boyunca palmiyelerin ve kütüklerin üzerinden atlayarak Hindistan cevizi ağaçlarının arasından yalınayak koştuk. Ne kadar umutsuz olursak olalım bir şeyler yapıyor olmak iyi gelmişti. Nefessiz kalana kadar koşmak bile bir şeydi. Küçü-

"Deniz, kurban aldıktan sonra bile güzel görünüyor." Kelimeler ağzından sanki kendi kendine konuşur gibi bir yumuşaklıkla çıkmıştı.

Aylak Şaman

Kayanın üzerinde oturdum ve Mark'ın bana ne demek istediğini düşündüm. Başını o kadar çok belaya sokmuş ve kıl payı kurtulmuştu ki herkes, bir gün böyle bir şeyin yaşanacağını bekliyor gibiydi. Yine de Mark, tılsımlı olduğunu düşündüğünüz insanlardan biriydi, her defasında muzaffer bir edayla gülümseyerek paçasını kurtarırdı.

Ölüm anının uyuşturucu etkisi geçtikten sonra içimdeki boşluğun farkına vardım. O boşluk, Mark'ın ölümünün benim hayatımda bıraktığı karanlıktı.

Özellikle bu yolculuk boyunca Mark'la fikir ayrılığına düştüğümüz konular oldu ama o, her zaman benim için özel bir insan olarak kalacaktı. Muhtemelen bunun nedeni, arkadaşlarım içinde ikiyüzlü ve zehirli "kariyer" saçmalığını reddeden tek kişi olmasıydı. Çoğu insan bunu kayıtsızlık ve aylaklık olarak algılardı ama ben farklı değerlendiriyordum. Mark, orta yaşlarında vasat bir pozisyonda yer almak uğruna zihnini ve ruhunu şahsiyetsiz, köyü niyetli, dünya çapında hiçbir şirkete satmak istemiyordu. Şeytanla anlaşma yapan arkadaşlarımın gözlerindeki yaşam enerjisinin nasıl çekildiğini görmüştüm. Ama Mark özgürlüğü tercih etti. Yaşamayı seçti. Sistemin dikte ettiği projelerin ve değerlerin kendi projelerine ve değerlerine dönüşmesine izin vermedi. Mark için müzik, uyuşturucu ve düşünmek için yeterli zaman daima paradan, saygı görmekten ve kariyerden daha önemli olmuştu ve haklıydı. Bunlar gerçekten çok daha önemliydi. Bunlar çok daha önemli olmalıydı. Bu seçiminden ötürü ona saygı duydum. Umursanmaya değmeyecek şeyleri umursamadığı için ona saygı duydum.

Mark'ın görüşleri, kısıtlayıcı normallik ve saygınlık duvarlarının çok daha ötesinde uzanan devasa vahşi bölgelerdeydi. Mağaradan çıkmış "kenar"ı arıyordu. O bizim kozmik kahramanımız, psişik kaşifimiz, aylak şamanımızdı. Ve küflü kahve fincanlarıyla kaosun resmedildiği kilimlerden oluşan evi, kutsal evrenimizdi. Alternatif gerçekliğe uzanan kırsal geçidimizdi.

Mark ölmekten korkmadığını defalarca tekrarlamıştı. Bu, onun için önemliydi. Bu, özgürce yaşadığı anlamına geliyordu. Dalgaların içine dalmaya ve riskleri kabul etmeye hazır olması, onu olduğu kişi kılıyordu. Onu "kenar"dan uzaklaştırsaydınız "kenar"ı onun içinden söküp atmış, Otomatik Portakal'daki beyni yıkanmış Alex gibi hayatını ve yaşama sevincini elinden almış olurdunuz.

Aklıma, başka bir filmden bir replik geldi. Filmin adı Deliverance'dı. Sert adam Burt Reynolds, Jon Voight'i ve birkaç aylağı kırsalda raftinge götürüyor ve yolculukları korkunç bir maceraya dönüşüyordu. Kriz anlarının birinde Voight, ekibin en şişman ve işe yaramaz adamını Reynolds'a karşı koruyordu.

Voight: "Ona bu alanda saygı duyulduğunu biliyorsun." dedi.

Reynold: "Uzman olduğu alan ne?" diye sordu.

Voight, "Sigortacılık." diye cevap verdi.

Reynolds, "Sigortacılık mı?" diye sordu. "Ha s.ktir."

Bu konuşmayı her duyduğumda Mark'ı hatırlıyordum. Hiçbir zaman sigortacılığa inanmamıştı.

Korsan Deniz

Aniden garip bir şekilde isabetli gibi görünen küçük kehanetler hakkında da düşündüm. Ülkeden ayrılmadan önce Melissa'nın baktırdığı rahatsız edici fal bunlardan biriydi. Carlos, birinin boğulacağını söylemişti. Mark, ölmeden hemen önce boğularak ölen bir çocuk hakkında yazılmış Balıkçı Çocuk isimli bir kitaptan bahsetmişti. Ve Reşiflerde kalmayı planlıyordu. San Pedro aldığımız gece, Mark yüzmeye kalkarsa kimsenin onu kurtaramayacağını söylemiştim. Hepsinden öte, denizin onu çağırdığını söylediğini hatırlıyordum. Denizle bütünleşmek, doğayla bir olmak istiyordu. Sonunda denizkızlarının şarkısı onun da başını döndürmüştü.

Bunlar trajik bir kazayla dikkat çeken garip tesadüfler olabilir miydi? Muhtemelen olabilirdi. Ya da garip bir büyünün etkisi altında mıydık? Zamanda hem ileriye hem de geriye doğru uzanan dalgalar gibi belki de tüm olaylar öngörülebilirdi ama bunlara dair önseziler o kadar belirsizdi ki sadece birkaç özel insan tarafından algılanabiliyordu. Belki de ölüm kadar kuvvetli bir şey, benim bile algılayabileceğim kadar büyük dalgalar göndermişti. Ben ise bana gönderilen mesajı anlamakta çok geç kalmıştım.

Mark son saniyelerinde neler hissetti acaba? Hayatın son saniyeleri, yaşamakta olanlar için büyük bir gizem olarak kalmalı. Düşünün!Yolun sonuna geliyorsunuz. Son! Mark'ın özgüveni düşünüldüğünde Kolombiyalı adama geri dönmesini söylerken ve son kulaçlarını atarken dahi kurtulacağını düşündüğünü söylemek mümkün. Mark orada ölüm kalım savaşı verirken sahile ulaştığında anlatacağı bu büyük hikâyeyi aklından geçirdiğinden eminim. Ardından, aniden artık hiçbir hikâye anlatamayacağını ve bu defa paçayı kurtaramayacağını fark etmiş olmalıydı. O anla bilincini kaybettiği an arasındaki sürenin kısa olduğunu ummaktan başka elimden hiçbir şey gelmiyordu. Kozmik dansından bir anda koparıldığını düşünmek istiyordum. Bu bir lütuftu.

Daha kötü ölümler vardı. Dalgaların içinde, ölümün soğuk uzaklığında dahi varlığından keyif almıştı. Yaşlanıp hastalanarak sonsuzluğun soğuk yüzü bizi izlerken yaşamımızın içimizden yavaşça çekildiğini hissederek ve ölümü bekleyerek ölmek daha mı iyiydi? Geçtiğimiz yaz ölen büyükbabamı düşündüm. Zar zor fısıldayarak "Ne zaman bitecek?" diye sormuştu.

Büyükbabam 94 yaşındaydı. Ölümü, içimi yok olması asırlar süren korkunç ve buz gibi bir korkuyla doldurmuştu. Uzun, dopdolu ve her anına değen bir hayat sürmüş çok güçlü bir adamdı. Son günlerine kadar bilinci yerindeydi, sağlıklıydı, yaşam enerjisiyle doluydu, tam bir zeka küpüydü. Son anlarında onunla birlikteydim; zayıflamıştı, eriyip bitmişti ama yine de kurtulmak için yalvarıyor olmasına rağmen vücudundaki güç gitmesine izin vermiyordu. "Ne zaman bitecek?" diye soruyordu. Düşünebildiğim tek şey, "Umut edebileceğimiz en iyi şey bu." idi. Hayatı, herkesin isteyebileceği kadar uzun ve dopdoluydu. Yine de acı içinde son buldu. Her ölüm erken ölümdü.

Belki de Mark şanslıydı. Çok genç yaşta ölmeyecek -Üç ay sonra otuz yaşında olacaktı.- ancak çabuk ve beklenmedik bir şekilde ölecek kadar şanslıydı. Tabiri caizse hareket hâlindeydi. Bir bakıma bir kahraman gibi ölmüştü. Yıllar veya hastalıklar tarafından tüketilmeden mertçe savaşırken hayatını kaybetmişti. Savaşçı kültürlerde savaşırken ölmek, onurlu ve arzu edilen bir ölüm şekli olarak görülürdü. Mark'ın savaşı ise insanlara karşı değil, elementlere karşı olmuştu. Aslında, rakibi kendisiydi: risklerin farkındaydı ama onları almaktan uzak duramamıştı.

Ölmek için güzel bir yerdi. Evden çok uzakta, güzel ve romantik bir yer. Burası Karayip'ti ama turistlerin berrak turkuaz suların yanında oturup Pine Colada'larını yudumladığı broşürlerdeki gibi bir yer değildi. Daha ziyade, dev dalgaların bıkıp usanmadan sahile saldırdığı ve dalgaların kesintisiz homurtusunun uzaktaki bir savaş alanında patlayan topları andırdığı vahşi, korsan bir denizdi. İspanyol sömürgesinin ve

Francis Drake ve Kaptan Mavi Sakal Morgan gibi acımasız, ölüm saçan korsanların okyanusuydu. Böyle bir yerde ölmenin romantik bir yanı vardı. Mark, dünyanın yabani okyanus rahmine geri çekilmişti.

Sahile göz gezdirdim. Mark'ın gördüğü son şey bu sahil olmalıydı. Devasa kaya parçaları. Rüzgârla salınan Hindistan cevizi ağaçları. Palmiye yapraklarından yapılmış çatılar. Ve bunların arkasındaki tepeler. Yemyeşil, balta girmemiş ormanlarla kaplı, kutsal Sierra Nevada'nın görünmez karlarına doğru yükselen tepeler. Sonsuzluğa yelken açarken yanında bunun gibi güzel bir manzara götürmekten daha güzel ne olabilirdi ki?

Turuncu renkli güneşin, tepelerin arkasında gözlerden kayboluşunu ve gökyüzünde bıraktığı kan kırmızı çizgileri izledik. Çökmekte olan karanlık nedeniyle kayaların üzerinde oturmamız tehlikeli bir hal almaya başlamıştı. Yükselen deniz, karayla aramızdaki bağlantıyı kesmekle tehdit ediyordu.

Melissa, "Kendini nasıl hissediyorsun?" diye sordu.

"Garip ama gerçekten bilmiyorum. Repliğini söylemek için bekleyen bir aktör gibiyim. İçimde kocaman bir boşluk var."

Melissa kollarını bana sardı ve başını başıma dayadı. Doğrudan gözlerimin içine baktı. O anda tek bir kelimeye dahi ihtiyacımız yoktu. Gözlerimi kapattım ve yanaklarımdan süzülen gözyaşlarını hissettim. Bunlar minnet gözyaşlarıydı - yalnız olmadığımı görmenin rahatlamasıydı.

Bölüm 10
Ölümden Sonraki Yaşam

Ormanda Yürüyüş

Denizin, karanlığın içinde kayboluşunu izledim. Dalgalar yükselip alçalırken binlerce kafa suların içinde kaybolup yeniden beliriyor gibiydi. Hâlâ neredeyse dolunay evresinde olan Ay'ın gümüş renkli ışıkları yakaladığı beyaz köpüklerin, gökyüzündeki yıldızları yansıtmak için gittikçe sönükleşen şafakta pırıldamalarını sağlıyordu. Melissa ve ben hamakların birinde yanyana uzandık ve birbirimize sarılarak uyuduk.

Kabus görmeyi bekliyordum ama tek bir kabus bile görmedim ve sabah uyandığımda rahat bir uyku çektiğim için kendimi biraz olsun suçlu hissettim. Kayaların üzerindeki töreni yaptığımız için memnundum. San Pedro şişesinin denize atılması, dalgalar kayaları döverken ve sıçrayan sularla ıslanırken orada sessiz bir şekilde oturmak, bir arkadaşa veda etme ritüeli gibi temel bir ihtiyacı karşılamıştı.

Mark'ı kurtarmayı denemeli miydim? Mantığım, çabalarımın hem başarısız olacağını hem de intihar anlamına geleceğini söylüyordu. Okulda öğrendiğim temel cankurtarma tekniklerinden bazılarını hatırlıyordum. Sakin yüzme havuzlarında sırt üstü uzanıp ayaklarımızı çırpıyorduk. Ama bu hain okyanus tamamen başka bir şeydi. Yine de onu kurtarmayı denemeli miydim? Uğrunda ölsem dahi denemeli miydim? Harekete geçmenin konuşmaktan daha önemli olduğunu söylerler ve ben bunun önemli olduğu yegane anda hiçbir şey yapmamıştım. Belki de haklıydım. Ama o anda gerçek yüzümü görmüştüm. Temkinli ve korkaktım. Tıpkı Cofanlarla birlikte kalırken kendimi ayahuascanın ellerine bırakmadığım gibi. Tıpkı Mark'ın o anda hiçbir şeyden korkmadığı gibi. "Kenar"a yaklaşıyordu. Ve sonunda, "Kenar"ı aştı.

Mark'ın bedeni ertesi gün de bulunamayınca sahilden ayrılıp balta girmemiş ormanların içinden geçen patikaya doğru yöneldim. Öldüğünü bildirmeliydim. Sonra... Sonra da Mark'ın babasına telefon etmeliydim. Ona, oğlunun öldüğünü söylemeliydim.

Yürürken, daha önce göz önünde bulundurmadığımız şüpheleri gözden geçirdim. Doğru olmadığına dair küçücük bir ihtimal dahi varsa nasıl olur da babasına böyle bir haberi verebilirdim?

Bu olasılığı düşünerek kendimi ne kadar rahatlatsam da başka bir sonuç olabileceğini düşünemiyordum. Dalgaya kapılıp koyun gözlerden uzak bir köşesine sürüklenmiş olabilir miydi? Hayır, sahilin her santimetrekaresini tekrar tekrar kontrol etmiştik. Denizin derinliklerinde yeniden yüzeye çıkıp yüzerek başka bir koya ulaşmış olabilir miydi? Belki de bir sahilde bilinçsiz bir şekilde yatıyordu. Hayır. Sadece bizim koyumuzda ortaya çıkabilirdi, diğer koylar çok uzaktı. Olanları çok fazla insan görmüştü.

Mark'ın hayatta kalmış olması mümkün değildi. En küçük bir ihtimal dahi yoktu.

Yine de başımıza gelenlerin doğru olmadığına dair içimdeki hissi silkinip atamıyordum. Gördüklerim bir ışık oyunu olmalıydı. San Pedro'dan kaynaklanan bir halüsinasyondu. Mark'ın ölümünden emin olmama ve en küçük bir umut kırıntısına dahi sahip olmamama rağmen kampa döndüğümde Mark'ı orada bulacağımı ve kafamın ne kadar karıştığını görünce kahkahalara boğulacağını umuyordum.

Kendimi yürümenin ritmine kaptırmaya çalıştım. Ormanın soğuk güzelliğinden ve böylesi büyüleyici bir yerde bulunmanın ayrıcalığından güç almayı denedim. Yeşilin zengin tonları dar patikayı kapatıyordu. Alacalı ışık ve kuş cıvıltıları, ağaçlardan süzülerek ormanın gölgeli zeminine ulaşıyordu. Devasa kaya parçaları, yan dönmeden aralarından geçemeyeceğim kadar dar doğal geçitler oluşturuyordu. Patika küçük tepelere tırmanıp ardından neredeyse tamamen kurumuş olan ırmak yataklarına doğru alçalıyordu.

Mark, çevremdeki insanlar arasında bu şekilde ölen ilk kişiydi. Büyükbabamın ve büyükannemin hastane odalarında yavaş yavaş öldüğünü görmüştüm. Ama Mark'ın ölümü başıma gelen ilk ani ve beklenmedik ölümdü. İlk defa, benim yaşımdaki arkadaşlarımdan biri ölmüştü.

Benliğimi garip bir his sardı: özgürlük, neredeyse sevinç... Terry Hall'un (eski Specials vokali) bir röportajında, babası öldükten sonra ertesi gün uyandığında kendisini Superman gibi hissettiğini söylemişti. Mark'ın ölümü ömrüm boyunca korktuğum ve bilinçsiz bir şekilde defalarca provasını yaptığım bir andı. Aslında Mark'ın değil, herhangi birinin. Er ya da geç başımıza gelecekti. Çevremizdeki insanların önünde sonunda öleceğini bilirdik ve onlardan uzun yaşama ihtimalimize karşı onların kayıplarıyla baş etmeyi öğrenmeliydik. Endişe içinde dayanılmaz olduğunda gerçeğin kendisi, o korkunç gerilimden kurtulmanızı sağlardı.

Belki de aradığım şeyi bulmuştum. Büyük harfle başlayan hayatı ararken buralara kadar gelmiştim ve istediğim ya da umduğum şekilde olmasa da aradığım şeyi bulduğumdan emindim. Bu gerçekti, önemliydi, olağan hayatlarımızın küçük beyhudeliklerinin ve yapmacık hırslarının çok daha ötesindeydi ve yaşıyor olmanın varoluşsal temellerine dokunuyordu. Mark'ın ölümüyle kendimi hiç olmadığım kadar canlı hissettim.

Ya Mark aradığını bulmuş muydu? Bir parçası ezelden beri bu sonuca ulaşmak istediğinden mi bütün o riskleri almıştı? Ölümün esas gerçekliğine mi ulaşmaya çalışıyordu? Bilemiyorum.

Bildiğim tek şey ormanın hiç olmadığı kadar harikulade ve güzel göründüğüydü. Ormanın kıymeti kaybın dokunaklığını artırırken, bir zamanlar huzur veren varlığı canlı bir organizmaya dönüşmüştü.

Orman düşen her yaprağa, devrilen her ağaca rağmen varlığını sürdürür. İnsanlık, tek bir insanın yaşamından daha uzundur. Kafamızdaki geçici kaygıları atarsak zihinlerimizi evreni dolduran enerjiye açabiliriz. Zihninizi serbest bırakın. Şamanizme özel translar, Buda'nın temel öğretileri ve takip edilmesi en zor olan o şey...

Yürümeye devam ettim.

Temel gerçekleri, ilk defa bu kadar açık bir şekilde görebildiğimi hissettim. Bu, yolculuğumuz boyunca zihnimde oluşan bir şeydi. Ve şu anda -özellikle orman sayesinde Mark'ın ölümünün acısının hafiflediği şu anda- her şey yerine oturmuştu. Doğaya sadece bize sunduğu hammaddeler için değil, aynı zamanda ruhumuzu beslemesi için de ihtiyacımız vardı. Doğa, ayaklarımızı yere basmamızı sağlıyordu. Doğanın kutsallığını hissetmemiz gerekiyordu. Doğayla bağlantımız kesilirse asla huzur bulamayız. Belki de bu yüzden Avrupalılar bu kadar huzursuzdu: durmadan seyahat ediyor, yenilikler inşa ediyor ve sonsuza kadar algımızın dışında kalmış gibi görünen şeylerin peşinden gidiyorduk. Bir zamanlar kaybolan o bağlantıyı arıyorduk. Dağların o devasa ve durağan sessizliğinde Amazon'un büyülü yaşam enerjisinde San Pedro aldığımız gün sahilde hissettiğim bağlantıyı.

Londra'daki bir hastanenin steril ve kullanışlı atmosferinde ölen büyükbabamı, ölümünün bana yaşattığı korkuyu ve umutsuzluğu ve uzun ve dopdolu bir yaşamı taçlandıran ölümünü düşündüm. Henüz çok genç ve yaşayacak uzun yılları olan Mark'ın ölümü çok daha trajik olsa da burada, çevremdeki hayat hiçbir sınır tanımadığından ölüme -sonsuz doğal döngünün engellenemez parçasına- dayanmak daha kolay gibi görünüyordu.

Her şey açıktı. Hayatım boyunca peşinde koştuğum şey, o kaybolan bağlantıydı. Fizikî dünyamda eksik olan kalp atışı. Sonunda onu bulmuştum.

Bunların hiçbirinin Mark'ın babası için bir anlam ifade etmeyeceğinin farkına vardım. Sıkıcı bir mart gününde Kolombiya'dan gelen bir telefonla, İngiltere'nin kırsal kesimlerindeki hayatı tamamen değişecekti. Bu düşünce içinde bulunduğum moddan çıkmama neden oldu ve bir önceki anın mutluluğuyla telefon görüşmesinin tüylerimi diken diken eden hâli arasındaki zıtlık, her şeyin çok daha gerçek dışı görünmesine neden oldu.

Bir Ölümü Bildirmek

Yola ulaştım ve Santa Marta'ya giden otobüse bindim. Mark'ın babasını aramadan önce -aslında o işi ertelemek için- Mark'ın ölümünü polise bildirmeye karar vermiştim. Resifler bölgesindeki polis, bu konuda bir rapor yazmayacağını -veya yazamayacağını- çoktan söylemişti. Santa Marta'daki karakola girip masanın arkasında oturan polis memuruna yaklaştım.

"Bir arkadaşımın ölümünü bildirmek istiyorum." diyerek başladım. Polis memuru kafasını kaldırdı ve eliyle açık bir kapıyı gösterdi. Küçük oda kasvetli ama fonksiyoneldi. Üzerinde hiçbir şey olmayan bir masa ve masanın iki yanında birer sandalye vardı. Duvardaki küçük pencerenin altına birkaç sandalye daha dayanmıştı.

Masadaki polis memuru, orta yaşlı bir kadını sorguya çekiyordu. Memur on dokuz yaşından fazla olamazdı. Jimnastik salonunda biraz fazla zaman geçirmiş, şişman, saçları askerî tarza uygun kesilmiş, boynu şişkin omuzlarının arasına gömülmüş bir oğlan çocuğuydu. Üniforması üzerine iki beden küçük geliyordu. Dar gelen omuzları kambur oturmasına ve kollarıyla vücudu arasında komik bir mesafenin kalmasına neden oluyordu.

Çocuk kadına üstü kapalı bir şekilde gülümsedi ve masanın altından bir hareket yaptı. Kadının istediği şeye ulaşabilmesi için biraz daha fazla para vermesi gerektiği açıktı. Kadın tiksinerek tısladı, ayağa kalktı ve odadan çıktı. Durum pek cesaret verici görünmüyordu. Kadının sandalyesine oturdum ve anlatmaya başladım.

"Arkadaşım boğuldu."

Tekdüze bir ses tonuyla "Neden bana anlatıyorsun ki?" diye sordu. Bir anlığına kafasını kaldırıp bana baktı. Karşısında oturan pasaklı Gringo'dan bir şeyler koparıp koparamayacağına karar vermeye çalışıyor gibiydi.

"Çünkü ölümünü bildirmek istiyorum." dedim.

Omuzlarını silkti. "Neden?"

Bu soruyu beklemiyordum. Neden ölümünü bildirmek istemiştim? Bildirsem de bildirmesem de ölmüştü. Bildirmesem ne değişecekti ki? Ama birileri öylesine ölüp gidemezdi. Hele bunca yıl onlarca form doldurduktan sonra. Doğum belgeleri, okul sınavları, iş başvuruları, ehliyetler, banka hesapları, vergi formları, ipotekler, tıbbi kayıtlar, sigorta kayıtları. Her şey kayıt altına alınmalıydı. Mark'ın öldüğünü bildirmeliydim. Ama neden?

Sözlerime zayıf ve ikna edici olmayan bir tonda devam ettim: "Ülkemde biri öldüğünde bunu bildirmek zorundayız."

"Öldüğünü nasıl biliyorsun?"

"Onu boğulurken gördüm."

"Cesedi nerede?"

"Cesedi yok. Henüz bulunamadı."

"Cesedi bulunmadan öldüğünü bildiremezsin. Sadece kayıp başvurusunda bulunabilirsin." Bir Gringoyu zekasıyla alt ettiği için kendiyle gurur duyuyor gibiydi. "Bunun için köşeyi dönünce karşına çıkacak olan ofise gitmelisin."

Odadan çıkmak için ayağa kalkmaya davrandım. Çocuk polis, "Bir dakika lütfen." dedi. "Arkadaşınızın kredi kartı var mıydı?"

Odadan ayrıldım.

Çocuk polisinin talimatlarını dinleyerek ikinci ofisi buldum.

"Bir arkadaşımın ölümünü bildirmek istiyorum." diye başladım.

"Ah, tamam." Masanın arkasındaki polis daha yaşlıydı ve daha nazik görünüyordu. Bir dakikalığına bana sempatik bir tavırla baktı ve gülümsedi. "Ama biz trafik polisiyiz. Başka bir ofise gitmelisin. Gitmen gereken yer DAS olarak adlandırılan göçmenlik bürosu."

Mark'ın göçmenlik formlarına ihtiyacı olsaydı bunlar Kolombiya'nınkiler olmazdı diye düşündüm. Cennetin Kapıları'nın önünde bekleyen Cebrail'i ölülerin pasaportlarını kontrol ederken kendisine iki beden küçük gelen bir üniforma giyerken hayal ettim. Kasabanın diğer ucundaki tabelasız bir binada bulunan DAS ofisini bulmam bir buçuk saatimi aldı. Muayenehaneler gibi bekleme odası olan modern bir ofisti. Sıranın bana gelmesi için bir saat kadar bekledim.

Sıram geldiği zaman masanın arkasında oturan kadının aklı karışmıştı.

"Ama bunu bana neden anlatıyorsunuz, *senor*? Arkadaşınız ülkeden ayrılmamış. Belki de adli tıp ofisini denemeniz gerekiyordur." Kolombiya'da bir ölümü bildirmenin ölmekten daha zor olduğu kanıtlanmıştı.

Bana adli tabibin adresini verdi. Bina, kasabanın diğer ucundaki polis karakolunun yanında bulunan küçük ve eski bir süpermarketin üst katındaydı. Öğle tatili nedeniyle kapalıydı.

İspanyolcam, dil kılavuzunda bulunmayan durumlarla başa çıkmaya çalışıyordu ama bir kafe buldum ve öğle yemeğinden sonra adli tabibin odasına geri döndüm. İçinde çok sayıda masa ve dosya dolabı bulunan beyaz duvarlı oda oldukça genişti. Yaklaşık on kadar kişi, gezgin bir iş adamının mücevherle dolu çantasını açtığı bir masanın çevresinde toplanmıştı. Adli tabibi aradığımı söyledim. Bir kadın başını kaldırıp bana baktı.

"Adli tabip öğle yemeğinde ama beklemek isterseniz buyurun, oturun."

Beklemek için oturdum. Kızlardan biri benimle sohbet etmeye başladı. Bir defasında Avustralya'daki bir akrabasını ziyaret etmişti ve biraz olsun İngilizce konuşabiliyordu.

"Arkadaşın öldüğü için çok üzgünüm." Durakladı, sempatik bir tavırla gülümsedi ve devam etti. "Avustralya'dan mı geliyorsun? Halamı görmek için beş yıl önce Sidney'e ve Melbourne'e gittim. Avustralya çok güzel bir ülke, sence de öyle değil mi? Çok temiz."

Kimse çalışmıyordu. Boş masalarla dolu odada daha önce çalışıldığına dair de hiçbir iz yoktu. Sonunda otoriter bir havası olan kır saçlı bir adam içeri girdi.

"Evet, burası adli tıp ofisi ama bir ölümü bildirmek açısından doğru ofis değil. Fiscalia'daki Dr. Lopez'i görmelisiniz."

Fiscalia'nın nerede ve hatta ne olduğu konusunda hiçbir fikrim yoktu. Burada oturduğum bir saat boyunca neden kimsenin yanlış ofiste olduğumu söylemediğini bile düşünemiyordum. Adamdan, *Fiscalia*'nın kasabanın diğer ucundaki DAS ofisinin yanında olduğunu söylemesini bekledim ama bu defa aynı binadaydı. Adamın talimatlarını takip ederek betonarme basamakları çıktım. Bir üst kattaki sahanlığın kapıları demir parmaklıklarla korunuyordu. Küçük masanın arkasında ise bir güvenlik memuru oturuyordu.

"Dr. Lopez'i görmek istiyorum." dedim. Güvenlik memuru elindeki listeyi yavaşça ve dikkatle inceledi. Ardından kafasını kaldırdı, dikkatlice incelenme sırası bana gelmişti. Büyük bir bilgelikle önemli bir karar vermenin eşiğinde gibi davranıyordu.

"Burada Dr. Lopez diye biri yok."

"Kendisi adli tabip. Onu görmeliyim. Ben... Şey..." Nasıl devam etmem gerektiğini düşünmeye çalıştım ama güvenlik görevlisi son anda beni kurtardı.

"Ah, adli tabip. Kendisi bir üst katta."

Kapıyı açtım. Başka bir ofis. Beş kişi masaların arkasında oturuyordu. Bu defa, burada gerçekten çalışıldığına dair daha çok kanıt vardı. Masaların üzeri kağıtlarla kaplıydı.

"Adli tabibi görmek istiyorum." diye başladım.

"Hayır, burası adli tabibin ofisi değil."

Tekrar denedim.

"Dr. Lopez'i görmek istiyorum."

"Lopez mi? Yandaki odada ama o adli tabip değil."

Yirmili yaşlarının başlarındaki genç bir adam, bitişikteki odanın açık kapısından baktı.

"Ben Dr Lopez. Adli tabip benim. Size nasıl yardımcı olabilirim?"

Durumu açıkladım. Şaşırtıcı bir şekilde beni Santa Marta'nın diğer ucundaki başka bir binaya göndermek yerine ofisine davet etti ve sonunda doğru ofiste olduğumu göstermek istermişçesine, masasının üzerindeki kayıp insanlara ait raporlardan ve fotoğraflardan oluşan kalınca dosyayı işaret etti. Ardından elime, çoktan seçmeli sınav kâğıdına benzer bir kâğıt tutuşturdu. Kâğıtta olayın detaylarını anlatmam isteniyordu. Kayıp kişinin burnu neye benziyordu? Kaç tane kaşı vardı? Kaç tane kaşının olduğunun önemi var mıydı?

Formu doldurduktan sonra Dr. Lopez, ön odadaki üç asistanını çağırdı. Sonraki yirmi dakika boyunca forma yazdıklarımı değiştirdiler, yazdıklarımı sildiler, bana sorular sordular ve yazdıklarımı kurşun kalemle ve yanlış bir şekilde başka bir forma kopyaladılar.

"İstersek daha sonra değiştirebilmemiz için." diye açıkladılar.

Omuzlarının üzerinden baktım ve hatalarını gösterdim. Gösterdiklerimi silip yine yanlış yazdılar. Sonunda, orijinal forma yazdıklarıma benzer bir ifadede anlaştık. Dr Lopez, sahil güvenliğin ve polisin konu hakkında bilgilendirileceğini garanti etti. Söylediğine göre, artık her şey kontrol altındaydı.

Zor Bir Telefon Görüşmesi

Miramar'a gitmek için bir taksiye bindim. Kolombiya bürokrasisinin labirente benzeyen koridorlarındaki çabalarım, yüzleşmekten korktuğum o anı geciktirmişti ama daha fazla erteleyemezdim. Mark'ın babasını aramalıydım.

Resifler bölgesine dönmek için geç kaldığımdan kendime Miramar'da bir yatak kiraladım. Gezginlerden oluşan alışılageldik çete, avluda oturuyor, sohbet ediyor, kitap okuyor, satranç oynuyor, bira ve meyve suyu içiyordu. Bazıları televizyonun karşısına uzanmış *Die With a Hard On* ya da buna benzer ikinci sınıf bir film izliyordu.

Cesaret toplamaya çalışarak telefonun etrafında bir saat kadar dolaştım. Sonunda aradım. Numarayı çevirirken kalbim küt küt atıyordu. O ana kadar yapmak zorunda kaldığım en zor şeydi. Telefona Mark'ın babası değil de üvey annesini yanıt verdi. Artık gün boyunca provasını yaptığım cümleleri söyleme zamanıydı.

"Denise, çok korkunç bir şey oldu, Mark boğuldu." Basit ama kahredici bir cümleydi. Her ebeveynin duymaktan en çok korktuğu cümleleri kuran sesimi duydum. Çocuğunuz öldü. Hayatları boyunca alabilecekleri en kötü haberdi.

Telefonda bir sessizlik oldu.

Kadın: "Bu bir şaka mı?" diye sordu.

"Korkarım değil, Denise. Böyle bir konuda asla şaka yapmam."

Konuşmak, olanları gittikçe daha gerçek kılıyordu. Kelimeler söylenmeden önce de doğru muydu? Belki de Schrödinger'in kapağı açıp içine bakmadan kutunun içinde olup olmadığı anlaşılamayan ünlü felsefi kedisi gibi çözülmemiş bir ihtimalle aynı durumdaydılar. Telefonum, gerçeküstü dünyanın kapağını açmış ve Mark'ın ölümünün dünyanın başka bir yerinde de gerçeklik kazanmasına neden olmuştu. O ana kadar Resifler bölgesiyle ve Santa Marta ile sınırlıydı. Bu bölgeyle sınırlı kaldığı sürece üzerindeki belirsizlik örtüsü kalkmayacaktı. Mark hamaklardan, San Pedro'dan ve sörf yapan domuzlardan oluşan hayali dünyamızda ölü olabilirdi ama İngiltere'nin sıkıcı kırsallarına ve iş çıkış saatindeki trafik bataklığına tekrar düştüğümüz zaman her şey normale dönecekti. Benimle yaptıkları telefon görüşmesine kadar onlar için Mark hâlâ hayattaydı. Onlara göre Mark'ın öldüğü an benim bunu onlara söyledim andı. Kendimi bir cellât gibi hissediyordum.

Telefonu Mark'ın babası aldı. Konuşmaya çalıştı ama sesi çıkmıyor, konuşamıyordu. Miramar'daki otel odamın numarasını verdim. Otelde dolaşan insanları seyredip telefonun diğer ucunda neler yaşandığını düşünmekten kaçınarak bekledim. Birkaç dakika sonra aradı. Kendini biraz olsun toparlamıştı. Hiçbir umut yok muydu? Küçük de olsa bir olasılık? Olmadığını ama aramaya hâlâ devam ettiğimizi söyledim. Mark'ın babası bir umut kırıntısı arıyordu. Ben ise ona hiçbir şey veremiyordum. Mark'ın hayatta kalma olasılığı sıfırdı.

Resiflere dönüp aramaya devam etmek için bir tekne kiralamam konusunda anlaştık. Ardından tekrar Santa Marta'ya dönecek ve ona telefon edecektim. Kolombiya'ya gelip gelmeme konusunda kararın ona ait olduğunu söyledim. Mark'ı aramak için değil, oğlunun öldüğü yeri görmek için.

Bu bana önemli gibi görünmüştü.

Pelikan

Geceyi yataklarında oturup kokain çeken ve büyük bir özenle satacakları mücevherler üzerinde çalışan Şilili iki genç kız ve delikanlıyla aynı odada geçirdim. Delikanlılardan biri gitarını tıngırdatıyordu. Sabah Mark'ın oteldeki kasaya kilitlediği çantasını karıştırdım. Campbell, Mark'ın elindeki kokaini bir yerlere saklamış olabileceğini ve kokaini polisten önce bulmamız gerektiğini söylemişti. Ama hiçbir şey bulamadım ve sahile geri döndüm.

Resifler'e ulaştığımda Melissa ben yokken olup biten konusunda beni bilgilendirdi. Yapacak hiçbir şeyi olmadığından sadece oturmuş; Helena, Campbell ve Carlos'la Mark'ın ölümü hakkında konuşmuş ve benim dönmemi beklemişti.

"Genç polis memuru geldi ve Mark'ın çadırını aramak istedi. Her şeye el koymaya kalktı. Mark'ın kredi kartının veya parasının olup olmadığını sordu. Helena yanımdaydı ve adamın çadıra girmesine izin vermediğinden büyük bir tartışma çıktı. Adam sonunda vazgeçti ama nereden çıkardıysa bir daktilo buldu ve çadırdaki tek bir şey bile yerinden oynarsa Helena'nın hapse gireceğini yazıp kıza zorla imzalattı."

Kayıp kokaini bulmak için çadırı aradım. Bulabildiğim en suçlayıcı kanıt birkaç porno dergiydi. Mark'ın defterlerinden bazılarını babasına vermek için bir kenara ayırdım. Defterlerinden birine, *quenasıyla* çalmayı öğrenmeye başladığı bir Pink Floyd şarkısının sözlerini yazmıştı:

Sürdüğün hayat ve uçabildiğin yükseklikler
Ancak gelgitle sürüklenirsen eğer
Ve korursan dengeni en büyük dalganın üstünde
Koşarsın erken bir ölüme doğru

Mark'ın babasına söz verdiğim gibi koyun hemen yanındaki barakada yaşamakta olan Pablo'ya gittim. Mark'ın cesedini araması için ona, yerel standartlara göre yüksek olduğunu düşündüğüm yüz dolar önerdim. Onunla gelip gelemeyeceğimi sordum.

Kelimeler dudaklarımdan döküldüğü anda sorduğuma pişman oldum. Pablo'nun teknesi, takmalı motorlu delik deşik bir ağaç kütüğünden daha fazlası değildi. Koyu koruyan kayalıkların arasındaki dar geçitten geçerken açık denizin çalkantısıyla burun buruna geldik. Küçük tekne, her dalgayla yükseliyor ve iki dalga arasındaki çukura gömüldüğünde kıyıyı dahi göremez hâle geliyorduk. Denizin aslında ne kadar tehlikeli olduğunu öğrendiğimden bir anda kendimi sahilden çok uzakta gibi hissettim. Pablo, denizde geçirdiği uzun zamanın verdiği ustalıkla dümeni kırıyor ve dalgaların bizi alabora etmemesi için önce teknenin burnuna çarpmasını sağlıyordu. Bir saat boyunca sahili her iki yönde kat ettik. Mark'ın cesedinin Resifler'in okyanustan yükselen koyu renkli kayalıklarla kuşatılmış yakalarına takılıp kalmış olabileceğini düşünerek bu önemli noktaların yakınından geçtik. Okyanus gümbürdeyerek kayaları dövüyor, bizi su serpintileriyle yıkıyordu. Pablo'nun küçük kanosu, hayatlarımızı emanet edemeyeceğimiz kadar değersiz görünüyordu.

Civarda birkaç balıkçı balık avlıyordu. Herhangi bir şey görüp görmediklerini öğrenmek için yanlarına gittik. Pablo, eşit ölçüde kırılgan görünen diğer teknelerin yanına yanaşıp motoru durdurdu. Adamlar konuşurken tekneler, dalgaların üzerinde yükselip alçalarak süzülüyordu. Külüstür kıçtan takmalı motorları arızalanırsa kullanabilecekleri yedek kürekleri bile olmayan böylesine küçük teknelerle denize açılan bu adamların her gün gösterdiği cesaret karşısında hayranlık duymamak elde değildi. Herkes sevdiği birilerini -babalarını ya da erkek kardeşlerini- denizde kaybetmişti. Buna rağmen, hem ihtiyaçtan hem de okyanusa karşı duydukları derin sevgi nedeniyle balığa çıkmaya devam ediyorlardı.

Balıkçılar konuşurken yalnız bir pelikan uçarak tepelerin yanından geçti. Suyun sadece birkaç santim üstünden dalgaları yalayarak uçuyordu. Geniş beyaz kanatlarını yavaş yavaş çırpıyordu. Öylesine zarifti ki! Karadaki ahmakça duruşuyla büyük bir zıtlık içindeydi. Deniz tutması ve duyduğum korku nedeniyle kusmaya ve bir an önce kıyıya çıkmak için dua etmeye başladım.

Paskalya

Sonraki hafta medcezirin Mark'ın bedenini sahile getirip getirmeyeceğini bekleyerek geçti. Bunun olmamasını umuyordum. Cesedinin denizde kalmasının daha iyi olacağına karar vermiştim. Deniz, Mark'ın cesedine el koymuştu ve ayrılmamalıydılar. Mark'ın babasına telefon etmek için bir yolculuk daha yaptım. Kolombiya'ya gelmeye karar vermişti ve ilk uçaktaki yerini ayırtmıştı. Bir sonraki hafta burada olacaktı.

Bu arada ülkenin resmî tatili olan Paskalya'daydık. Resifler, sadece gezginlerin geldiği bir inziva yeri olmaktan çıkmış, dev bir plaj partisine dönüşmüştü. Aniden, her ağaçtan bir hamak sallanır olmuştu. Restoranlar gürültülü, kahkahalar atan yüzlerle doluydu. Kolombiyalı hippiler bağdaş kurup palmiyelerin altına oturmuş, kumların üzerine serdikleri nargileleri ve takıları satıyorlardı. Bazıları gitar çalıyordu. Brezilyalı bir kız, tropik kuşların parlak renkli tüylerinden yaptığı abartılı küpeleri satıyordu. Getto müzisyenleri salsa yapıyordu.

Yeni gelenlerin çoğu yüzme bilmiyordu ama tipik Kolombiyalı cesaretine sahip erkekler ve erkek çocukları, tehlikeye doğru köpekleme yüzüyordu. Pablo'nun teknesindeyken, suya batıp çıkan iki kişiyi kurtarmak için iki kere durmak zorunda kaldık. Adamları tekneye çektiğimiz zaman bize gülümsediler. Melissa ve Helena sahil boyunca bir oraya bir buraya koşturup duruyordu.

"Yüzmeyin yüzmeyin. Çok tehlikeli!" diye bağırıyorlardı. Kolombiyalılar bizimkilerle dalga geçercesine gülerek kendilerini suya atıyorlardı. Boğulmaktan son anda kurtarılan bir delikanlı, sahile getirildiğinde bilincini kaybederek bayıldı. Çocuğun öldüğünden korkan arkadaşları kaçtı ve onu orada bıraktılar. Kendine geldiğinde onunla ilgilenmekte olan tek kişi Melissa'ydı. Bir grup sörfçü geldi ve bütün hafta sonunu sörf tahtaları üzerinde ama sörf yapmak yerine boğulmakta olan yüzücüleri kurtararak geçirdiler. Dalgaları geçmenin tek yolu sörf tahtalarıydı ve sörfçüler restoran sahipleriyle bir anlaşma yapmıştı. Gönüllü cankurtaran olarak çalışmalarının karşılığında restoranın kamp alanında bedava kalıyorlardı. Buraya birkaç gün önce gelselerdi Mark şu anda hayatta olabilirdi.

Tatilciler çevremizdeki her yeri kaplamıştı. Son sesle salsa çalıyor, durmadan içki içiyor, bağırarak şarkı söylüyor ve eğleniyorlardı. Kumsal, çöple ve boş bira kutularıyla dolmaya başlamıştı. Doğaya zarar vermeden kamp yapma fikri henüz Kolombiya'ya ulaşmamıştı. Böylesi bir istilayla karşı karşıya kaldığımız için pasaklı gezginlerden, yerel rock festivalinden şikayet eden bir vali edasıyla huzur dolu rüyamıza verilen rahatsızlıktan ötürü homurdanan kızgın mukimlere dönüşmüştük.

Kulaklarından duman tüten Carlos: "Ah şu işçi sınıfı," dedi. "Güzel yerlere nasıl saygı göstereceklerini bilmiyorlar. Bunların diğer insanlarla aynı kumsalı kullanmasına izin verilmemeli."

Sanki aklına gelen en itibarsız kelimeyi söylüyormuşçasına bir tiksintiyle "İşçi sınıfı" dedi. "Onlara özel beton kaplı bir sahil yapılmalı ve güzel sahilimizi bize bırakmalılar."

Varoluş ve Oluş

Yanımızdaki Kolombiyalılar, tatil boyunca sarhoş kalmaya kararlı gibi görünen birkaç delikanlıydı. Bir çukur kazdılar, çukuru çöple doldurdular, üzerine bolca benzin döktüler, geriye çekildiler ve çukura yanan bir kibrit attılar. Zehirli, boğucu bir duman yükseldi ve kamp alanımızı kapladı.

Aklım, Nabusimake'ye dönerken tanıştığımız ateşimizi çok doğal ve kolay bir şekilde yakan küçük kıza gitti. Yolculuğumuz boyunca öğrendiğim Kızılderililerle İspanyollar arasındaki zıtlıkları düşündüm. Kolombiyalı delikanlılar ve tehlikeli ateşleri, tamamen Avrupa özentisi olan İspanyol kültürünün mirasçılarıydı. Toprakla olan bağlarını koparan, doğaya saygı göstermeyen, materyalizm uğruna doğal hayattan feragat eden bir kültürün parçalarıydılar. Onların kültürü, benim kültürümdü. Avrupalı istilacıların oğulları, kızları ve Avrupa'da kalanların çocukları arasında neredeyse hiçbir fark yoktu.

Vahşi Batı konulu bir BBC belgeselindeki biri, Kızılderili ve Avrupalıların görüş açıları arasındaki farkı açık bir şekilde özetlemişti. (Diğer yandan, Kuzey Amerika düzlüklerinin General Cluster ve Oturan Boğa gibi beyazlarını ve Kızılderililerini kastediyordu.)

Kızılderililerin, kusursuz olduğuna inandıkları doğal çevrelerinde mutlu olmaları nedeniyle "varoluş" halinde olduklarını söylemişti. Diğer yandan ise beyaz adam, devamlı bir "oluş" sürecindeydi, kendisini ve çevresindekileri değiştirmek için çabalıyordu. Çevresindeki dünyayla mutlu olmanın ne anlama geldiğini bilmiyordu.

Eşek

Mark'ın ölümünden üç gün sonra kampımızda oturuyordum. Mark'ın çadırına ve hamağına hâlâ el sürmemiştik. Sorun çıkartan eşeklerden biri bana doğru koşmaya başladı, hemen önümde durdu ve doğrudan gözlerimin içine baktı. İlk defa bir eşeğin yiyeceklerden başka bir şeyle ilgilendiğini gördüğümden çok şaşırmıştım. Normalde onlara vurmayan ya da Hindistan cevizi fırlatmayan insanları görmezden gelirlerdi. Bana bakanın eşek olmadığına ve aslında, Mark'ın bana veda etmeye geldiğine dair garip bir hisse kapıldım. Her ne kadar saçma bir düşünce olduğunu bilsem de bir onay bekleyerek eşeğe baktım. Eşek ruhsuz bir tavırla bana bakmaya devam ediyordu.

Sanki "Sana söylememiş miydim?" der gibiydi. "Seni daha öteye götüreceğimi söylememiş miydim?"

Ceset

Hafta sonu geldiğinde Melissa ve ben, Mark'ın babası Eric'i ve erkek kardeşi Lain'ı karşılamak için Santa Marta'ya gittik. Cesedinin ortaya çıkacağını ummaktan vazgeçmiştim. Carlos: "Ya yedi gün içinde ortaya çıkar ya da sonsuza dek orada kalır." demişti. Lionel, balıkçı ve deniz konusunda bilgi sahibi olduğunu iddia eden herkes, aradan bir hafta geçtikten sonra cesetlerin bulunamadığı konusunda hemfikirdi. Mark'ın ölümünün üzerinden neredeyse iki hafta geçmişti.

Eric ve Lain, havaalanından taksiyle geldiler. Onlarla, onlar için rezervasyon yaptırdığım otelin önünde buluştuk. Mark'ın babası; iri, kelleşmekte olan, arkadaş canlısı, eğlenceli bir adamdı ama şimdi gri ve kasvetli bir hali vardı, son iki haftada yaşadığı travmanın izleri gözlerinden okunabiliyordu.

Lain, Mark gibi atletik ve yakılışlıydı. Mark'tan bir yaş küçük olduğundan tüm hayatları boyunca büyük bir rekabet içinde olmuşlardı. Bu, karşılıklı saygıya henüz dönmekte olan bir rekabetti. Mark ne yaparsa Lain daha iyisini yapmak için hırslanıyordu. Mark okulun ragbi takımına katılırsa Lain, bir sonraki yılın takımının kaptanı olmak ve takımı, Mark'ın takımından daha başarılı olmak zorundaydı. Erkek kardeşler arasında her daim olduğu gibi bu rekabeti ciddiye alan, küçük kardeş Lain'dı.

Eric ve Lain otele giriş yaptıktan sonra adli tabibi görmeye gittik.

"Dr.Lopez mi? Hayır, o bir adli tabip değil. Kendisi, sadece arada sırada buraya gelen bir fotoğrafçıdır."

Dr.Lopez odasından çıktı ve eliyle içeri girmemizi işaret etti.

Eric ve Lain'a baş sağlığı diledikten sonra yerel gazetelerde yayınlanan Mark'ın "kayıp" olduğunu bildiren ve bilgisi olanlardan yardımcı olmalarını talep eden bir ilanı gösterdi. Ofisinde gerçekten önemli işler yapıldığına dair kanıt sunabildiği için memnun görünüyordu.

Yapılacak bir sonraki şey Eric ve Lain'ı Resifler bölgesine götürmekti. Parkın girişine kadar taksiyle gittik ve iki saat sürecek yürüyüşümüze başladık. Henüz on dakika yürümüştük ki altı adamın bir sedye taşıyarak bize yaklaştığını fark ettik. Adamlardan biri, Resifler bölgesinin bebek yüzlü polis şefiydi.

El jefe büyük bir coşkuyla, "Haberler güzel." dedi. "Bir ceset bulduk. Şimdi, kim bunun kimliğini tespit etmek ister?"

Kısa cevap: kimseydi. Zihinlerimizde Mark'ın cesedinin kaybolduğuna inandığımızdan aniden ortaya çıkması, ruhani bazı düzenlemeler yapmamızı gerektirdi. Sedyenin üzerindeki, üzeri örtülü eğri büğrü şekle baktık. *El jefe* sözlerine devam etti: "*Senor*, ceset suda oldukça uzun bir süre boyunca kaldı. Artık kolu, bacağı ve..." Kendi başına dokundu. "... kafası yok. Belki de bir balığa yem olmuştur. Kayalara çarpmış da olabilir. Anlıyor musunuz?"

Zayıfça başımızı salladık. Aramızdan biri cesedi incelemeliydi. Melissa bana baktı.

"Görmek istemiyorum." diye geveledim. "Bu şekilde değil."

Eric: "Birinin bu işi yapması gerekiyor." dedi. Öne doğru bir adım attı ve polis, cesedin üzerini örten örtüyü açtı. Eric, örtünün altındaki şeye baktı, bize baktı, ne söyleyeceğini bilemiyordu.

"Teşhis edemiyorum."

Teşhis edilecek ne vardı ki? Sedyenin üzerindeki şey; gri renkli, damarlarında tek bir damla kan kalmamış, kolsuz, bacaksız, kafasız bir cesetti. Kalçasının çevresinde siyah bir şey vardı. Bunlar, Mark'ın mayosundan geriye kalanlar olabilir. Cesedin boyu 1.80'lik bir adama uygun görünüyordu. Başka kim olabilirdi?

Yine de Kolombiya'daki çetelerin öldürdükleri adamların cesetlerini kaza süsü vermek için denize attıklarına dair söylentiler vardı. Ellerindeki cesede uygun bir kayıp ilanı gördükleri zaman karanlığın çökmesini bekliyor ve ilanda bahsedilen yere gidip cesedi denize atıyorlardı. Dolayısıyla Dr.Lopez'in ilanının yayınlanmasının hemen ardından tam da Mark'ın boğulduğu yerde böyle bir cesedin bulunması biraz şüpheli görünüyordu. Polisler bile kendilerinden biraz fazla memnundular.

Biz ne yapacağımızı düşünürken adamlardan biri bir adım öne çıktı ve kendini tanıttı.

"Ben Senor Hernandez. Santa Marta'daki cenaze müdürüyüm." Eric'e bir kartvizit uzattı ve imalı bir şekilde gülümdedi.

"Çok, çok üzgünüm. Çok gençmiş." dedi. Ardından hızla konuya girerek çantasından kenarı tırtıklı, daktilodan çıkmış gibi görünen bir kağıt çıkardı. "Bunu imzalarsanız bedeni cenazeye hazırlayabiliriz. Özen göstereceğimize dair size söz veriyorum. Sadece bin dolar ödersiniz."

Eric için tercüme ettim. Akbabalar toplanmakta geç kalmamıştı: sadece birkaç saat önce Dr. Lopez'in yanındaydık. (Sonunda gerçekten adli tabip olduğunu öğrenmiştik.) ve Dr.Lopez, cesedin bulunduğunu bilmiyordu. Buna rağmen cenaze müdürü bizden üç saat önce buraya ulaşmıştı; dolayısıyla en az beş saat önce öğrenmiş olmalıydı ve saat sadece 11.00'di.

"İmzalamalısınız." diye ısrar etti. "Hızlı hareket etmeliyiz ya da çok geç kalacağız. Beden çürüyecek. Şimdi imzalarsanız çok güzel görünmesini sağlarız ama beklersek her şey için çok geç olacak."

Güzelce mi?

Bu adam delirmiş olabilir miydi? Kolsuz, bacaksız, kafasız birinin güzel görünmesini nasıl sağlayabilirdiniz? Yoksa bu adamın sihirli güçleri mi vardı? Ve on dört günden sonra bir gün daha beklemesi hiçbir şey değiştirmeyecekti. Yine de hiçbir şekilde kimliğini tespit etmemiz mümkün değildi. Anlaşılabilir bir şekilde Eric oğlu yerine başka birini gömmeyi istemiyordu.

Bu adamla anlaşmayacağımızı anlayan *el jefe*, cesedi Santa Marta'ya geri götüreceklerini söyledi. Biz de polis aracını takip edebilirdik.

Eric ve ben daha önce planladığımız gibi sahile gitmeye karar verdik. Melissa ve Lain, bedeni takip edecek ve Santa Marta'da bu konuyla ilgili ne yapabileceklerine bakacaklardı. Akşam saatlerinde Eric ve Lain'ın otelinin önünde buluşacaktık.

"Bir Et Parçası..."

Eric ve ben, sedye üzerindeki bedenin ve yanındakilerin patikada ilerleyerek kayboluşunu izledik ve ardından harekete geçtik. Resiflerin ham güzelliğinin, Mark'ın babası üzerinde de bizim üzerimizde gösterdiği gibi bir etkisinin olacağına inanıyordum. Neyse ki Eric güçlü ve sağlıklı bir adamdı. Bir masanın arkasında geçirdiği yıllar, gençliğinin atletik yapısına ulaşmamıştı. Diğer yandan suratı ise parlak pembe bir renk almaya başlamıştı.

Sahile ulaştığımızda Campbell'e ve kızlara bulunan ceset hakkında sorular sordum. Bir önceki gece koyun diğer tarafında kır saçlı kokain satıcısıyla karşılaştığım yerde, küçük cenaze törenimizi düzenlediğimiz kayalıkların hemen altında kıyıya vurduğunu söylediler. Restorana gidip Mark hakkında konuşmakta olan Sandra'nın yanına oturduk. O anda konuşma " dünya ne kadar küçük" saçmalığına dönmüştü.

Eric'e kampımızı ve Mark'ın çadırını gösterdim. Hemen arkamızdaki ateşin başında oturan Carlos baş sağlığı diledi. Carlos henüz küçük bir çocukken babasının Napoli'de boğulduğunu söyledi. Babası bir balıkçıydı ve ailesi daima denizin kenarında yaşamıştı. Bu nedenle Carlos, denizin ne kadar tehlikeli olabileceğini biliyordu.

"Ama bu beden, Mark değil. O bir et parçası. Sadece bir et parçası."

Bunun, yas içindeki bir ebeveyne söylenmesinin ne kadar doğru olduğunu düşünüyordum ama Eric, söylenenleri metanetli bir şekilde karşıladı. Hindistan cevizi bahçelerinden geçerek Pablo'nun yüzme havuzunun yanındaki evine gittik. Adama, Eric'in buraya Mark'ın bedenini ararken gösterdiği çabalardan ötürü ona teşekkür etmeye geldiğini söyledim. Pablo balık tutuyordu ama büyükanne ve birkaç adam oradaydı. *"El padre, el padre."* (Baba) diye mırıldandılar. Normalde huysuz bir ihtiyar olan büyükanne balık ayıklamayı bıraktı, öne doğru bir adım attı ve annenin çocuğuna sarıldığı gibi bir şefkatle Eric'e sarıldı. Eric iri bir adamdı. Kadının, adamın göğsüne ulaşabilmek için parmaklarının ucuna kalkması gerekmişti. Bu, Eric ve Lain geldiğinden beri gördükleri ilk sempati kırıntısıydı. Birbirimize kelimelerle baş sağlığı dilemiştik ama bu doğal ve yalın hareket, özellikle de bir yabancıdan geldiği düşünüldüğünde, kelimelerden daha fazlasını ifade ediyordu. Kadından, Pablo'ya teşekkürlerimizi iletmesini istedik.

Bu yeri sindirebilmesi için Eric'i sahilde tek başına bırakmak istedim ama yalnız kalmak istemedi. İngiltere'den gelen uçaktan henüz indiğinden sahil onun için anlam taşımıyordu. Kentte veya kırsalda çok uzun zaman geçirdikten sonra doğaya alışmak zaman alıyordu. Eric, ailenin geri kalanının da görebilmesi için sahili kameraya alıyordu ve zamanının çoğunu, bir gözü video kameraya dayalı bir şekilde geçiriyordu.

Durmadan: "Ama Mark çok gençti, çok gençti." diye tekrarlıyordu. "Yirmi dokuz ölmek için sence de genç bir yaş değil mi?"

Gençti. Çok gençti.

Takip

Geç oluyordu. Bu nedenle yola çıktık. Polisler, giriş civarında varlığından haberdar olmadığım bir kafe ve otobüs durağının olduğunu söylemişlerdi. Otobüs bekleyen birkaç kişi vardı. Şık giyimli bir adama otobüsün ne zaman hareket edeceğini sordum.

"Daha yarım saat var. Gidip bir şeyler içebilirsin, ben sana sesleneceğim. Merak etme, otobüsün sahibi benim. Oğlunu tanıyorum, ölümünden ötürü çok üzgünüm. Aynı zamanda sahildeki restoranın sahibiyim. Seni çağıracağım."

Patikadaki bir dönemecin arkasında küçük bir bar bulduk ve soğuk bir şeyler ısmarladık. Sahildeki restoranın sahibi olduğuna göre en azından birkaç tane cankurtarma malzemesi temin etmesi gerektiğini söyleyip söylemememek konusunda kararsız kaldım. Kolombiya yerine Amerika'da olsaydık adama milyonlarca dolar değerinde bir dava açabilirdik. Ama bu ne işe yarayacaktı ki? Kolombiya, Amerika değildi.

On beş dakika sonra otobüsün ne durumda olduğunu görmek için durağa döndük. Bizi gördüğü için otobüs/restoran sahibinin aklı karışmış gibiydi.

"Otobüs mü? Hayır, az önce gitti. Beş dakika önce..." dedi.

Aptalca bir soru sormuşuz gibi davranıyordu. Sabaha kadar başka otobüs yoktu.

Eric "Biz ne olacağız?" diye sordu. "Bu gece dönmeliyim. Yakalamam gereken bir uçak var."

Otobüs/restoran sahibi arkasındaki insanlara doğru döndü. Birçok el mimiğiyle hararetli bir konuşma yaşandı. Birkaç dakika sonra şortun ve " Florida'nın en iyi hamburgeri" yazılı bir tişört giyen orta yaşlı siyahi bir adam, bize bakıp külüstür bir arabayı doğru işaret etti. Arabaya bindik. Hareket ettiğimizde arabanın tekerlekleri tozda patinaj çekti.

Bay Joe, gazı kökledi. Arabayı Hollywood filmlerinin ünlü araba takip sahnelerindeki gibi kullanıyordu. Birkaç külüstür aracı sollamak için iyice hızlandı ve sonunda, otobüsün arka tarafını görebildik. Bay Joe, bir yandan kornaya basarken diğer yandan da otobüsün arkasına iyice yaklaştı. Bizler de pencerelerden sarkıp panik içinde elimizi kolumuzu sallıyorduk. Otobüs şoförü bizi fark etmedi. Ne de olsa sürüş tarzımız Kolombiyalılara özgü sürüş tarzından pek de farklı değildi. Muhtemelen onu sollamaya çalıştığımızı düşünüyordu. El sallayarak, bağırarak, ıslık çalarak, yoldaki tümseklerin üstünden atlayarak ve arkamızda bir toz ve egzoz gazı bırakarak bu şekilde devam ettik. Sonunda otobüs şoförü onu durdurmaya çalıştığımızı anladı ve frene bastı. Bay Joe, sırıtarak bize veda etti.

Şoför: *"Ah, el padre."* diyerek ona uzattığımız parayı almayı reddetti. Olay, tam da Kolombiya'yı yansıtan bir skeç gibiydi: kaos, yetersizlik, hayal kırıklığı ve tam da deliye döneceğiniz anda insanlar size yardımcı olabilmek için ellerinden geleni yapıyorlardı.

Otele döndüğümüzde Melissa ve Lain bizi bekliyorlardı.

"Gülümsemeye Devam Et..."

Lain öfkeyle: "Bugün başımıza gelenlere inanamayacaksınız." dedi. Kafasından yükselen dumanları gerçekten görebiliyor gibiydim. Cesedi Melissa'yla birlikte kasabaya kadar takip etmişlerdi. Yolda, iki araba ayrılmış ve Santa Marta'ya ulaştıkları zaman cesedi taşıyan arabayı kaybetmişlerdi. Polis bizimkileri cenaze evine götürmüştü. Cenaze müdürü, bir kere daha Lain'a 1.000 dolarlık sözleşmeyi imzalamaya çalışmıştı. Olmayan İspanyolcasıyla Lain, sadece cesedi görmek istediğini söylemişti.

Ve evet, ceset.

Ceset orada değildi, kasabanın diğer ucundaki cenaze evine götürülmüştü.

Dolayısıyla polis bizimkileri kasabanın diğer tarafındaki cenaze evine götürmüştü. Oraya vardıkları zaman kimsenin ceset hakkında bir şey bilmediğini ve cesedin nerede olabileceğine dair fikri olmadığını öğrenmişlerdi.

Polis: "Merak etmeyin." demişti. "Onu bulacağız."

Sonraki dört saatlerini Santa Marta'yı alt üst ederek geçirmişlerdi: cenaze evleri, karakollar, devlet binaları. Lain ve Melissa arabanın arka koltuğunda gittikçe sinirlendiklerinden iki polis memuru onları sakinleştirmeye çalışmıştı. Bir sonraki hareketlerinin ne olacağını düşünürken arabada bir şeyler atıştırmak için durmuşlardı. Sonunda cesedi bulabilmişlerdi. Mezarlıktaydı. Öylesine çimlerin üzerine bırakılmıştı ve güneşin altında yatıyordu.

Dr.Lopez çoktan oraya ulaşmıştı. Lain ve Melissa'yı gördüğü zaman bir çift eldiven giymiş, eğilmiş, cesedin gövdesini ortadan ikiye yarmış ve kararmış akciğerleri gün ışığına çıkarmıştı.

Melissa'ya: "Arkadaşınız sigara içiyor muydu?" diye sormuştu.

Santa Marta'da cesedi depolamaya uygun herhangi bir tesis ya da morg olmadığından Dr.Lopez, güneşin altında daha fazla çürümesini engellemek için geçici olarak yüzeyin hemen altına gömülmesini önermişti.

Durum buydu.

Hikâyeyi anlatırken Lain'ın gözleri hiddetle yerlerinden uğradı. Diğer yandan Eric ise Kolombiya'nın hayal kırıklığını ve gariplikleri metanetle karşıladı. Uzun bir süre boyunca Nijerya'da görev yaptığından üçüncü dünya ülkelerinde herhangi bir şey yaptırmanın zorluklarını biliyordu.

"Sabırlı olmayı öğreniyorsun. Sadece gülümsemeye devam et ve asla kontrolünü kaybetme." dedi.

"Köpek Balıklarına Yem Olan Turistler..."

Sahildeki restoranlardan birinde pizza yedik. Pizzadan kalanları, bir zamanlar tişört olduğu anlaşılan bir bez parçası içinde sokağın kenarında oturan bir deri bir kemik bir çocuğa verdik. Yanında tinerin etkisiyle kaldırımda yatmakta olan iki arkadaşı daha vardı. Çocuk bir anlığına şaşkınlıktan dona kaldı, bize baktı ve onlara da biraz pizza vermek için arkadaşlarını sarsmaya başladı. Santa Marta'daki sokak çocukları her şeylerini paylaşırdı.

Bir sonraki gün Dr.Lopez'i görmek için ofisine gittik. Günlerden pazardı ama Eric ve Lain'ın dönmek zorunda olduklarını bildiği için izin gününde bile olsa ofise gelmişti. Bir kere daha tüm hayal kırıklıklarını dengeleyecek bir kibarlıkla karşılaşmıştık. Sabah gazetelerini gösterdi. Yerel gazetelerden ikisi Mark'ı manşetten vermişti. En hassas gazetecilik geleneği olarak adını yanlış yazmayı başarmışlardı. Bazı şeyler dünyanın her yerinde aynıydı. Yine de biz haberleri tercüme etmeye çalışırken, Mark'ın böylesi bir sansasyon yaratmaktan mutlu olacağı konusunda mutabık kaldık.

Turistin cesedi bulundu.

Bedeni köpek balıkları tarafından parçalanan İngiliz'in cesedi kıyıya vurdu.

"28 Mart sabahı, 11.00'de Resifler sahilinde kaybolan Briton'un cesedi tanınmaz halde bulundu. Cesedin kolları, bacakları ve kafası yerinde yoktu. Bir polis memuru, suyun altındayken cesedin beyaz etinin balıklar tarafından yenildiğini" söyledi...

Biz ya da bizden ziyade Eric, cesetle ne yapacağımıza karar vermek zorundaydık ve hâlâ cesedi teşhis edememiştik. Eric ve Dr.Lopez, kemik numunesinin İngiltere'ye gönderilmesine ve uyuşup uyuşmadıklarını görmek için DNA'sının Eric'in kanıyla karşılaştırılmasına karar verdiler. Dr.Lopez, pozitif sonuç alınırsa cesedin kesinlikle Mark'a ait olduğunun kanıtlanacağını söyledi. Cesedin Mark olduğu ortaya çıkarsa Eric, cesedi yaktıracak ve külleri cenaze merasimi için İngiltere'ye gönderilecekti. Test birkaç hafta sürecekti. Bu sırada ceset ise morg ve krematoryum gibi olanakları olan Barranquilla'ya gönderilecekti. İngiliz Konsolosluğu ile telefonla konuştuk ve Eric'e her şeyin planlandığı gibi gerçekleşeceğine dair söz verdiler.

Yapılacak başka bir şey yok gibi görünüyordu. Eric ve Lain'ın binmeleri gereken bir uçak vardı. Oteldeki eşyalarını toparladılar ve kaldırımda durup taksiyle bizden uzaklaşmalarını izledik. Yarın, her şeyin kötü bir rüya olup olmadığını düşünerek İngiltere'de olacaklardı.

Son bir Meyve Suyu

Melissa ve ben, kampımızı dağıtmak ve eşyalarımızı almak için Resifler bölgesine dönmek zorundaydık. Santa Marta ile sahil arasında o kadar çok gidip gelmiştim ki bu defa sahili son defa göreceğimi düşünmek çok garip geldi. Campbell'e, Sandra ve Kim'e, Carlos'a, Michel'e ve Phillipe'e veda ettik. Son bir defa uzun uzun çevremize baktık. Resifler bölgesindeki kumsal, dünya üzerindeki bildiğim en güzel yerlerden biriydi. Olanlara rağmen buradan ayrılmaktan ötürü hüzün duyuyordum. Balta girmemiş ormanlar boyunca uzanan patikadan geri dönüş yolculuğumuza başladık.

Kıyı kesimi boyunca Cartagena'ya inmemize ve oradan Guatemala'ya uçmamıza karar vermiştim. Aklımıza ilk gelen şey, İngiltere'ye dönmek olmuştu. Ama bunun ne faydası olacaktı ki? Geri dönmemiz Mark'ı geri getirmeyecekti. Orada yapacak hiçbir şeyimiz yoktu, dönmemiz için hiçbir neden yoktu. Seyahat etmeye devam etmek, başka garip yerler keşfetmek ve içinde kendimizi kaybedeceğimiz kültürlerle karşılaşmak daha iyi bir fikirdi.

Miramar'dan ayrıldık ve sahil boyunca dizilmiş meyve tezgahlarından birinden son bir *maracuya* aldık. Hâlâ terk edilmiş gibi görünen bir barda bir salsa grubu, Raphy Leavit'in *"Siempre Alegre"* isimli şarkısını çalıyordu.

Şarkıda: "Hayatı öylesine dolu dolu yaşamışlardı ki öldükten sonra bile mutluydular." diyordu.

Güneş, koyun üzerinde batıyordu ve gece hayatı başlıyordu. Genç çiftler ve uzun bronz bacakları ve uzun koyu renkli saçlarıyla güzel *costena* kızları, kıyıda takılıyorlardı. Civarda birkaç torbacı vardı, sessizce ancak keskin gözlerle müşteri bekliyorlardı. Akşamın erken saatlerinde düzenli olarak koşan kişilerden bazılarını tanıdık.

"Hayatın boyunca mutlu ol, öldükten sonra asıl önemli olan budur. Her zevki tat, ölümün ne zaman geleceğini kim bilebilir ki?" Müziğin güzelliği, hayatın ucuz olduğu bir ülkede böylesi bir mesajın vuruculuğu içinde kayboluyordu. "

"Sanırım artık otobüsümüzü bulsak iyi olacak." dedim. "Yakalamamız gereken bir de uçak var."

Şarkıcı: "Hayatını yaşa. Hayat geçiyor ve asla geri gelmiyor..." diyordu.

Melissa: "Guatemala mı?" diye sordu. "Orası neresi?"